国家创新型城市
创新能力评价报告

2019

中国科学技术信息研究所 著

科学技术文献出版社
SCIENTIFIC AND TECHNICAL DOCUMENTATION PRESS

·北京·

图书在版编目(CIP)数据

国家创新型城市创新能力评价报告.2019 / 中国科学技术信息研究所著. —北京：科学技术文献出版社，2019.12

ISBN 978-7-5189-6369-0

Ⅰ.①国… Ⅱ.①中… Ⅲ.①城市建设－国家创新系统－研究报告－中国－2019 Ⅳ.① F299.2

中国版本图书馆 CIP 数据核字（2019）第 294383 号

国家创新型城市创新能力评价报告 2019

| 策划编辑：周国臻 | 责任编辑：周国臻 | 责任校对：科 文 | 责任出版：张志平 |

出 版 者　科学技术文献出版社
地　　址　北京市复兴路 15 号　邮编 100038
编 务 部　（010）58882938，58882087（传真）
发 行 部　（010）58882868，58882870（传真）
邮 购 部　（010）58882873
官方网址　www.stdp.com.cn
发 行 者　科学技术文献出版社发行　全国各地新华书店经销
印 刷 者　北京地大彩印有限公司
版　　次　2019 年 12 月第 1 版　2019 年 12 月第 1 次印刷
开　　本　889×1194　1/16
字　　数　257 千
印　　张　16.75
书　　号　ISBN 978-7-5189-6369-0
定　　价　118.00 元

版权所有　违法必究

购买本社图书，凡字迹不清、缺页、倒页、脱页者，本社发行部负责调换

《国家创新型城市创新能力评价报告 2019》
编辑委员会及编辑人员

主　　任　赵志耘

副 主 任　郭铁成

委　　员　杨朝峰　张志娟

编辑人员　程如烟　徐　峰　高　芳　王开阳

　　　　　　杨　扬　郄海拓　虎嘉欣

前 言

创新型城市是以科技创新为经济社会发展的核心驱动力，拥有丰富的创新资源、充满活力的创新主体、高效的创新服务和政府治理、良好的创新创业环境，对建设创新型省份和国家发挥显著支撑引领作用的城市。建设创新型城市，既是贯彻落实习近平总书记"尊重科技创新的区域集聚规律，因地制宜探索差异化的创新发展路径，加快打造具有全球影响力的科技创新中心，建设若干具有强大带动力的创新型城市和区域创新中心"的要求，也是新时代城市发展的内在需求。自2008年以来，科技部、国家发展改革委先后共支持78个城市（区）开展创新型城市建设（名单见附录），成效显著。78个创新型城市以占全国10%的国土面积、33%的人口，汇聚了全国78.5%的R&D经费投入和78.7%的地方财政科技投入，拥有全国85%以上的有效发明专利，培育和产出了全国80%以上的高新技术企业，成为建设创新型国家的关键节点。从2010年开始，中国科学技术信息研究所持续开展创新型城市建设的重大问题及监测评价指标体系研究，为科技部指导地方开展创新型城市建设提供工作支撑。2017年4月19日，科技部和国家统计局联合印发《国家创新调查制度实施办法》，对创新能力监测和评价工作进行了完善和规范。经科技部同意，《国家创新型城市创新能力评价报告》（以下简称报告）纳入国家创新调查制度。

报告的城市创新能力评价指标体系以《建设创新型城市工作指引》（国科发创〔2016〕370号）中的指标体系为基础，对标新时代高质量发展的要求，同时充分借鉴国内外具有影响力的创新指标体系，修改完善形成了国家创新型城市创新能力评价指标体系。指标体系包括创新基础和创新特色2个一级指标，创新生态、创新投入、创新产出、科教资源富集程度、产业技术创新能力、创新创业活跃程度、开放协同创新水平、支撑绿色发展能力8个二级指标，32个具体指标。其中定量指标27个，定性指标5个，同时兼顾了规模指标和效率指标。

报告对72个国家创新型城市的创新能力进行了评价（由于数据可获得性及城市、城区之间的可比性问题，4个直辖市的城区和2个县级市不包含在内），并对每一个城市的创新能力进行了剖析，力图找出其创新发展的优势及短板，为其下一步的创新发展提供决策支撑。为保持统计口径一致，报告测算所涉及数据来源于国家统计局、科技部、财政部等权威部门的统计和调查。本报告主要采用2017年数据，科创板上市企业数量采用2019年数据，科技型中小企业数和外国人才来华工作数采用2018年数据。

党的十九大报告为新时代加快建设创新型国家指明了方向：2035年基本实现社会主义现代化，我国经济实力、科技实力将大幅跃升，跻身创新型国家前列。在新时代，城市创新发展的必要性和紧迫性更加凸显。评价城市的创新能力，总结凝练城市创新发展的经验和存在的问题，推进创新型城市建设，是一个需要不断探索和深入研究的课题。本报告仍有许多不足之处，欢迎社会各界批评指正，以助我们进一步修改完善，为促进我国早日跻身创新型国家前列贡献绵薄之力。

《国家创新型城市创新能力评价报告》编写组

2019 年 12 月

目　录

第一章　创新型城市创新能力指数表现 ………………………………… 1

一、评价指标体系、创新型城市分类及测算方法 ………………………… 1

（一）评价指标体系 ………………………………………………………… 1

（二）国家创新型城市分类 ………………………………………………… 2

（三）评价方法 ……………………………………………………………… 3

二、创新型城市创新能力和潜力评价 ……………………………………… 4

（一）创新能力评价排名 …………………………………………………… 4

（二）创新潜力评价排名 …………………………………………………… 6

三、城市创新能力关联性分析 ……………………………………………… 8

（一）经济发展水平与创新能力 …………………………………………… 8

（二）创新能力与政府对创新的重视程度 ………………………………… 9

（三）创新能力与创新人才 ………………………………………………… 9

（四）创新能力与"三高" ………………………………………………… 10

（五）创新产出与创新投入 ………………………………………………… 10

第二章　创新型城市创新能力分类评价 ………………………………… 12

一、科教资源富集型 ………………………………………………………… 12

（一）南京 …………………………………………………………………… 13

（二）广州 …………………………………………………………………… 17

（三）武汉 …………………………………………………………………… 20

（四）西安 …………………………………………………………………… 23

（五）合肥 …………………………………………………………………… 26

（六）哈尔滨 ………………………………………………………………… 29

（七）长春 ·· 32
　　（八）兰州 ·· 35
二、产业技术创新型 ·· 38
　　（一）深圳 ·· 39
　　（二）无锡 ·· 43
　　（三）常州 ·· 46
　　（四）宁波 ·· 49
　　（五）镇江 ·· 52
　　（六）东莞 ·· 55
　　（七）芜湖 ·· 58
　　（八）南通 ·· 61
　　（九）嘉兴 ·· 64
　　（十）佛山 ·· 67
　　（十一）扬州 ·· 70
　　（十二）绍兴 ·· 73
　　（十三）潍坊 ·· 76
　　（十四）泰州 ·· 79
　　（十五）株洲 ·· 82
　　（十六）盐城 ·· 85
　　（十七）襄阳 ·· 88
　　（十八）金华 ·· 91
　　（十九）宜昌 ·· 94
　　（二十）泉州 ·· 97
　　（二十一）连云港 ·· 100
　　（二十二）秦皇岛 ·· 103
三、创新创业活跃型 ·· 106
　　（一）杭州 ·· 107
　　（二）成都 ·· 111

（三）长沙 ··· 114
　　（四）青岛 ··· 117
　　（五）厦门 ··· 120
　　（六）大连 ··· 123
　　（七）济南 ··· 126
　　（八）沈阳 ··· 129
　　（九）烟台 ··· 132
　　（十）南昌 ··· 135
　　（十一）郑州 ··· 138
　　（十二）福州 ··· 141
　　（十三）石家庄 ··· 144

四、开放协同创新型 ··· 147
　　（一）苏州 ··· 148
　　（二）昆明 ··· 152
　　（三）贵阳 ··· 155
　　（四）南宁 ··· 158
　　（五）乌鲁木齐 ··· 161
　　（六）海口 ··· 164
　　（七）呼和浩特 ··· 167
　　（八）银川 ··· 170
　　（九）遵义 ··· 173
　　（十）玉溪 ··· 176

五、支撑绿色发展型 ··· 179
　　（一）湖州 ··· 180
　　（二）太原 ··· 184
　　（三）马鞍山 ··· 187
　　（四）徐州 ··· 190
　　（五）洛阳 ··· 193

（六）东营·····196
（七）景德镇·····199
（八）龙岩·····202
（九）济宁·····205
（十）宝鸡·····208
（十一）包头·····211
（十二）拉萨·····214
（十三）衡阳·····217
（十四）西宁·····220
（十五）萍乡·····223
（十六）汉中·····226
（十七）唐山·····229
（十八）南阳·····232
（十九）吉林·····235

第三章　创新能力部分指标排名·····238

一、创新投入有关指标·····238
（一）全社会 R&D 经费支出占地区 GDP 比重·····238
（二）财政科技支出占公共财政支出比重·····239
（三）万名就业人员中 R&D 人员·····240
（四）外国人才来华工作数·····241

二、创新产出有关指标·····242
（一）万人发明专利拥有量·····242
（二）技术合同成交额占地区 GDP 比重·····243

三、创新支撑经济发展有关指标·····244
（一）高新技术企业数·····244
（二）高新技术企业主营业务收入占规上工业企业比重·····245
（三）全员劳动生产率·····246

四、创新支撑民生和社会发展有关指标·····247

（一）居民人均可支配收入 …………………………………… 247
　（二）空气质量优良率 ……………………………………… 248

附　录 …………………………………………………………… 249

　一、国家创新型城市名单 …………………………………… 249
　二、指标解释及数据来源 …………………………………… 250
　　（一）创新基础 ……………………………………………… 250
　　（二）创新特色 ……………………………………………… 252

第一章 创新型城市创新能力指数表现

一、评价指标体系、创新型城市分类及测算方法

（一）评价指标体系

报告以《建设创新型城市工作指引》（国科发创〔2016〕370号）中的指标体系为基础，对标新时代高质量发展的要求，同时充分借鉴国际（如WIPO的全球创新指数）、部门（如国家统计局的中国创新指数、中国科学技术发展战略研究院的国家创新指数）、地方（如北京、上海科技创新中心监测指标体系，江苏创新型城市建设评价考核指标体系，国家高新区评价指标体系）、研究机构（中国科技发展战略研究小组的区域创新能力评价指标体系）等具有影响力的创新指标体系，形成了国家创新型城市创新能力评价指标体系（表1-1）。

表1-1 国家创新型城市创新能力评价指标体系

一级指标	二级指标	序号	三级指标
创新基础	创新生态	1	党委政府落实"抓战略、抓规划、抓政策、抓服务"要求，加快推进科技领域"放管服"改革，形成多元参与、协同高效的创新治理新格局
		2	党委政府加强创新体系的顶层设计和系统布局，出台实施创新驱动发展战略的决定或意见及配套政策
		3	加强知识产权保护，营造公平有序的市场竞争环境
	创新投入	4	全社会R&D经费支出占地区GDP比重（%）
		5	财政科技支出占公共财政支出比重（%）
		6	科创板上市企业数量（家）
	创新产出	7	万人发明专利拥有量（件/万人）
		8	全员劳动生产率（万元/人）
		9	居民人均可支配收入（万元/人）

续表

一级指标	二级指标	序号	三级指标
创新特色	科教资源富集程度	10	万名就业人员中R&D人员（人年/万人）
		11	万人普通高等学校在校学生数（人/万人）
		12	基础研究经费占R&D经费比重（%）
		13	国家重点实验室数量（个）
		14	中央级普通高等学校和科研院所数量（个）
	产业技术创新能力	15	国家技术创新中心和工程技术研究中心数量（个）
		16	规上工业企业R&D经费支出占主营业务收入比重（%）
		17	高新技术企业数（家）
		18	高新技术企业主营业务收入占规上工业企业主营业务收入比重（%）
		19	国家高新技术产业开发区营业收入占地区GDP比重（%）
	创新创业活跃程度	20	国家级科技企业孵化器（含众创空间）、大学科技园、双创示范基地数量（个）
		21	国家级科技企业孵化器、大学科技园当年新增在孵企业数（家）
		22	技术合同成交额占地区GDP比重（%）
		23	科技型中小企业数（家）
	开放协同创新水平	24	国家国际科技合作基地数（个）
		25	外国人才来华工作数（人次）
		26	高技术产品出口额占商品出口额的比重（%）
		27	实际使用外资金额占地区GDP比重（%）
		28	开展东西部科技合作及区域协同创新情况
	支撑绿色发展能力	29	空气质量优良率（%）
		30	单位地区GDP能耗（%）
		31	单位地区GDP水耗（%）
		32	是否承担国家可持续发展议程创新示范区等改革示范任务

（二）国家创新型城市分类

依据创新要素基础条件的不同，以及城市在国家区域发展战略的定位不同，将78个创新型城市分为科教资源富集型、产业技术创新型、创新创业活跃型、开放协同创新型及支撑绿色发展型五大类（表1-2）。

表 1-2 国家创新型城市分类

类别	城市	分类标准
科教资源富集型（10个）	海淀区、杨浦区、南京、武汉、广州、西安、哈尔滨、兰州、长春、合肥	中央级高校、科研院所较多，高新技术企业相对较少
产业技术创新型（24个）	深圳、滨海新区、沙坪坝区、东莞、佛山、无锡、宁波、常州、南通、嘉兴、扬州、绍兴、镇江、盐城、泰州、株洲、潍坊、金华、芜湖、泉州、襄阳、宜昌、连云港、秦皇岛	高新技术企业相对较多，中央级高校、科研院所较少
创新创业活跃型（13个）	杭州、成都、郑州、长沙、厦门、济南、福州、石家庄、青岛、烟台、沈阳、大连、南昌	科教资源和企业创新资源相对均衡，承担双创基地示范任务，在孵企业较多
开放协同创新型（12个）	苏州、呼和浩特、南宁、海口、贵阳、遵义、昆明、玉溪、银川、乌鲁木齐、昌吉、石河子	开展对外科技合作、东西部科技合作较活跃的城市
支撑绿色发展型（19个）	太原、唐山、包头、吉林、徐州、湖州、马鞍山、龙岩、景德镇、萍乡、东营、济宁、洛阳、南阳、衡阳、宝鸡、汉中、拉萨、西宁	资源型城市、承担国家可持续发展议程创新示范区等改革示范任务

（三）评价方法

本报告中定性指标得分由专家根据相关材料打分得出，定量指标得分的计算采用国际流行的标杆法，即瑞士洛桑国际管理学院《国际竞争力年鉴》所采用的方法。标杆法是目前国际上广泛应用的一种评价方法，在国内的相关评价中也经常采用，其原理是：对被评价对象给出基准值，并以此标准去衡量所有被评价对象，得到单项指标的得分。各城市创新能力指数通过综合加权平均计算得出。

本报告对国家创新型城市进行整体评价和分类评价，相对应的一、二级指标权重见表 1-3。

表 1-3 国家创新型城市创新能力评价一、二级指标的权重

一级指标	二级指标	整体评价权重（%）	分类评价权重（%）				
			科教资源富集型	产业技术创新型	创新创业活跃型	开放协同创新型	支撑绿色发展型
创新基础	创新生态	10	10	10	10	10	10
	创新投入	10	10	10	10	10	10
	创新产出	10	10	10	10	10	10

续表

一级指标	二级指标	整体评价权重（%）	分类评价权重（%）				
			科教资源富集型	产业技术创新型	创新创业活跃型	开放协同创新型	支撑绿色发展型
创新特色	科教资源富集程度	14	30	10	10	10	10
	产业技术创新能力	14	10	30	10	10	10
	创新创业活跃程度	14	10	10	30	10	10
	开放协同创新水平	14	10	10	10	30	10
	支撑绿色发展能力	14	10	10	10	10	30

各二级指标下三级指标的权重总体上遵循平均分配的原则，对全社会 R&D 经费支出占地区 GDP 比重、财政科技支出占公共财政支出比重、万人发明专利拥有量、高新技术企业数等创新发展的关键指标适当调增权重。

二、创新型城市创新能力和潜力评价

（一）创新能力评价排名

按照上述国家创新型城市创新能力评价指标体系和评价方法，对 72 个国家创新型城市的创新能力进行整体评价[1]。国家创新型城市创新能力指数见图 1-1，排名前 15 位的城市依次是深圳、杭州、广州、南京、武汉、苏州、西安、长沙、厦门、合肥、无锡、青岛、成都、大连和昆明。这些城市创新资源丰富，创新生态良好，科技创新有力支撑经济社会发展，创新成为引领城市发展的第一动力，对周边地区乃至全国创新发展具有良好的示范带动作用。如西安、深圳、厦门、合肥、武汉、杭州和南京的全社会R&D经费支出占地区GDP比重超过3%（全国平均水平2.13%），广州、深圳、合肥、苏州、武汉、杭州财政科技支出占公共财政支出比重超过 5%（全国平均水平 2.56%），深圳、南京、杭州、苏州、无锡、西安万人发明专利拥有量超过 30 件（全国平均水平 9.75 件），西安、深圳、昆明、长沙、杭州、广州、武汉高新技术企业主营业务收入占规上工业比重超过50%（全国平均水平28.1%）。

---
[1] 截至目前，国家创新型城市共有 78 个，由于数据可获得性及城市、城区之间的可比性问题，4 个直辖市的城区和 2 个县级市不包含在评价范围内。

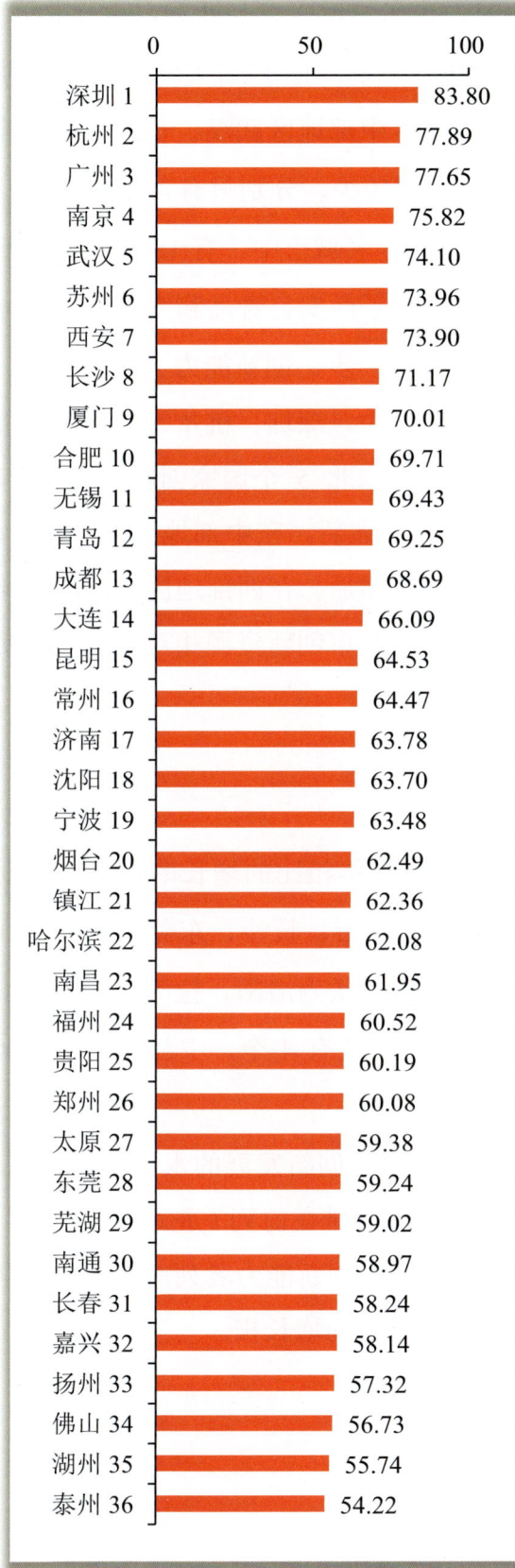

图 1-1 国家创新型城市创新能力指数排序

从地区分布来看，国家创新型城市创新能力排名呈现"东强西弱，南强北弱"的态势。在前 26 名城市（创新能力指数超过 60 分）中，有 14 个城市位于东部地区，数量占一半以上，且前 4 名均为东部地区城市。中部地区武汉、长沙、合肥等 5 个城市进入前 26 名。西部和东北进入前 26 名城市较少，分别只有 4 个和 3 个。可见，东部地区在创新发展上领先优势明显。在前 26 名城市中，有 18 个城市位于南方，数量占 70%左右，且排名前 15 位的城市中除了西安、青岛和大连外，均位于南方。由此可见，南方在创新发展上比北方要先行一步，创新能力大幅领先。

区域板块内部创新发展不平衡凸显。在东部地区中，深圳、杭州、广州等城市排名领先，秦皇岛、龙岩、唐山等城市排名靠后。在东北 5 个国家创新型城市中，大连、沈阳、哈尔滨和长春均位于中上游，吉林排名靠后。在中部地区中，武汉、长沙、合肥等城市排名靠前，衡阳、萍乡等城市排名靠后。在西部地区中，西安和成都排名靠前，大部分城市均排名靠后。西部大部分城市创新资源相对匮乏，创新发展潜力有待进一步激发。

（二）创新潜力评价排名

创新潜力反映城市创新发展的进步速度，即与去年相比的增长率水平。从创新潜力来看（图 1-2），南宁以 67.36 分排名第一，佛山、长沙、东莞和成都分列第 2 至 5 位。创新潜力指数排名第 6 至 10 位的城市依次为洛阳、拉萨、广州、济南和武汉。这 10 个创新潜力排名靠前的城市中，东部共有 4 个，中部有 3 个，西部有 3 个。

值得注意的是，尽管一些城市（如南宁、拉萨等）创新发展的水平相对较低，其创新能力排名在 40 名开外，但后劲比较足，创新潜力排在前列（进入前 10 名）。更值得关注的是，广州、武汉、长沙、成都等城市不仅创新能力名列前茅，创新潜力同样也排在前列，这些城市有望成为我国创新发展新的增长极。

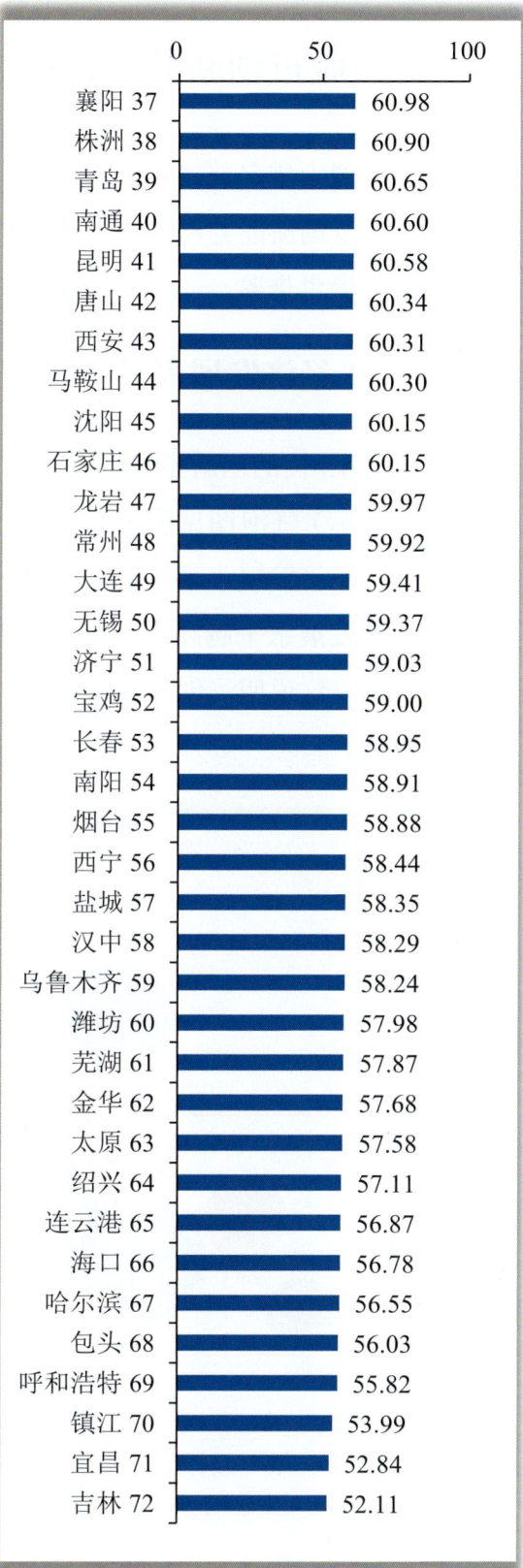

图 1-2　国家创新型城市创新潜力指数排序

三、城市创新能力关联性分析

以创新能力排名前 15 位的创新型城市为例，分析影响城市创新能力的主要因素之间，以及创新能力与经济发展水平之间的关联性，为城市提升创新能力，促进高质量发展提供借鉴。

（一）经济发展水平与创新能力

排名前 15 位的创新型城市经济发展（用人均 GDP 表示）与创新能力（用创新能力指数表示）气泡图见图 1-3。图中气泡大小表示城市 GDP 规模。从图 1-3 可以看出，城市经济发展水平与创新能力指数大致成正向相关关系，即城市的创新能力越强，经济发展水平越高。如深圳创新能力指数最高，其人均 GDP 也是最高，达到 18 万元。这说明，创新能够提高经济体的全要素生产率，进而促进经济发展的质量和效益。

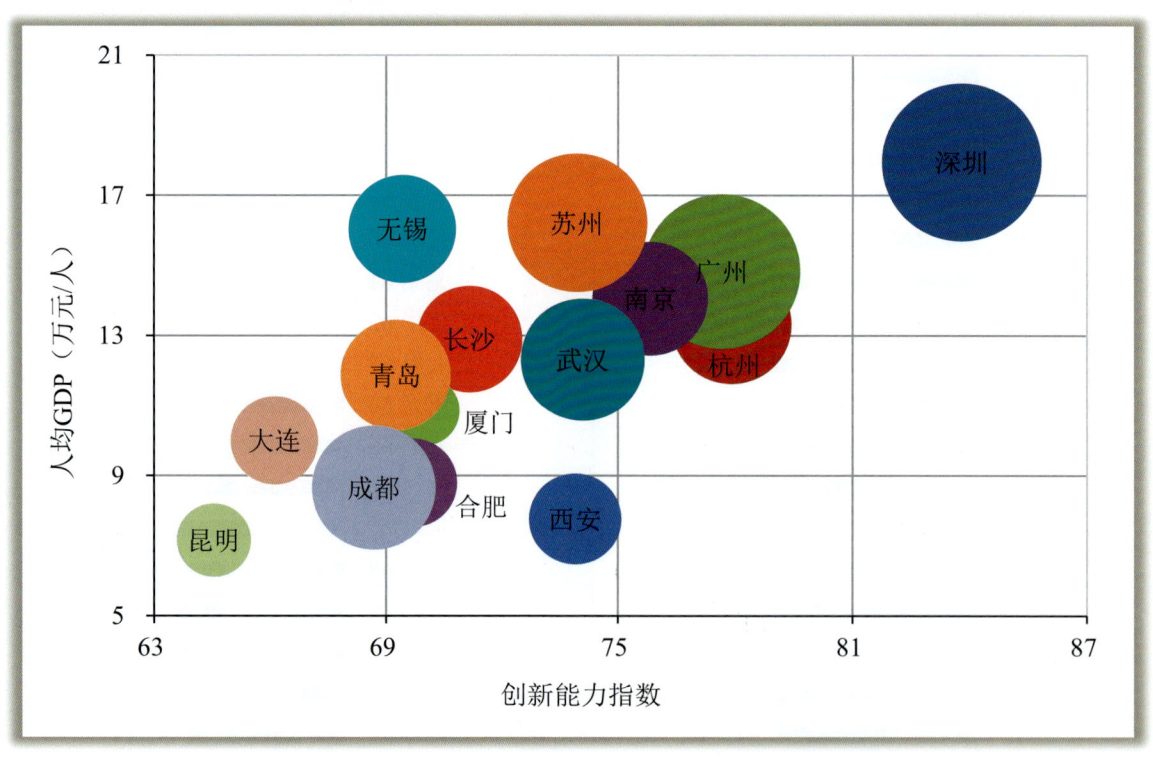

图 1-3　经济发展水平与创新能力气泡图

（二）创新能力与政府对创新的重视程度

排名前 15 位的创新型城市创新能力与政府对创新的重视程度（用财政科技支出占公共财政支出比重表示）气泡图见图 1-4。图中气泡大小表示财政科技支出规模。从图中可以看出，城市创新能力与政府对创新的重视程度大致成正向相关关系，即政府对创新的重视程度越高，创新能力越强。如深圳和广州财政科技支出占公共财政支出比重分别为 7.66% 和 7.83%，位居创新型城市前列，其创新能力也位居前列。这说明，只要地方真正重视，把创新摆在城市发展全局的核心位置，无论创新发展的基础条件如何，创新能力都会逐步提高。

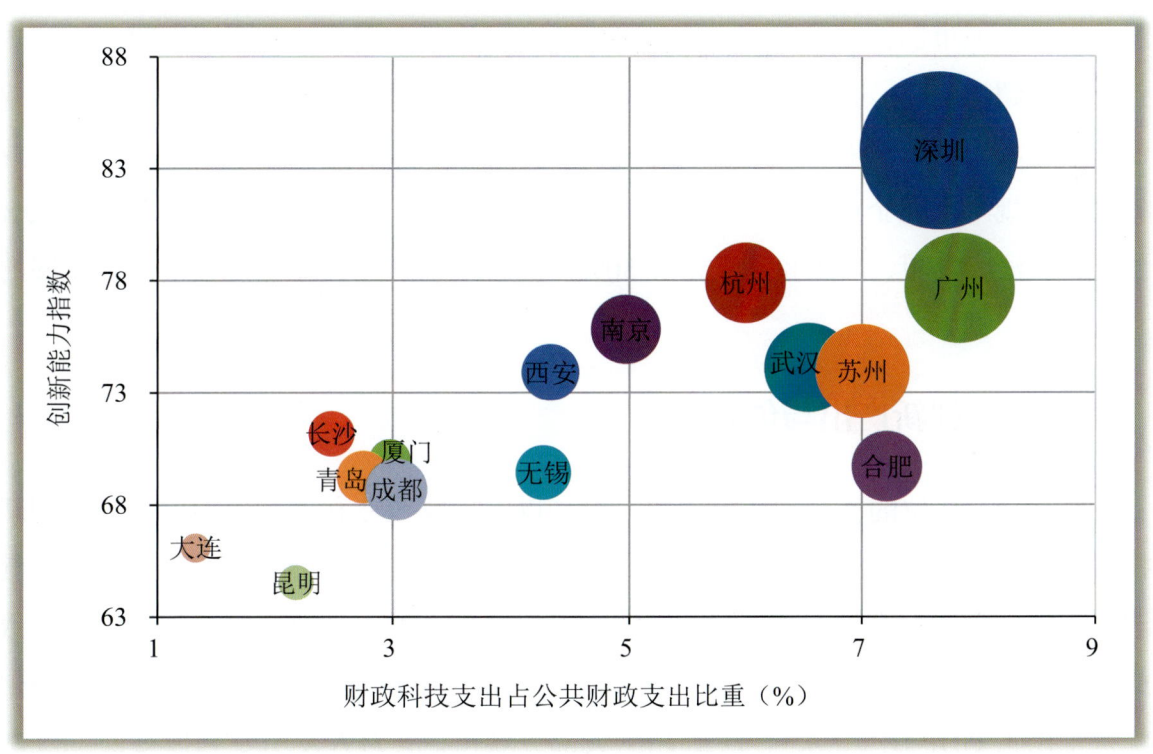

图 1-4　创新能力与政府对创新重视程度气泡图

（三）创新能力与创新人才

人才是创新的根基，创新驱动实质上是人才驱动，谁拥有一流的创新人才，谁就拥有了科技创新的优势和主导权。一个城市创新生态越完备，对人才的吸引力越大，创新能力也就越强。如深圳、无锡、长沙、苏州等城市万名就业人员中 R&D 人员超过 100 人，其创新能力也名列前茅。这些城市把激励创新创业人员的积极性放在优先位置，按照人才成长规律培育和引进人才，按照市场规律配置、激励和使用人才，不断加大在人才政策、服务、环境等方面的工作力度，在做强公共服务的同时，帮助人才打通干事创业所面临的"肠梗阻"，为人才提供针对性、贴身式服务，成为创新创业的乐土。

（四）创新能力与"三高"

高新区、高新技术企业和高新技术产业（"三高"）在城市创新发展中发挥了重要作用。在创新能力排名前 15 位的城市中，武汉、西安、深圳、广州、杭州、成都、苏州、南京、无锡和长沙 10 个城市国家高新区营业收入超过 5000 亿元，高新区已经成为城市创新发展的主阵地。除大连和昆明外，其余 13 个城市的高新技术企业数都超过 1000 家，其中深圳达到 10973 家，广州达到 8678 家，高新技术企业已经成为城市创新发展的主力军。除无锡外，其余 14 个城市高新技术企业主营业务收入占规上工业企业主营业务收入比重都在 30%以上，其中西安和深圳超过 70%，昆明、长沙、杭州、广州和武汉超过 50%，高新技术产业已经成为城市创新发展的主攻方向。

（五）创新产出与创新投入

排名前 15 位的创新型城市创新产出（以万人发明专利拥有量为代表）与创新投入（以全社会 R&D 经费支出占地区 GDP 比重为代表）气泡图见图 1-5。图中气泡大小表示发明专利拥有量规模。从图中可以看出，城市创新产出与创新投入大致成正向相关关系，即城市的创新投入越大，创新产出也越多。如深圳全社会 R&D 经费支出占 GDP 比重（4.34%）远超绝大部分城市，其万人发明专利拥有量（85.29 件/万人）也远超其他城市（均在 50 件/万人以下）。这说明科技创新具有集聚效应——研发人员和研发资金等生产要素的集中，会产生向心力，带来更多资源、提升资源的配置效率、产生更高效益。

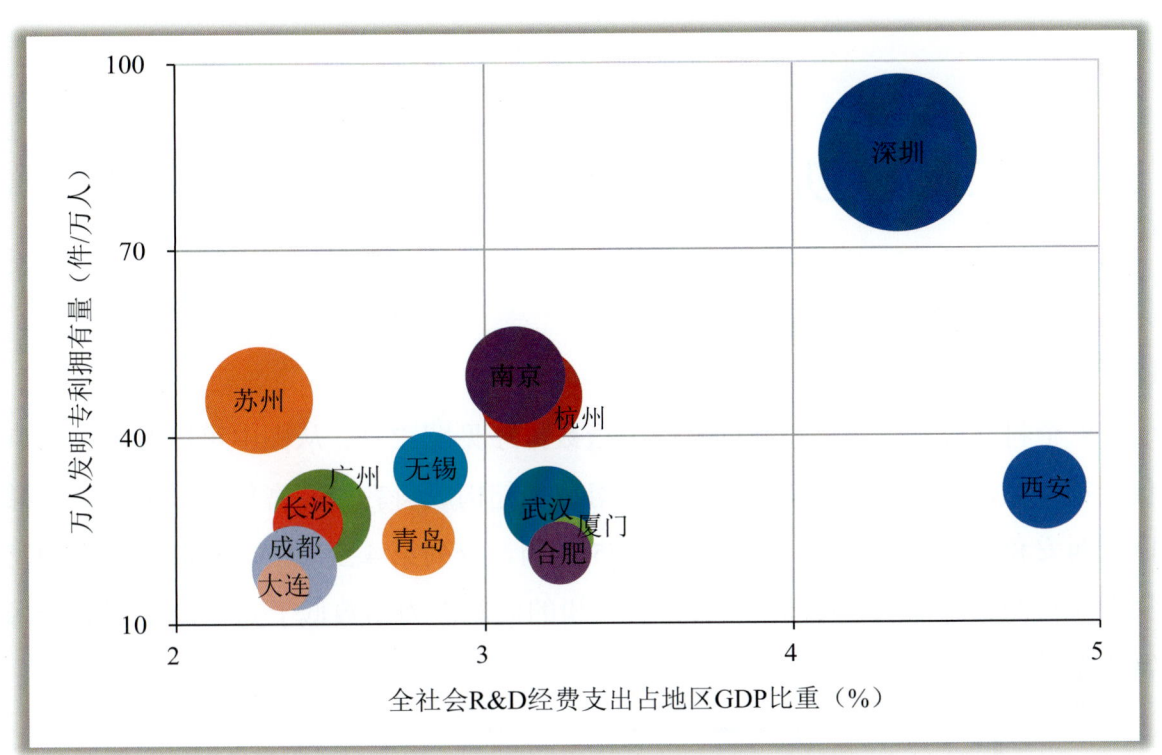

图 1-5 万人发明专利拥有量与 R&D 强度气泡图

第二章　创新型城市创新能力分类评价

一、科教资源富集型

8个科教资源富集型城市创新能力指数排序见图2-1。从图中可以看出，南京位列第1名，广州、武汉紧随其后，与南京一起构成科教资源富集型城市的第一梯队。西安和合肥的创新能力指数在70~75之间，分列第4至5位，构成科教资源富集型城市的第二梯队。哈尔滨、长春和兰州的创新能力指数低于65，属于科教资源富集型城市的第三梯队。

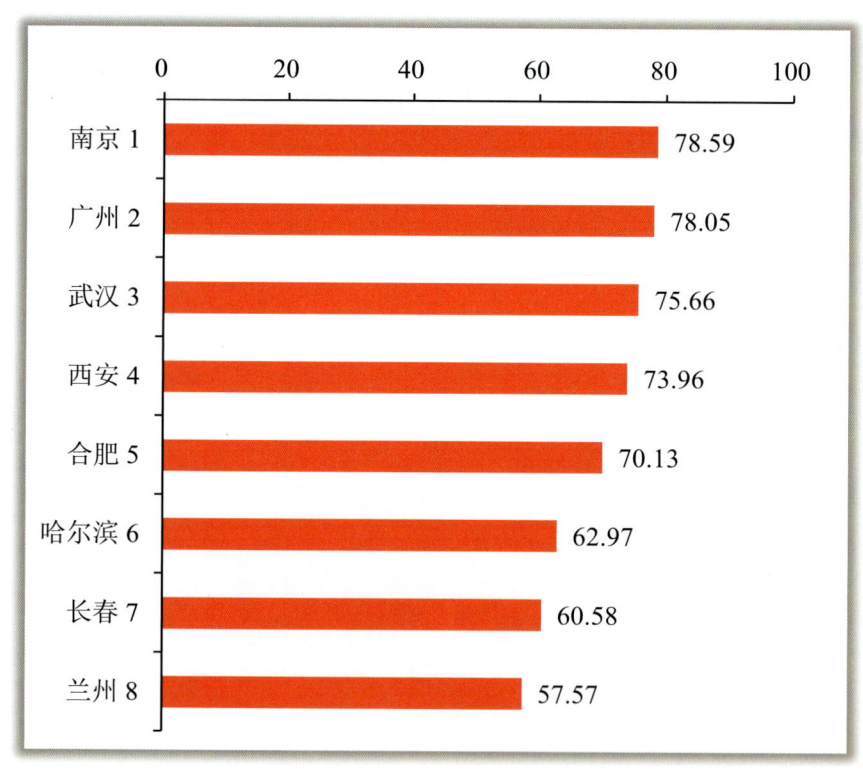

图2-1　科教资源富集型城市创新能力指数排序

一般而言，中央级科研机构和高校实力雄厚，代表我国科教资源的顶级水平。8个科教资源富集型城市中央级科研机构和高校数量分别占全国（不包括直辖市）的43.7%和54.7%，人才、智力密集优势明显，原始创新能力较强。如南京、武汉、广州、合肥、长春 5 个城市位居《自然》杂志发布的"2018 自然指数-科研城市"50 强之列。8 个科教资源富集型城市中央级科研机构和高校数量见表 2-1。

表 2-1　科教资源富集型城市中央级科研机构和高校数量

城市	中央级科研机构数量（个）	中央级高校数量（个）	城市	中央级科研机构数量（个）	中央级高校数量（个）
南京	21	8	合肥	3	2
广州	8	5	哈尔滨	6	3
武汉	7	8	长春	4	2
西安	4	5	兰州	6	2

（一）南京

2017 年南京常住人口 834 万人；地区生产总值（GDP）11715 亿元，居创新型城市第 7 位；人均 GDP 14.06 万元，居第 7 位。

南京创新能力指数为 75.82，居创新型城市第 4 位。其中创新基础得分 81.14，居第 4 位；科教资源富集程度得分 87.72，居第 1 位；产业技术创新能力得分 70.54，居第 7 位；创新创业活跃程度得分 76.20，居第 8 位；开放协同创新水平得分 73.25，居第 10 位；支撑绿色发展能力得分 60.00，居第 50 位。

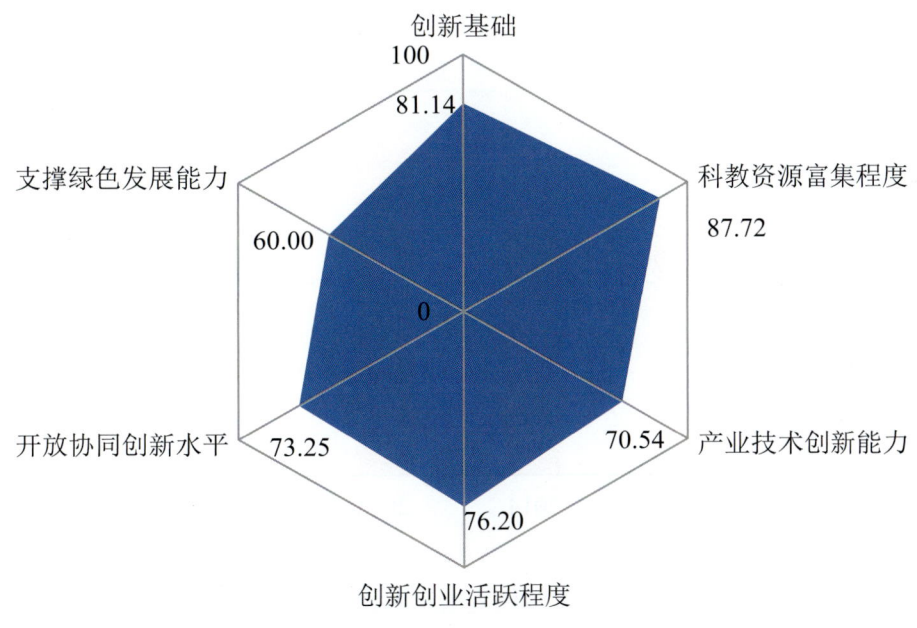

图 2-2　南京创新能力雷达图

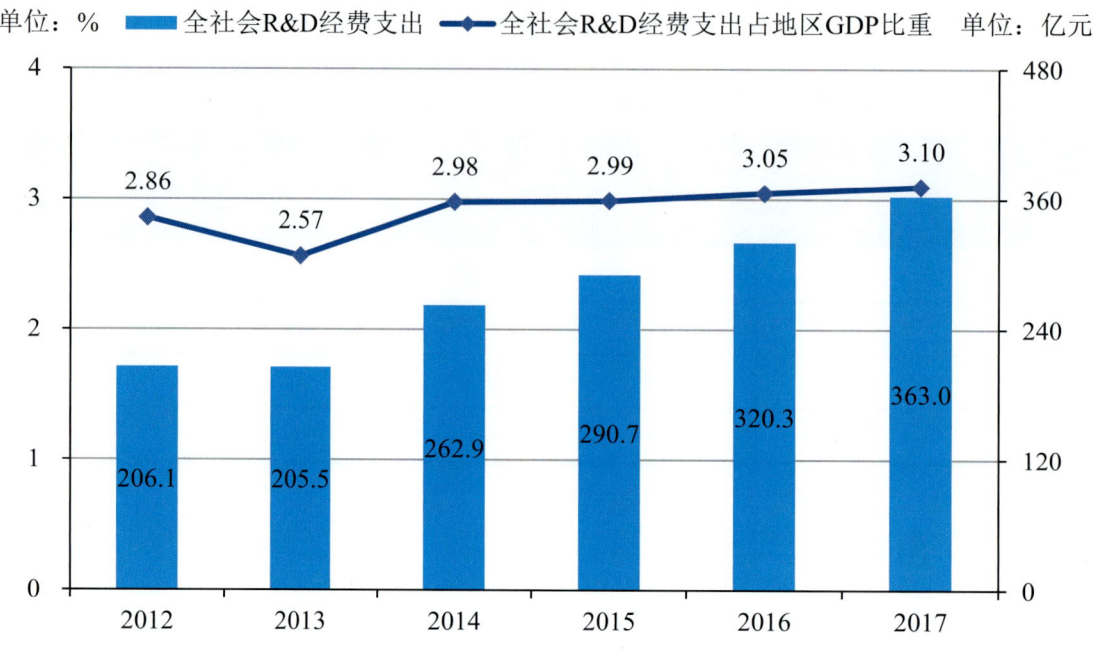

图 2-3　南京全社会 R&D 经费支出及占地区 GDP 比重

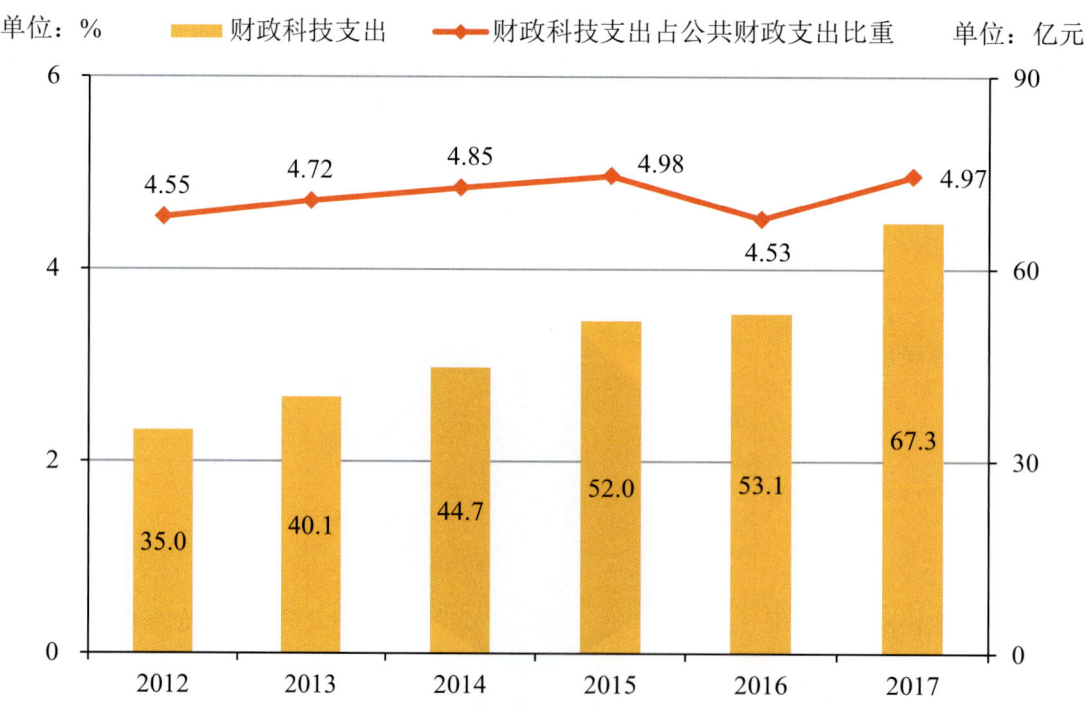

图 2-4　南京财政科技支出及占公共财政支出比重

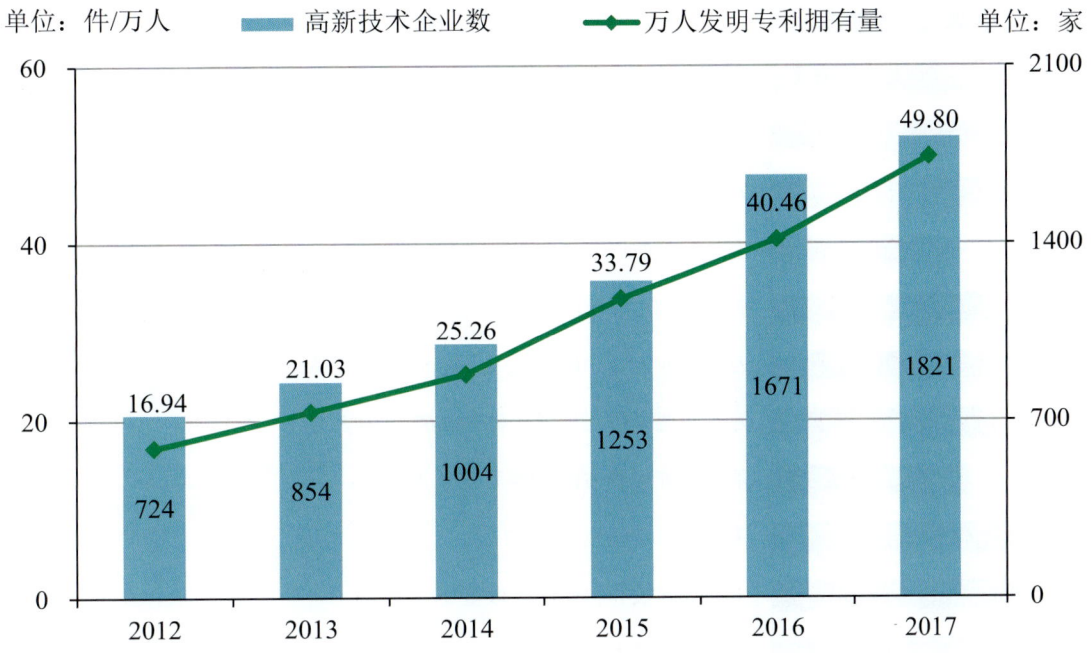

图2-5 南京高新技术企业数及万人发明专利拥有量

从基础数据看,南京全社会R&D经费支出占地区GDP比重从2012年的2.86%上升到2017年的3.10%,大幅高于全国平均水平(2.13%),在创新型城市中居第7位;财政科技支出占公共财政支出比重从2012年的4.55%上升到2017年的4.97%,高于全国平均水平(2.56%),居第12位;万人发明专利拥有量从2012年的16.94件上升到2017年的49.80件,大幅高于全国平均水平(9.75件),居第2位;高新技术企业数从2012年的724家增加到2017年的1821家,在创新型城市中居第11位。

总体上看,南京作为引领型创新型城市(创新能力全国排名第4位),创新基础雄厚,科技资源富集优势明显(科教资源富集程度全国排名第1位),但在创新支撑绿色发展等方面还存在明显的短板。

注：图中条形表示指标排名，排名越靠前，条形长度越长（即创新发展的"长板"），排名越靠后，条形长度越短（即创新发展的"短板"）。下同。

图 2-6　南京创新能力部分指标数据及排名

（二）广州

2017年广州常住人口1450万人；地区生产总值（GDP）21503亿元，居创新型城市第2位；人均GDP 14.83万元，居第5位。

广州创新能力指数为77.65，居创新型城市第3位。其中创新基础得分80.03，居第5位；科教资源富集程度得分78.25，居第3位；产业技术创新能力得分77.90，居第3位；创新创业活跃程度得分81.34，居第4位；开放协同创新水平得分80.27，居第2位；支撑绿色发展能力得分65.38，居第37位。

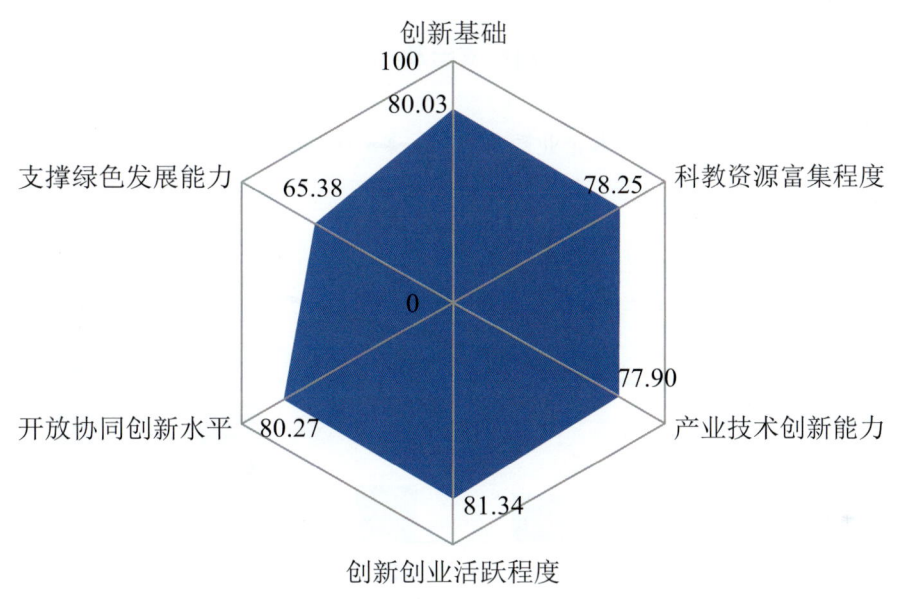

图2-7 广州创新能力雷达图

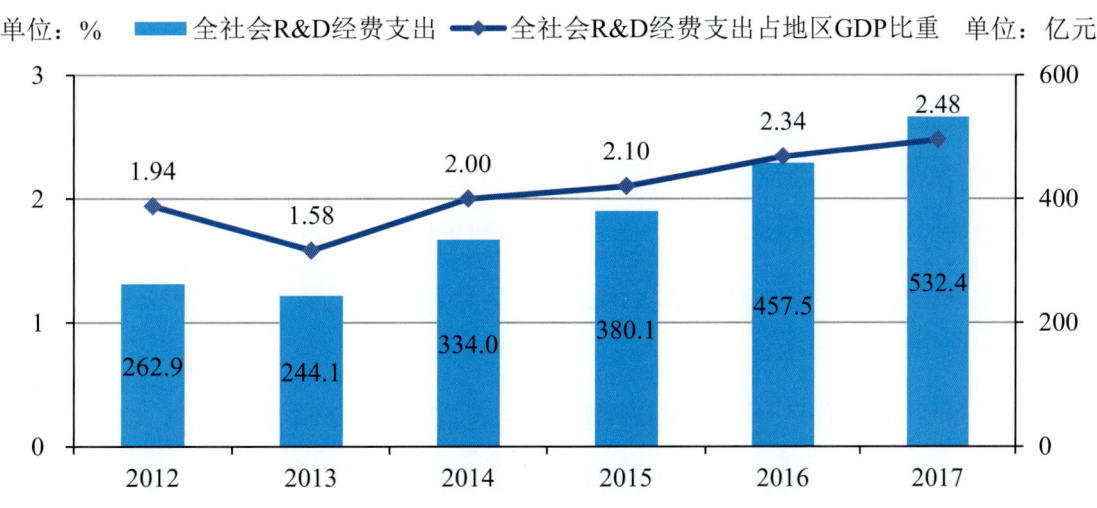

图2-8 广州全社会R&D经费支出及占地区GDP比重

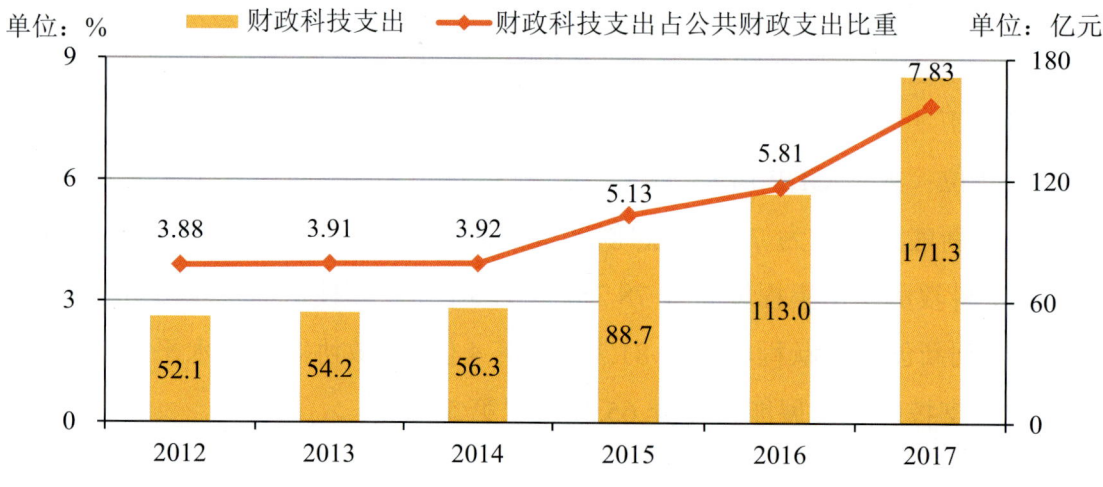

图 2-9　广州财政科技支出及占公共财政支出比重

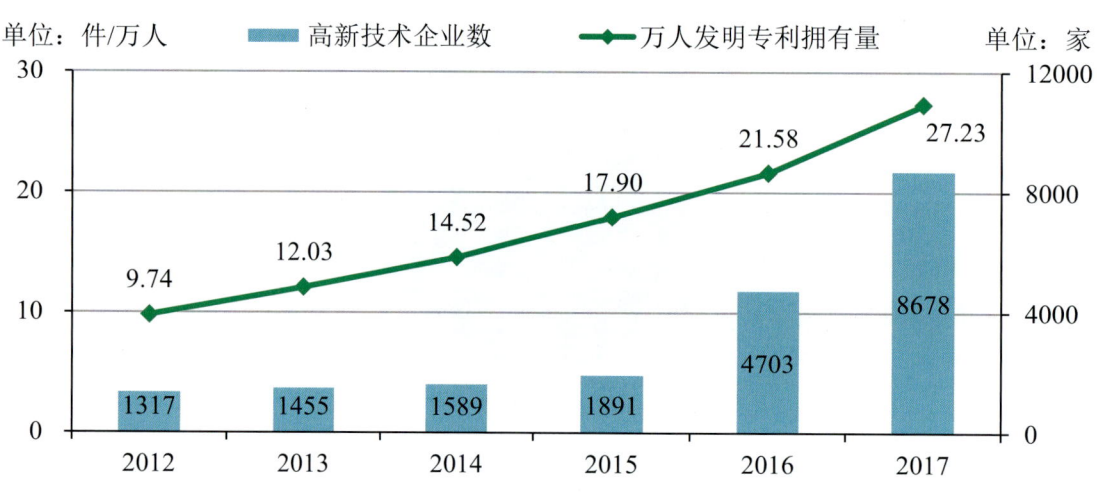

图 2-10　广州高新技术企业数及万人发明专利拥有量

从基础数据看，广州全社会 R&D 经费支出占地区 GDP 比重从 2012 年的 1.94% 上升到 2017 年的 2.48%，高于全国平均水平（2.13%），在创新型城市中居第 20 位；财政科技支出占公共财政支出比重从 2012 年的 3.88% 上升到 2017 年的 7.83%，大幅高于全国平均水平（2.56%），居第 2 位；万人发明专利拥有量从 2012 年的 9.74 件上升到 2017 年的 27.23 件，大幅高于全国平均水平（9.75 件），居第 10 位；高新技术企业数从 2012 年的 1317 家增加到 2017 年的 8678 家，在创新型城市中居第 2 位。

总体上看，广州作为引领型创新型城市（创新能力全国排名第 3 位），创新基础雄厚，科教资源富集优势明显（科教资源富集程度全国排名第 3 位），但在研发投入等方面存在短板。

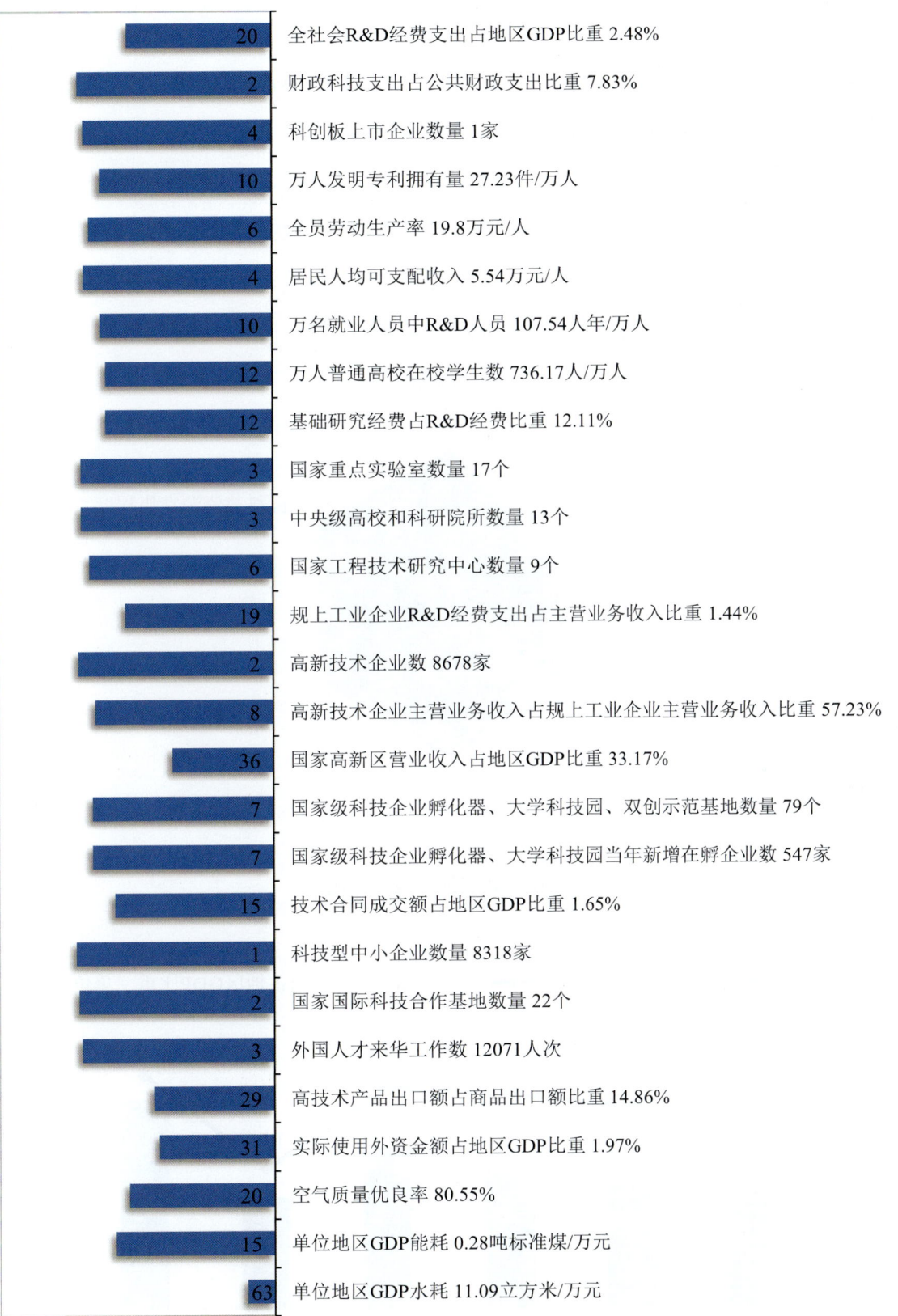

图 2-11 广州创新能力部分指标数据及排名

（三）武汉

2017 年武汉常住人口 1089 万人；地区生产总值（GDP）13410 亿元，居创新型城市第 5 位；人均 GDP 12.31 万元，居第 12 位。

武汉创新能力指数为 74.10，居创新型城市第 5 位。其中创新基础得分 78.92，居第 6 位；科教资源富集程度得分 80.34，居第 2 位；产业技术创新能力得分 73.95，居第 6 位；创新创业活跃程度得分 76.43，居第 7 位；开放协同创新水平得分 73.17，居第 11 位；支撑绿色发展能力得分 56.28，居第 57 位。

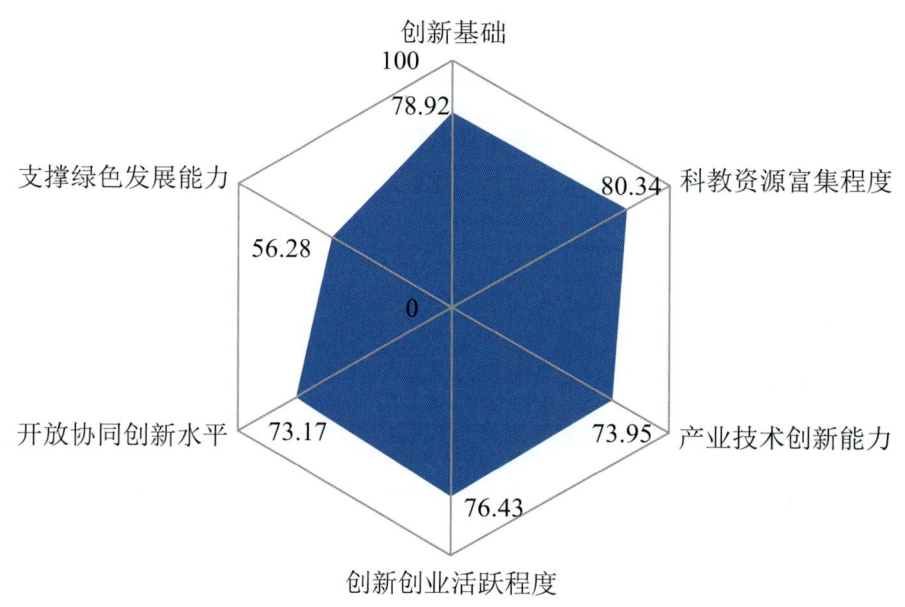

图 2-12　武汉创新能力雷达图

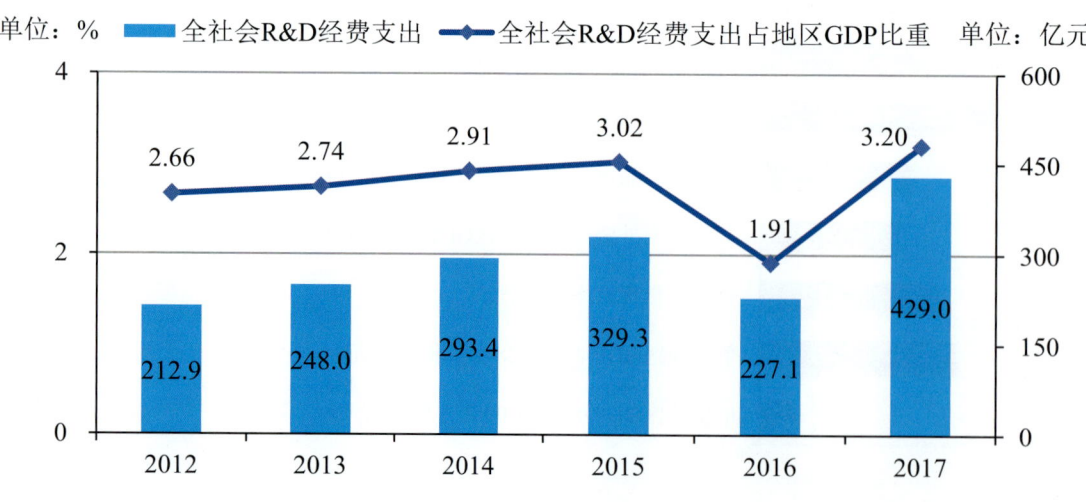

图 2-13　武汉全社会 R&D 经费支出及占地区 GDP 比重

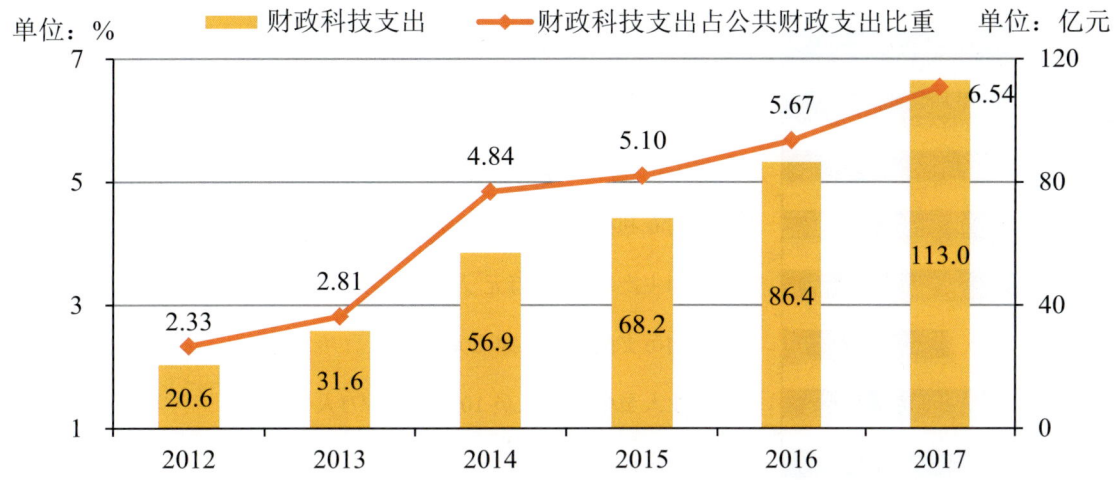

图 2-14 武汉财政科技支出及占公共财政支出比重

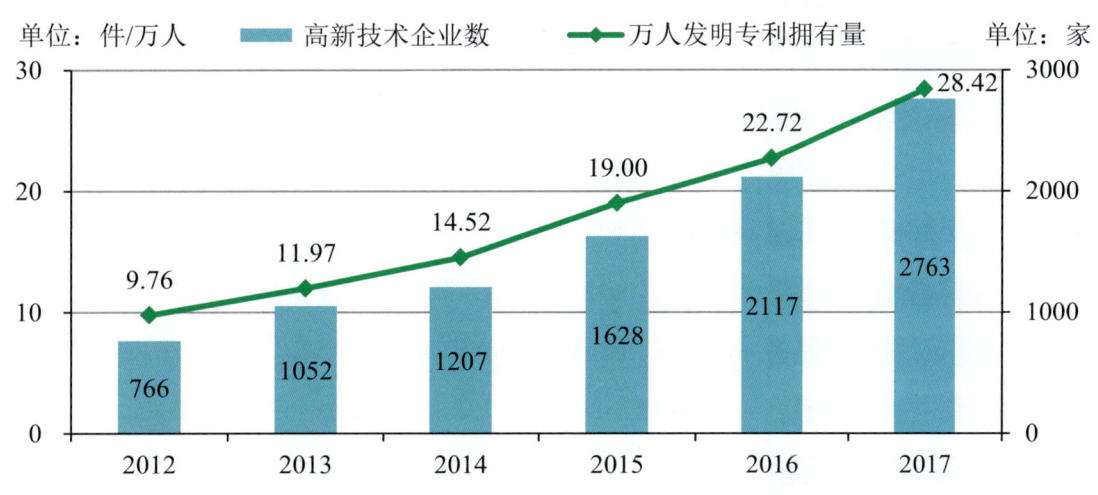

图 2-15 武汉高新技术企业数及万人发明专利拥有量

从基础数据看,武汉全社会 R&D 经费支出占地区 GDP 比重从 2012 年的 2.66% 上升到 2017 年的 3.20%,大幅高于全国平均水平（2.13%）,在创新型城市中居第 5 位;财政科技支出占公共财政支出比重从 2012 年的 2.33% 上升到 2017 年的 6.54%, 大幅高于全国平均水平（2.56%）,居第 6 位;万人发明专利拥有量从 2012 年的 9.76 件上升到 2017 年的 28.42 件,大幅高于全国平均水平（9.75 件）,居第 9 位;高新技术企业数从 2012 年的 766 家增加到 2017 年的 2763 家,在创新型城市中居第 6 位。

总体上看,武汉作为引领型创新型城市（创新能力全国排名第 5 位）,创新基础雄厚,科技资源富集优势明显（科教资源富集程度全国排名第 2 位）,但在创新支撑绿色发展等方面存在明显的短板。

图 2-16　武汉创新能力部分指标数据及排名

（四）西安

2017 年西安常住人口 962 万人；地区生产总值（GDP）7472 亿元，居创新型城市第 17 位；人均 GDP 7.77 万元，居第 41 位。

西安创新能力指数为 73.90，居创新型城市第 7 位。其中创新基础得分 77.39，居第 8 位；科教资源富集程度得分 73.07，居第 7 位；产业技术创新能力得分 81.51，居第 2 位；创新创业活跃程度得分 83.77，居第 2 位；开放协同创新水平得分 77.92，居第 5 位；支撑绿色发展能力得分 45.77，居第 68 位。

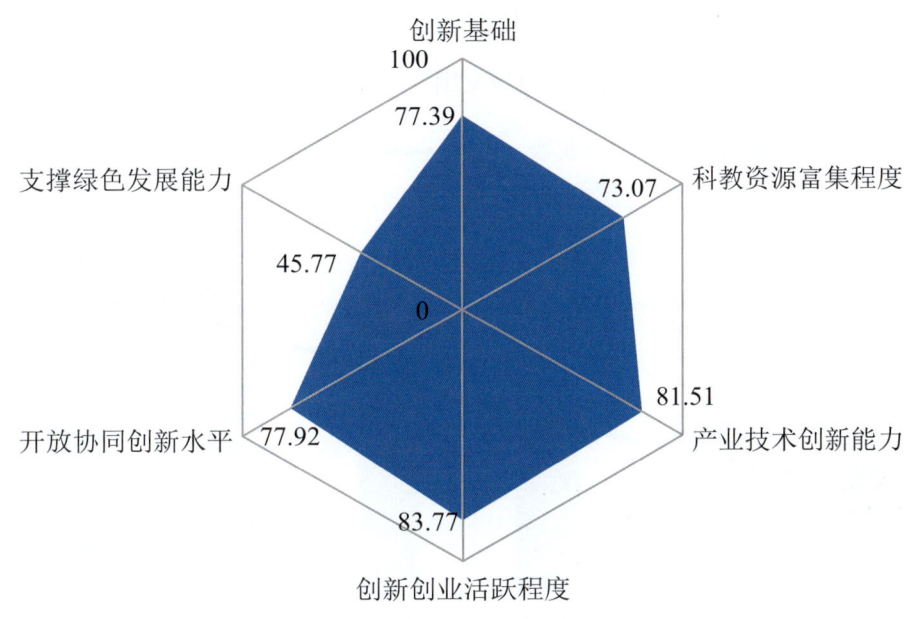

图 2-17　西安创新能力雷达图

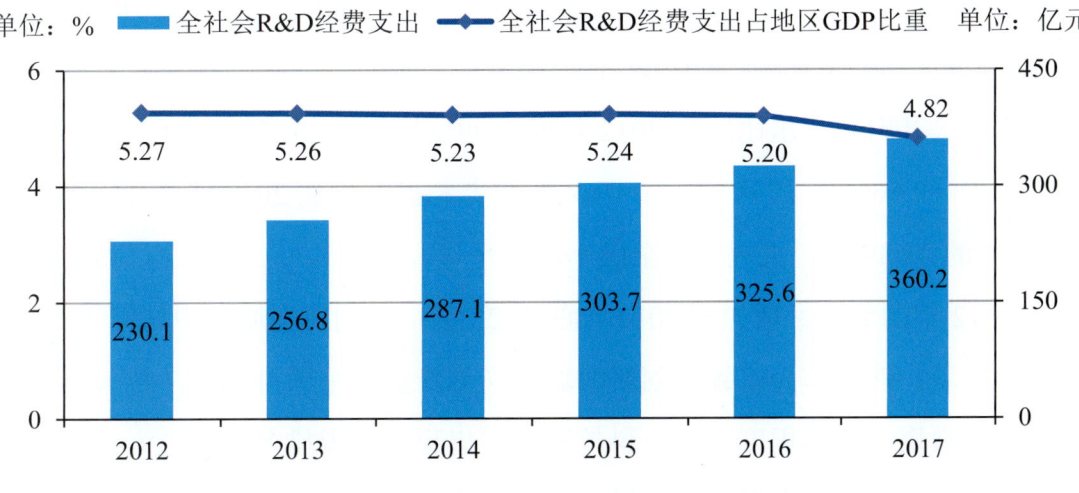

图 2-18　西安全社会 R&D 经费支出及占地区 GDP 比重

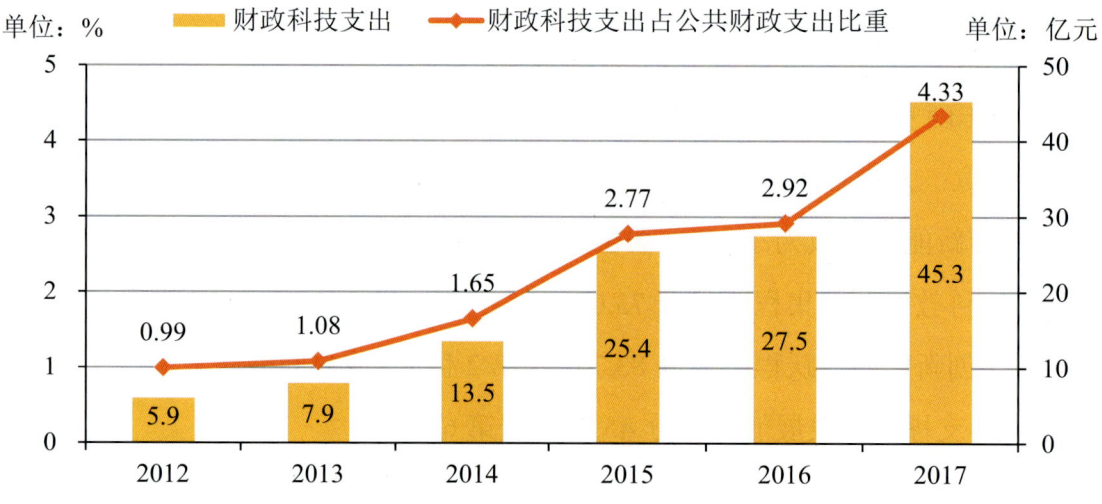

图 2-19　西安财政科技支出及占公共财政支出比重

图 2-20　西安高新技术企业数及万人发明专利拥有量

从基础数据看，西安全社会 R&D 经费支出占地区 GDP 比重从 2012 年以来稳定在 5%左右，大幅高于全国平均水平（2.13%），在创新型城市中居第 1 位；财政科技支出占公共财政支出比重从 2012 年的 0.99%上升到 2017 年的 4.33%，高于全国平均水平（2.56%），居第 14 位；万人发明专利拥有量从 2012 年的 11.32 件上升到 2017 年的 31.39 件，大幅高于全国平均水平（9.75 件），居第 7 位；高新技术企业数从 2012 年的 815 家增加到 2017 年的 1828 家，在创新型城市中居第 10 位。

总体上看，西安作为引领型创新型城市（创新能力全国排名第 7 位），创新基础雄厚，科教资源富集程度较高（科教资源富集程度全国排名第 7 位），但在创新支撑绿色发展等方面存在明显的短板。

图 2-21　西安创新能力部分指标数据及排名

（五）合肥

2017年合肥常住人口797万人；地区生产总值（GDP）7003亿元，居创新型城市第21位；人均GDP 8.79万元，居第31位。

合肥创新能力指数为69.71，居创新型城市第10位。其中创新基础得分76.39，居第9位；科教资源富集程度得分69.25，居第11位；产业技术创新能力得分68.42，居第9位；创新创业活跃程度得分66.74，居第11位；开放协同创新水平得分71.93，居第14位；支撑绿色发展能力得分57.87，居第54位。

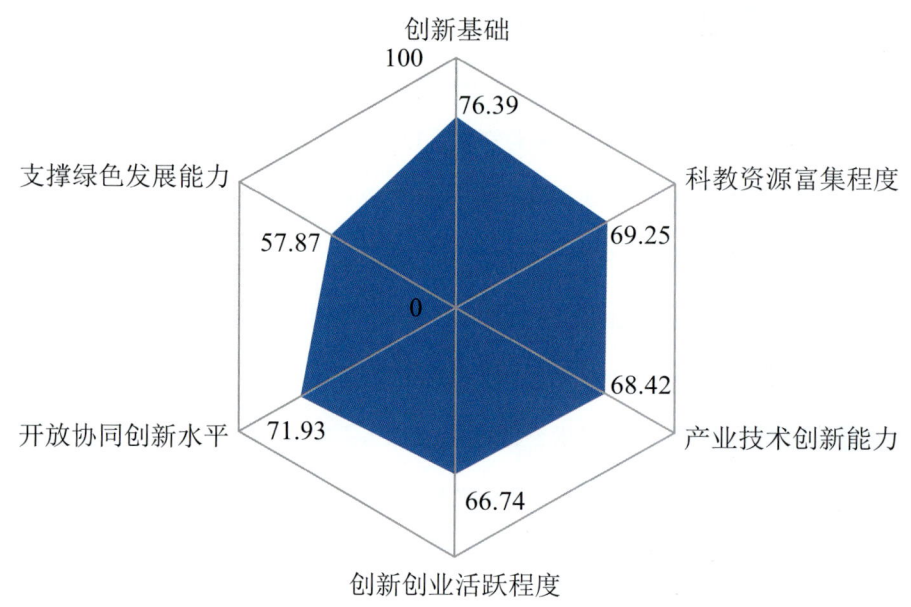

图2-22　合肥创新能力雷达图

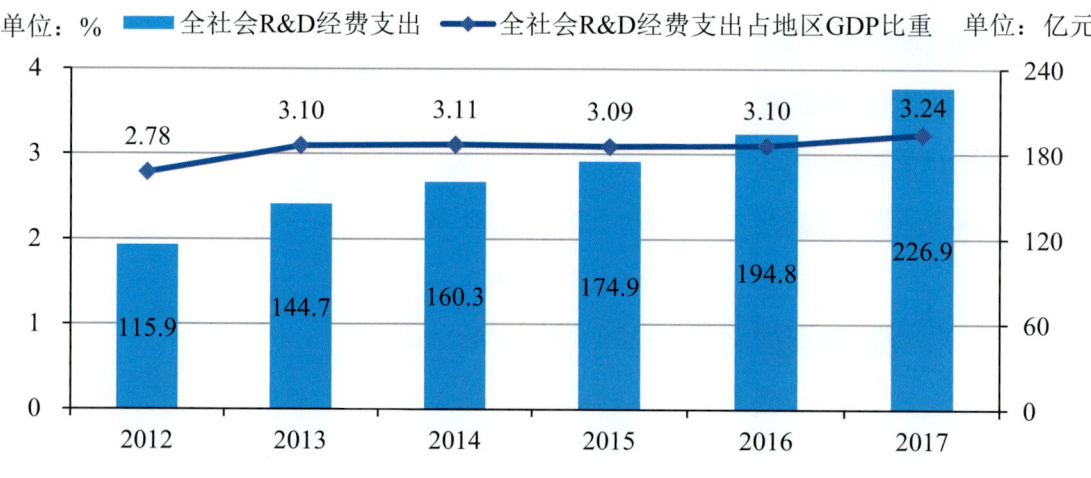

图2-23　合肥全社会R&D经费支出及占地区GDP比重

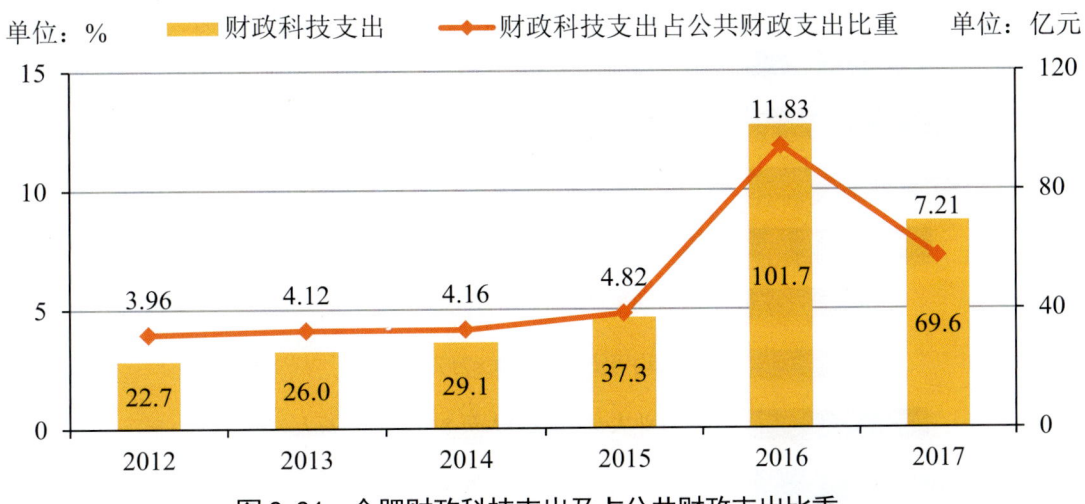

图 2-24　合肥财政科技支出及占公共财政支出比重

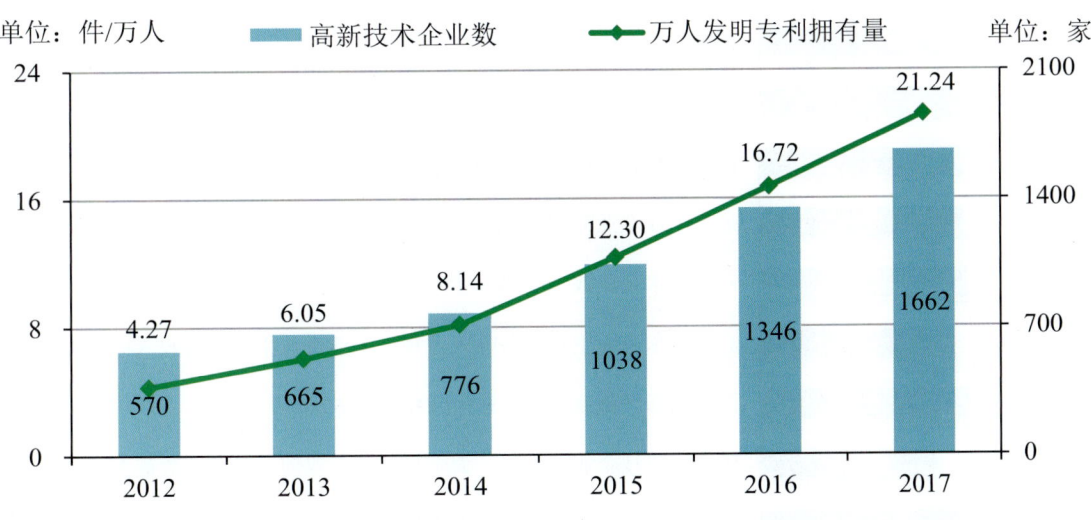

图 2-25　合肥高新技术企业数及万人发明专利拥有量

从基础数据看，合肥全社会 R&D 经费支出占地区 GDP 比重从 2012 年的 2.78%上升到 2017 年的 3.24%，高于全国平均水平（2.13%），在创新型城市中居第 4 位；财政科技支出占公共财政支出比重从 2012 年的 3.96%上升到 2017 年的 7.21%，大幅高于全国平均水平（2.56%），居第 4 位；万人发明专利拥有量从 2012 年的 4.27 件上升到 2017 年的 21.24 件，大幅高于全国平均水平（9.75 件），居第 19 位；高新技术企业数从 2012 年的 570 家增加到 2017 年的 1662 家，在创新型城市中居第 12 位。

总体上看，合肥作为引领型创新型城市（创新能力全国排名第 10 位），创新基础雄厚，科技资源富集优势明显（科教资源富集程度全国排名第 11 位），但在创新支撑绿色发展等方面存在明显短板。

图 2-26　合肥创新能力部分指标数据及排名

（六）哈尔滨

2017年哈尔滨常住人口1093万人；地区生产总值（GDP）6257亿元，居创新型城市第27位；人均GDP 5.73万元，居第61位。

哈尔滨创新能力指数为62.08，居创新型城市第22位。其中创新基础得分53.36，居第45位；科教资源富集程度得分70.07，居第9位；产业技术创新能力得分63.97，居第15位；创新创业活跃程度得分65.25，居第14位；开放协同创新水平得分69.71，居第17位；支撑绿色发展能力得分60.06，居第49位。

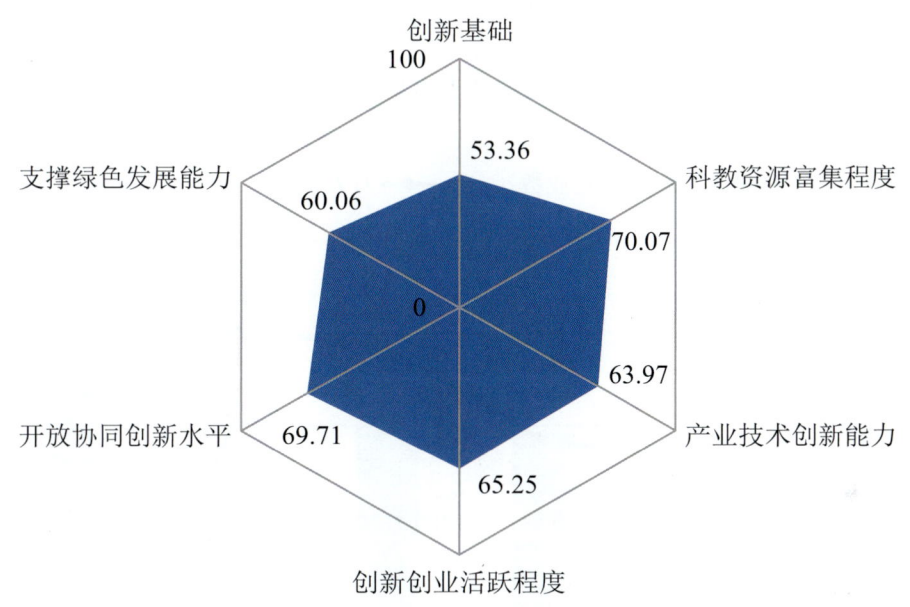

图 2-27　哈尔滨创新能力雷达图

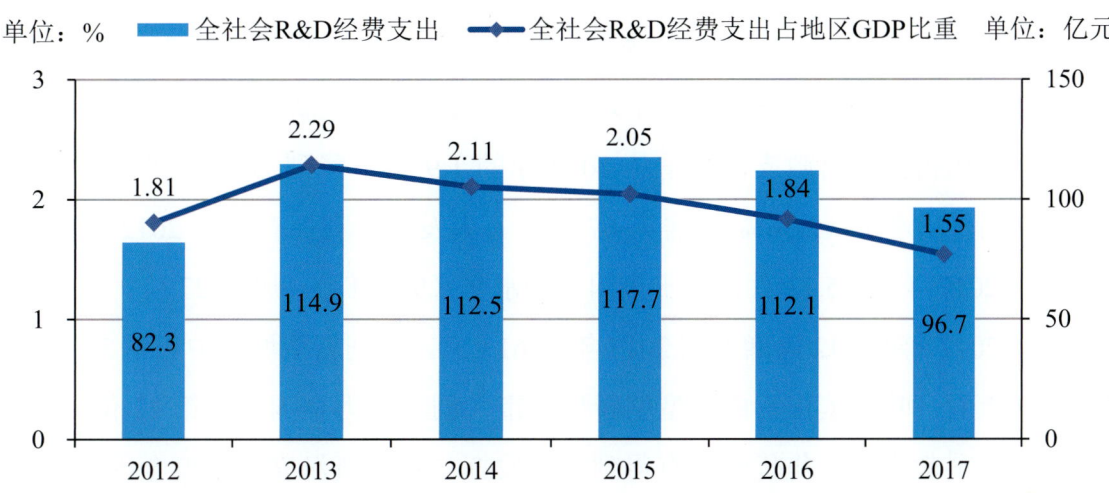

图 2-28　哈尔滨全社会 R&D 经费支出及占地区 GDP 比重

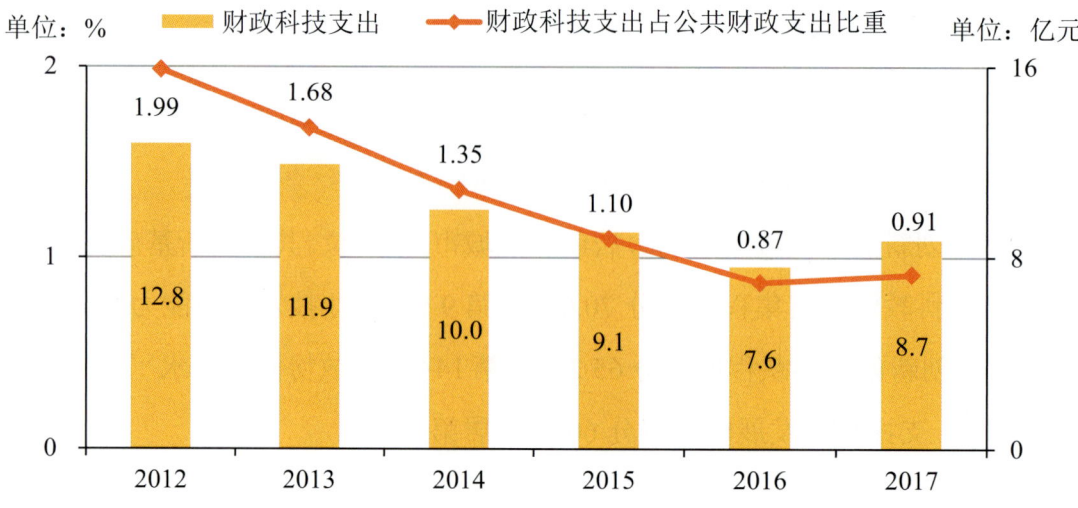

图 2-29　哈尔滨财政科技支出及占公共财政支出比重

图 2-30　哈尔滨高新技术企业数及万人发明专利拥有量

从基础数据看，哈尔滨全社会 R&D 经费支出占地区 GDP 比重从 2012 年的 1.81% 下降到 2017 年的 1.55%，低于全国平均水平（2.13%），在创新型城市中居第 49 位；财政科技支出占公共财政支出比重从 2012 年的 1.99% 下降到 2017 年的 0.91%，大幅低于全国平均水平（2.56%），居第 67 位；万人发明专利拥有量从 2012 年的 5.61 件上升到 2017 年的 15.13 件，高于全国平均水平（9.75 件），居第 27 位；高新技术企业数从 2012 年的 342 家增加到 2017 年的 613 家，在创新型城市中居第 33 位。

总体上看，哈尔滨作为成长型创新型城市（创新能力全国排名第 22 位），创新基础较强，科教资源富集优势没有得到充分发挥（科教资源富集程度全国排名第 9 位），在创新投入、高新技术企业培育等方面存在明显的短板。

图 2-31　哈尔滨创新能力部分指标数据及排名

（七）长春

2017年长春常住人口749万人；地区生产总值（GDP）6495亿元，居创新型城市第26位；人均GDP 8.67万元，居第33位。

长春创新能力指数为58.24，居创新型城市第31位。其中创新基础得分49.84，居第53位；科教资源富集程度得分72.90，居第8位；产业技术创新能力得分40.98，居第49位；创新创业活跃程度得分64.84，居第16位；开放协同创新水平得分63.31，居第29位；支撑绿色发展能力得分67.18，居第31位。

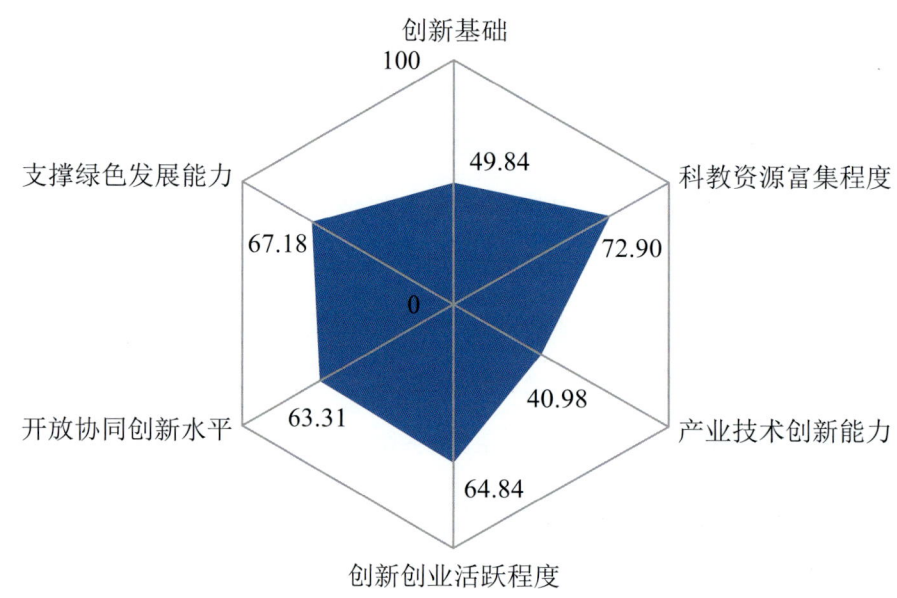

图 2-32　长春创新能力雷达图

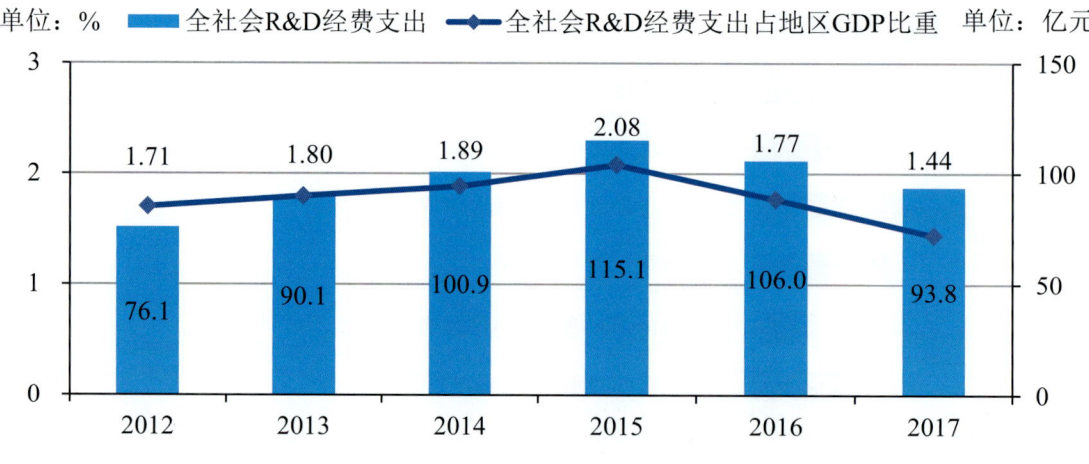

图 2-33　长春全社会R&D经费支出及占地区GDP比重

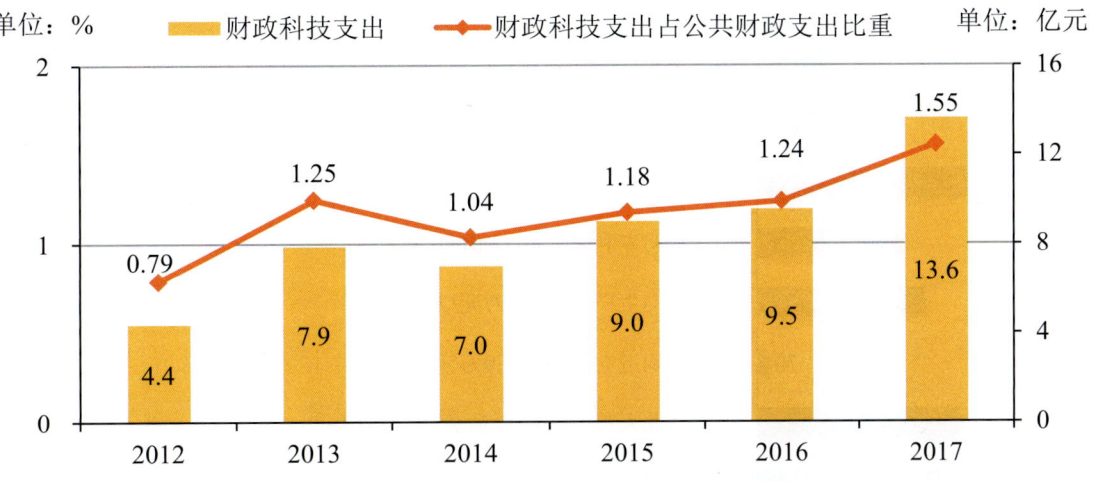

图 2-34 长春财政科技支出及占公共财政支出比重

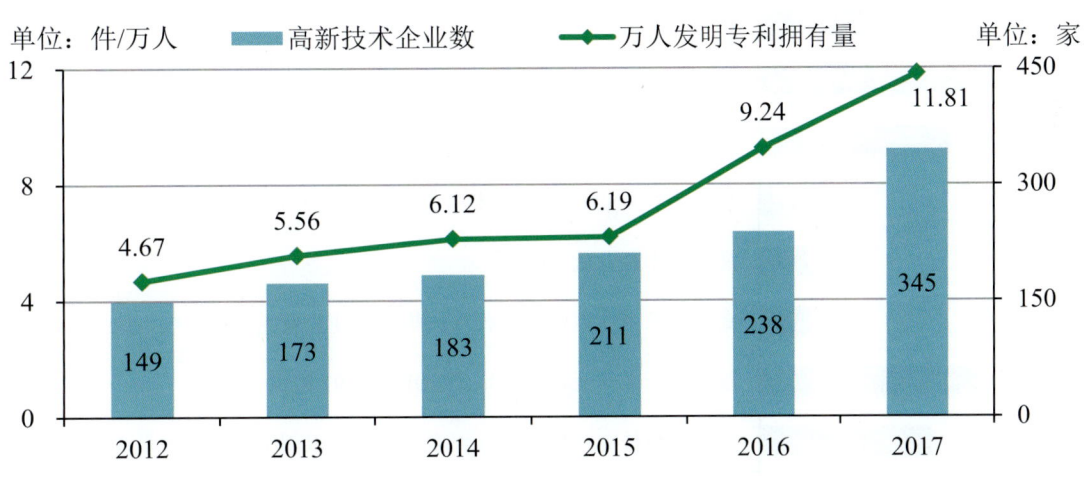

图 2-35 长春高新技术企业数及万人发明专利拥有量

从基础数据看,长春全社会 R&D 经费支出占地区 GDP 比重从 2012 年的 1.71% 下降到 2017 年的 1.44%,大幅低于全国平均水平(2.13%),在创新型城市中居第 51 位;财政科技支出占公共财政支出比重从 2012 年的 0.79%上升到 2017 年的 1.55%,但仍大幅低于全国平均水平(2.56%),居第 53 位;万人发明专利拥有量从 2012 年的 4.67 件上升到 2017 年的 11.81 件,高于全国平均水平(9.75 件),居第 31 位;高新技术企业数从 2012 年的 149 家增加到 2017 年的 345 家,在创新型城市中居第 46 位。

总体上看,长春作为成长型创新型城市(创新能力全国排名第 31 位),创新基础有待加强,科教资源富集优势没有得到充分发挥(科教资源富集程度全国排名第 8 位),在创新投入、高新技术企业培育等方面存在明显的短板。

图 2-36　长春创新能力部分指标数据及排名

（八）兰州

2017年兰州常住人口373万人；地区生产总值（GDP）2501亿元，居创新型城市第58位；人均GDP 6.71万元，居第52位。

兰州创新能力指数为53.20，居创新型城市第37位。其中创新基础得分52.20，居第47位；科教资源富集程度得分75.98，居第4位；产业技术创新能力得分46.25，居第46位；创新创业活跃程度得分53.33，居第31位；开放协同创新水平得分42.60，居第55位；支撑绿色发展能力得分49.98，居第64位。

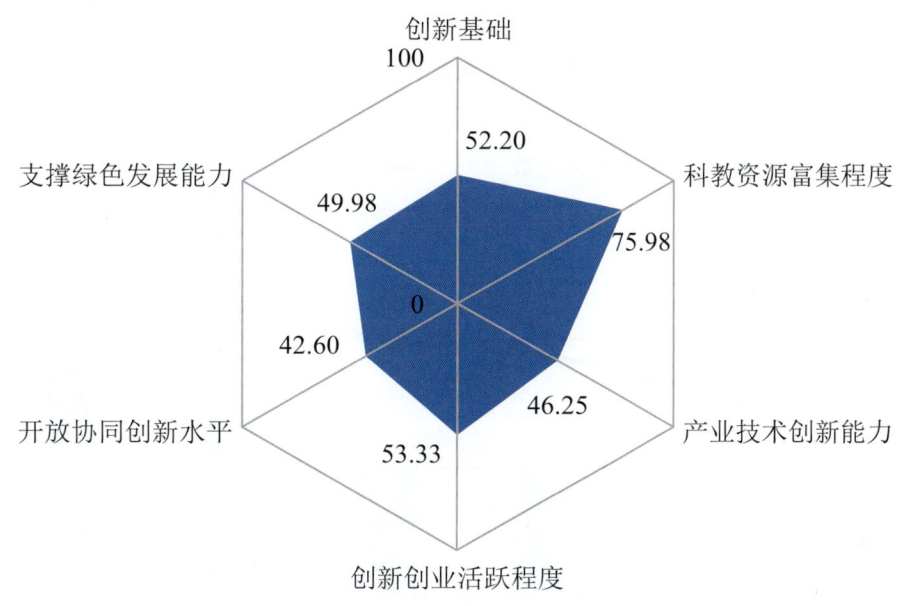

图2-37　兰州创新能力雷达图

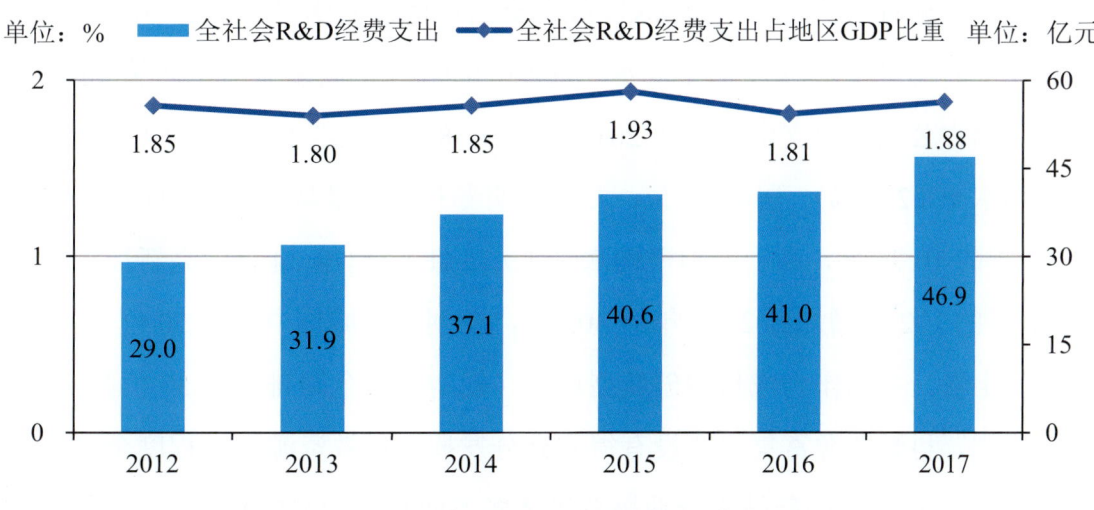

图2-38　兰州全社会R&D经费支出及占地区GDP比重

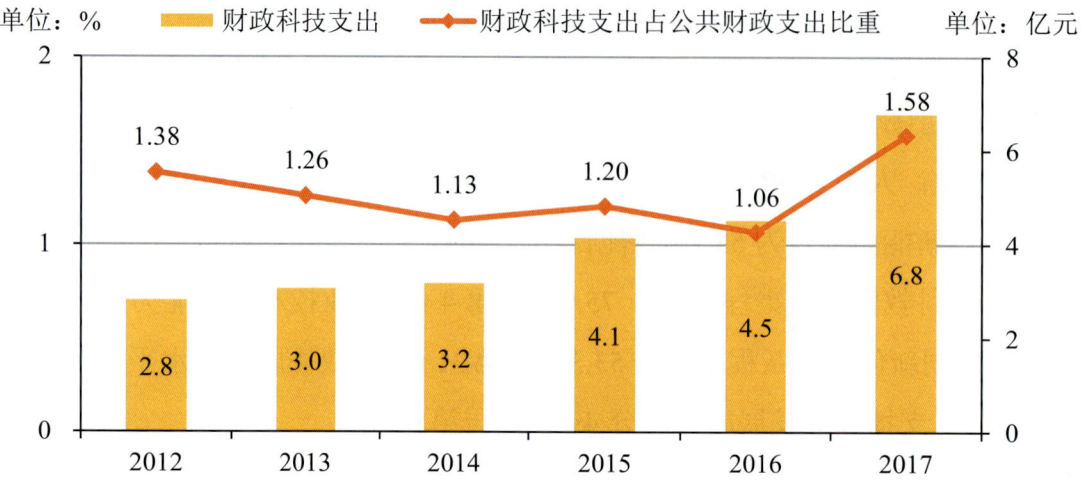

图 2-39　兰州财政科技支出及占公共财政支出比重

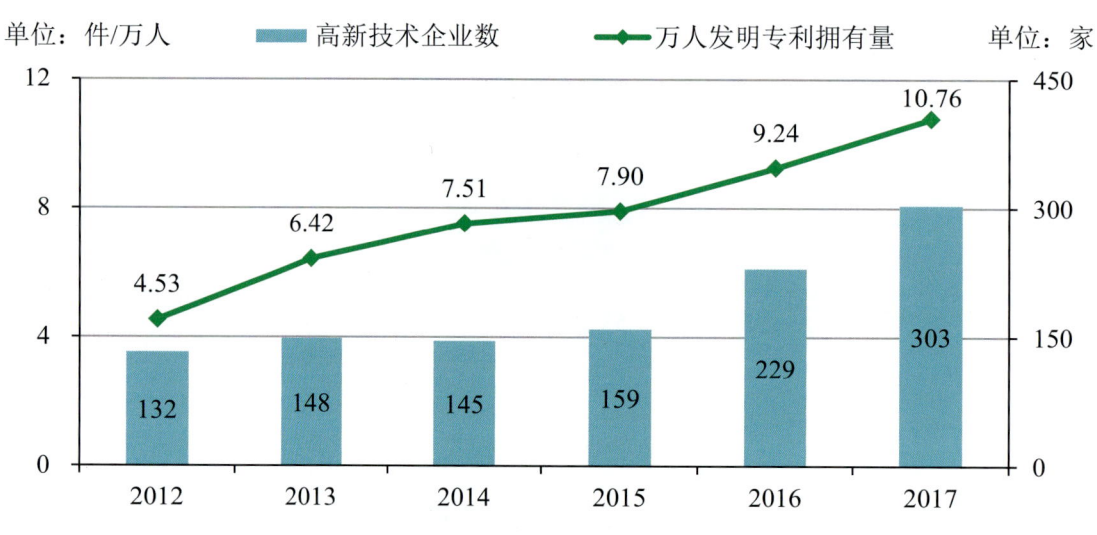

图 2-40　兰州高新技术企业数及万人发明专利拥有量

从基础数据看，兰州全社会 R&D 经费支出占地区 GDP 比重自 2012 年以来一直稳定在 1.8%左右，低于全国平均水平（2.13%），在创新型城市中居第 45 位；财政科技支出占公共财政支出比重从 2012 年的 1.38%上升到 2017 年的 1.58%，低于全国平均水平（2.56%），居第 52 位；万人发明专利拥有量从 2012 年的 4.53 件上升到 2017 年的 10.76 件，高于全国平均水平（9.75 件），居第 34 位；高新技术企业数从 2012 年的 132 家增加到 2017 年的 303 家，在创新型城市中居第 50 位。

总体上看，兰州作为成长型创新型城市（创新能力全国排名第 37 位），创新基础有待增强，科教资源富集优势没有得到充分发挥（科教资源富集程度全国排名第 4 位），在创新投入、高新技术企业培育等诸多方面存在明显的短板。

图2-41 兰州创新能力部分指标数据及排名

二、产业技术创新型

22 个产业技术创新型城市创新能力指数排序见图 2-42。从图中可以看出，深圳的创新能力指数远高于其他 21 城市，位列第 1 名，属于产业技术创新型城市的第一梯队。无锡、常州、宁波、镇江、东莞、芜湖、南通、嘉兴、佛山和扬州创新能力指数在 55~70 之间，分列第 2 至第 11 位，属于产业技术创新型城市的第二梯队。绍兴、潍坊、泰州、株洲等 11 个城市的创新能力指数在 55 以下，属于产业技术创新型城市的第三梯队。

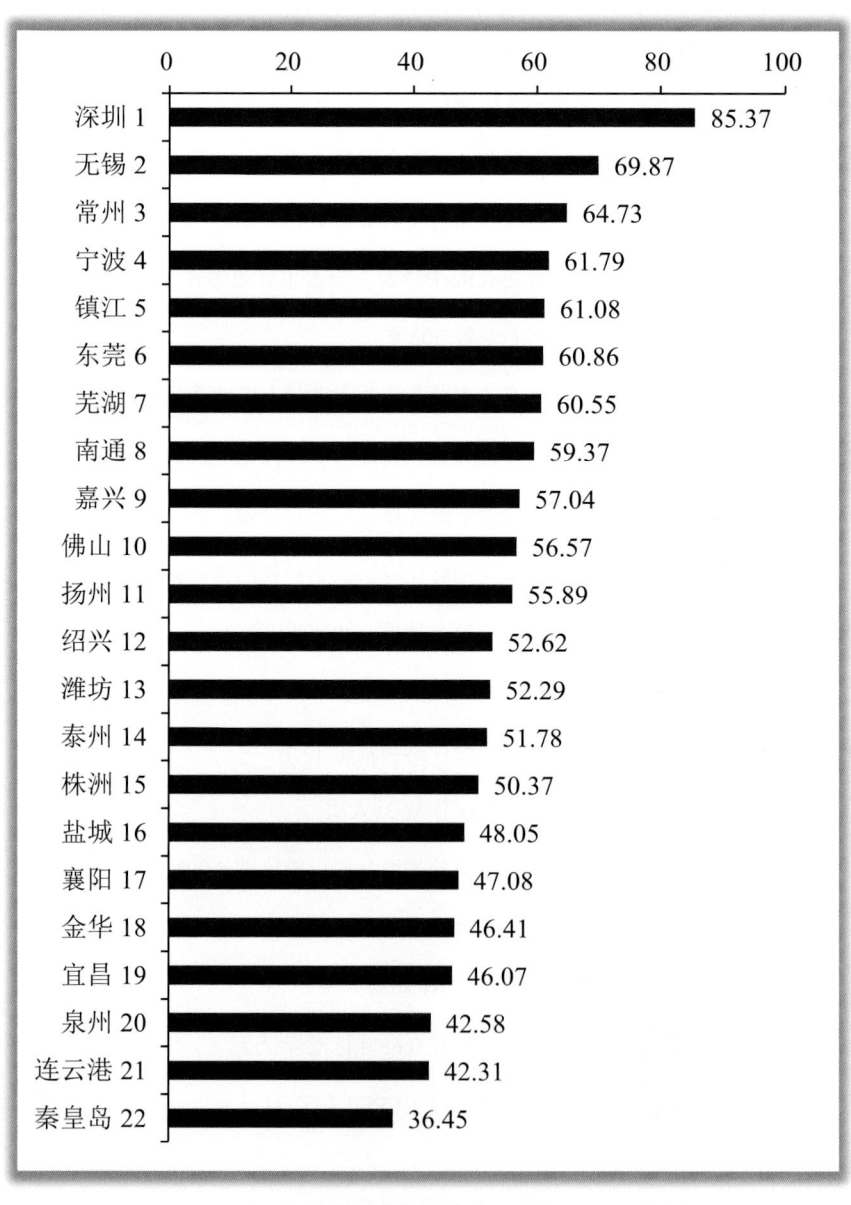

图 2-42　产业技术创新型城市创新能力指数排序

这类城市市场活跃度较高，产业基础较好，企业创新主体地位突出。如深圳规上工业企业 R&D 经费支出占主营业务收入比重达到 2.73%，位列全国第 1 名，是全国平均水平（1.06%）的 2.5 倍；高新技术企业数量 10973 家，仅次于北京。22 个产业技术创新型城市规上工业企业 R&D 经费支出占主营业务收入比重（简称企业 R&D 强度）和高新技术企业数量见表 2-2。

表 2-2　产业技术创新型城市企业 R&D 强度和高新技术企业数量

城市	企业 R&D 经强度（%）	高新技术企业数量（家）	城市	企业 R&D 经强度（%）	高新技术企业数量（家）
深圳	2.73	10973	绍兴	1.59	668
无锡	1.72	1638	潍坊	1.28	538
常州	1.40	1150	泰州	0.94	580
宁波	1.38	1473	株洲	1.20	286
镇江	1.34	617	盐城	1.22	607
东莞	0.88	4026	襄阳	1.51	404
芜湖	1.38	504	金华	1.68	526
南通	1.27	1025	宜昌	1.74	373
嘉兴	1.42	880	泉州	0.57	381
佛山	1.06	2531	连云港	0.87	244
扬州	1.21	734	秦皇岛	1.02	134

（一）深圳

2017 年深圳常住人口 1253 万人；地区生产总值（GDP）22490 亿元，居创新型城市第 1 位；人均 GDP 17.95 万元，居第 1 位。

深圳创新能力指数为 83.80，居创新型城市第 1 位。其中创新基础得分 90.02，居第 1 位；科教资源富集程度得分 65.06，居第 19 位；产业技术创新能力得分 89.31，居第 1 位；创新创业活跃程度得分 85.92，居第 1 位；开放协同创新水平得分 80.78，居第 1 位；支撑绿色发展能力得分 84.57，居第 1 位。

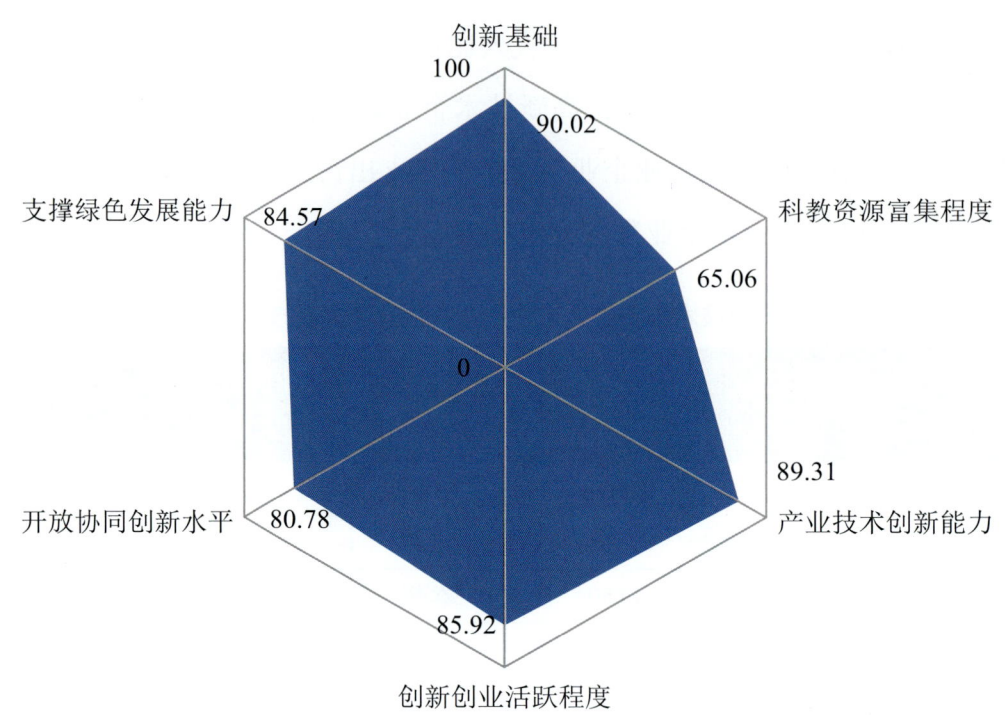

图 2-43　深圳创新能力雷达图

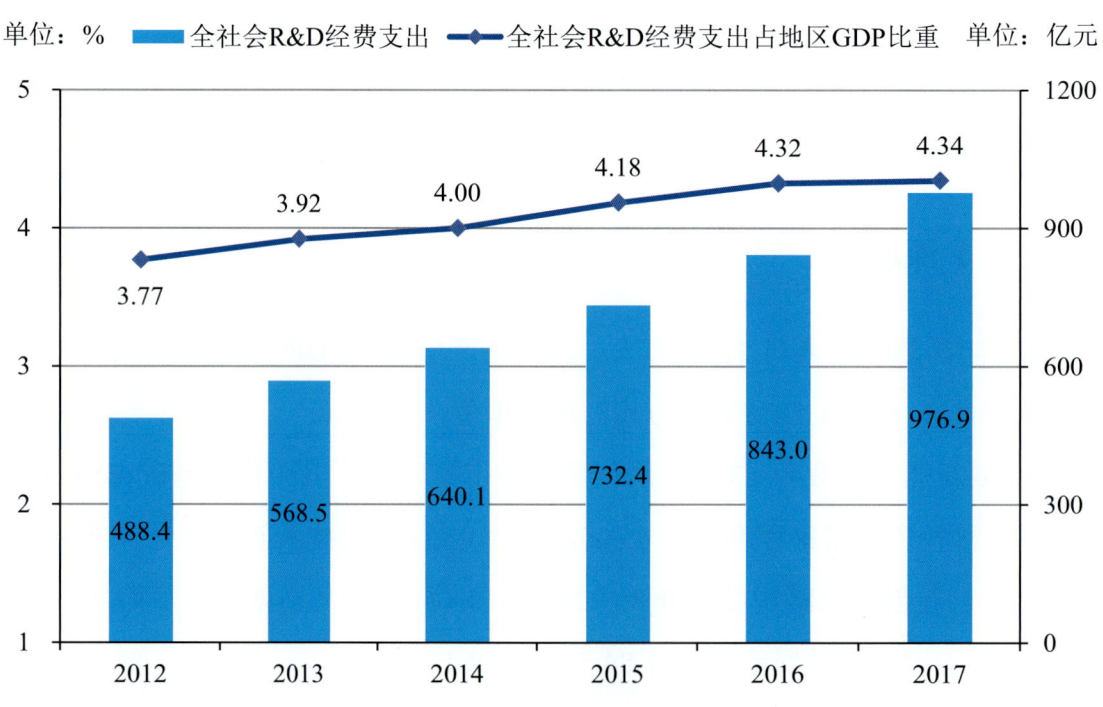

图 2-44　深圳全社会 R&D 经费支出及占地区 GDP 比重

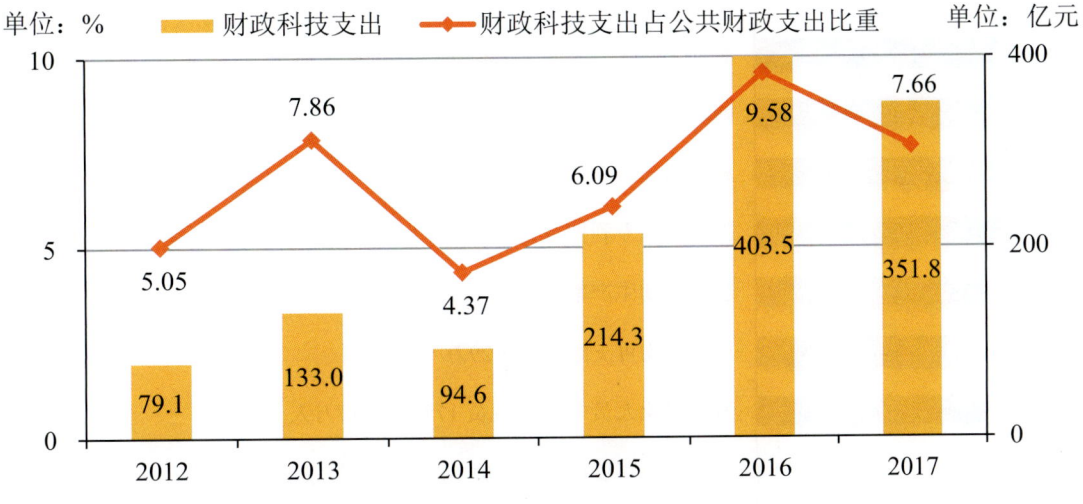

图 2-45　深圳财政科技支出及占公共财政支出比重

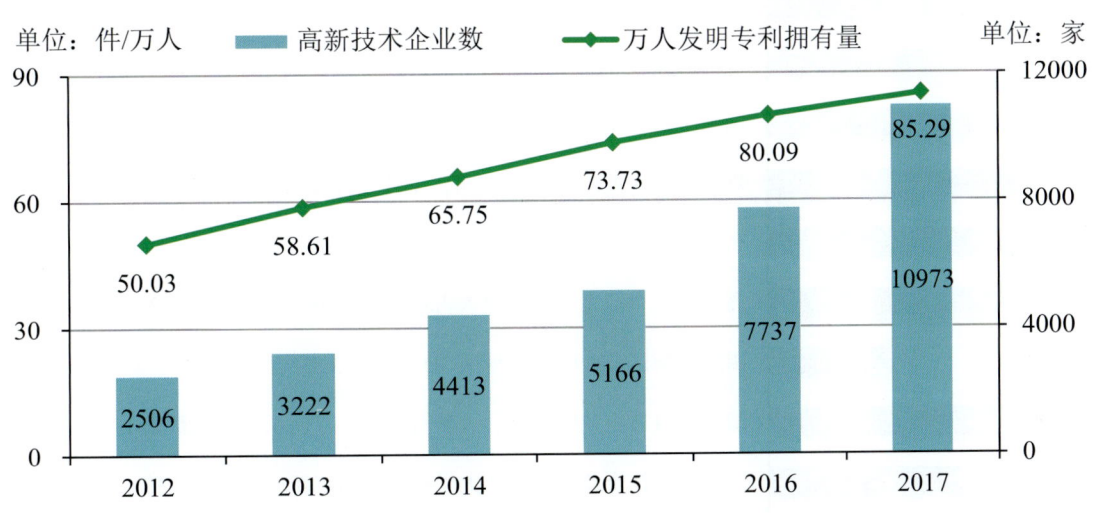

图 2-46　深圳高新技术企业数及万人发明专利拥有量

从基础数据看，深圳全社会 R&D 经费支出占地区 GDP 比重从 2012 年的 3.77% 上升到 2017 年的 4.34%，大幅高于全国平均水平（2.13%），在创新型城市中居第 2 位；财政科技支出占公共财政支出比重从 2012 年的 5.05% 上升到 2017 年的 7.66%，大幅高于全国平均水平（2.56%），居第 3 位；万人发明专利拥有量从 2012 年的 50.03 件上升到 2017 年的 85.29 件，大幅高于全国平均水平（9.75 件），居第 1 位；高新技术企业数从 2012 年的 2506 家增加到 2017 年的 10973 家，在创新型城市中居第 1 位。

总体上看，深圳作为引领型创新型城市（创新能力全国排名第 1 位），创新基础雄厚，产业技术创新能力突出（全国排名第 1 位），但在科教资源等方面存在明显的短板。

图 2-47 深圳创新能力部分指标数据及排名

（二）无锡

2017年无锡常住人口655万人；地区生产总值（GDP）10512亿元，居创新型城市第9位；人均GDP 16.04万元，居第4位。

无锡创新能力指数为69.43，居创新型城市第11位。其中创新基础得分77.74，居第7位；科教资源富集程度得分57.83，居第26位；产业技术创新能力得分66.67，居第11位；创新创业活跃程度得分66.92，居第10位；开放协同创新水平得分72.76，居第12位；支撑绿色发展能力得分65.17，居第38位。

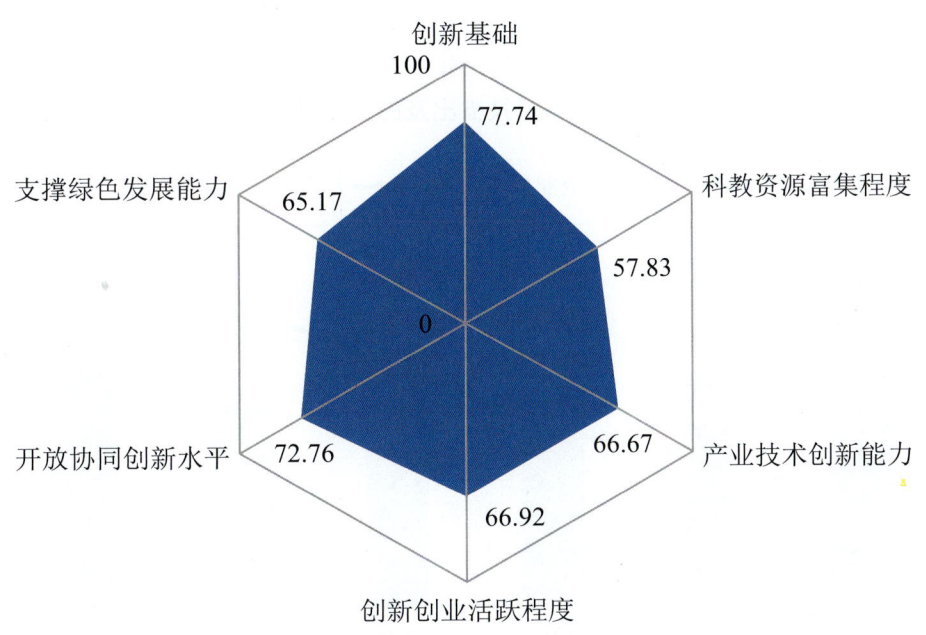

图 2-48　无锡创新能力雷达图

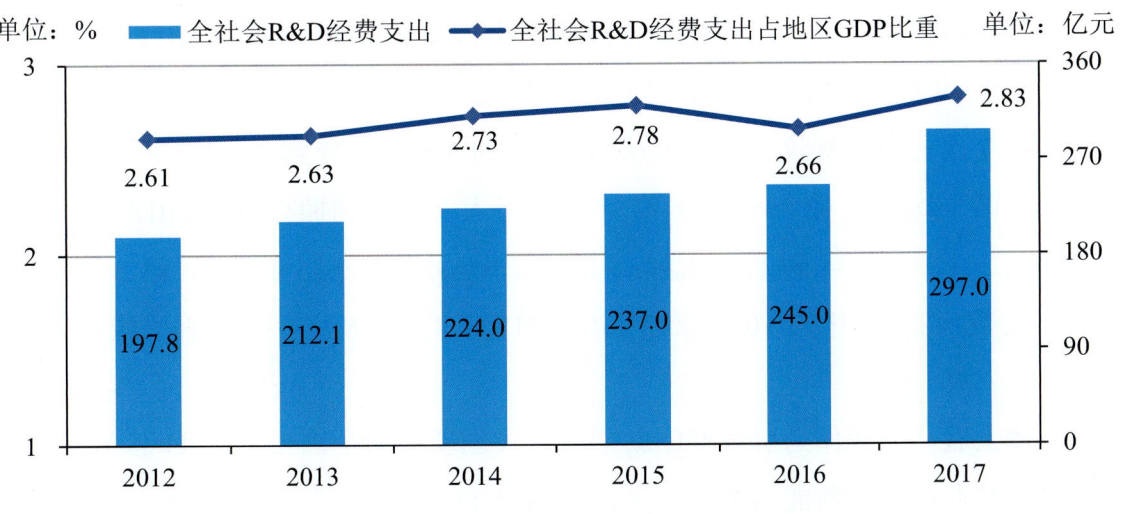

图 2-49　无锡全社会 R&D 经费支出及占地区 GDP 比重

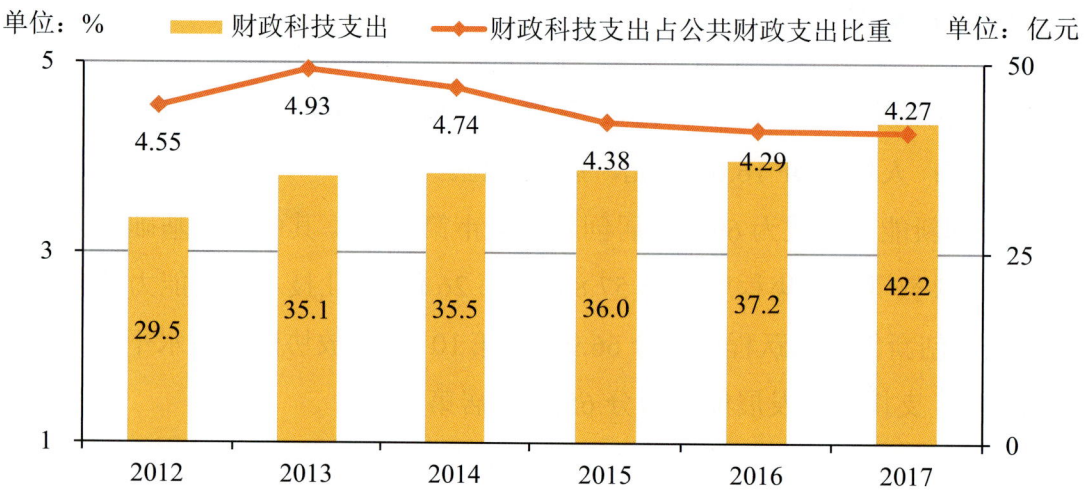

图 2-50　无锡财政科技支出及占公共财政支出比重

图 2-51　无锡高新技术企业数及万人发明专利拥有量

从基础数据看，无锡全社会 R&D 经费支出占地区 GDP 比重从 2012 年的 2.61% 上升到 2017 年的 2.83%，高于全国平均水平（2.13%），在创新型城市中居第 9 位；财政科技支出占公共财政支出比重从 2012 年的 4.55% 下降到 2017 年的 4.27%，但仍高于全国平均水平（2.56%），居第 15 位；万人发明专利拥有量从 2012 年的 10.89 件上升到 2017 年的 34.94 件，大幅高于全国平均水平（9.75 件），居第 5 位；高新技术企业数从 2012 年的 1038 家增加到 2017 年的 1638 家，在创新型城市中居第 13 位。

总体上看，无锡作为引领型创新型城市（创新能力全国排名第 11 位），创新基础雄厚，产业技术创新能力突出（全国排名第 11 位），但在科教资源、创新支撑绿色发展等方面存在明显的短板。

图 2-52 无锡创新能力部分指标数据及排名

（三）常州

2017 年常州常住人口 472 万人；地区生产总值（GDP）6618 亿元，居创新型城市第 23 位；人均 GDP 14.03 万元，居第 8 位。

常州创新能力指数为 64.47，居创新型城市第 16 位。其中创新基础得分 75.75，居第 11 位；科教资源富集程度得分 40.29，居第 39 位；产业技术创新能力得分 59.91，居第 22 位；创新创业活跃程度得分 62.98，居第 20 位；开放协同创新水平得分 68.69，居第 20 位；支撑绿色发展能力得分 66.31，居第 34 位。

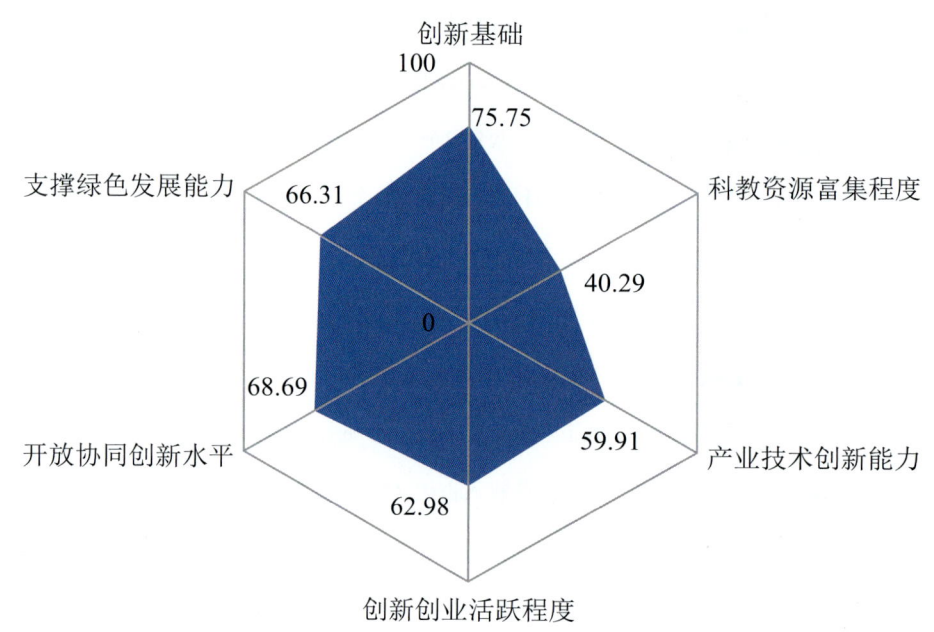

图 2-53　常州创新能力雷达图

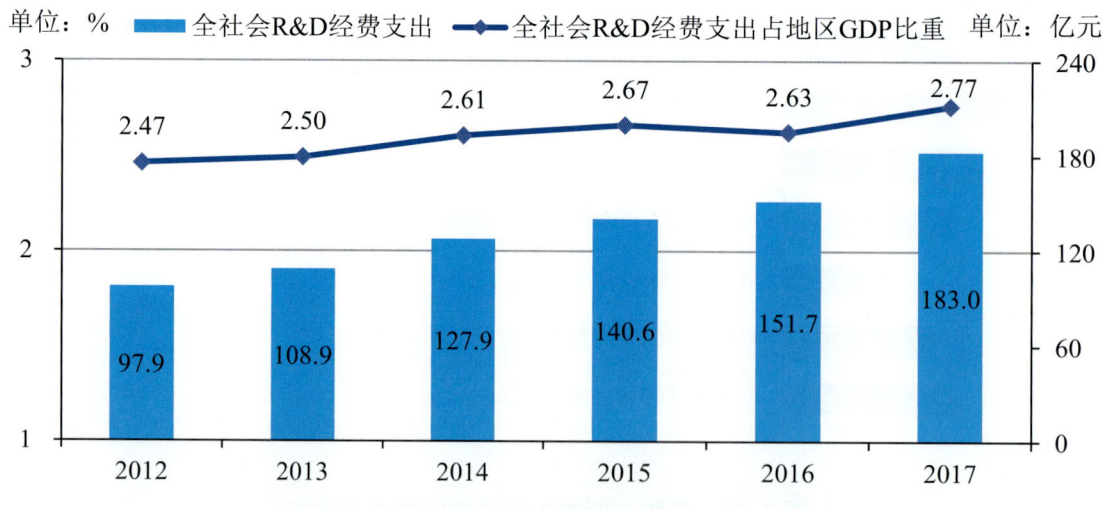

图 2-54　常州全社会 R&D 经费支出及占地区 GDP 比重

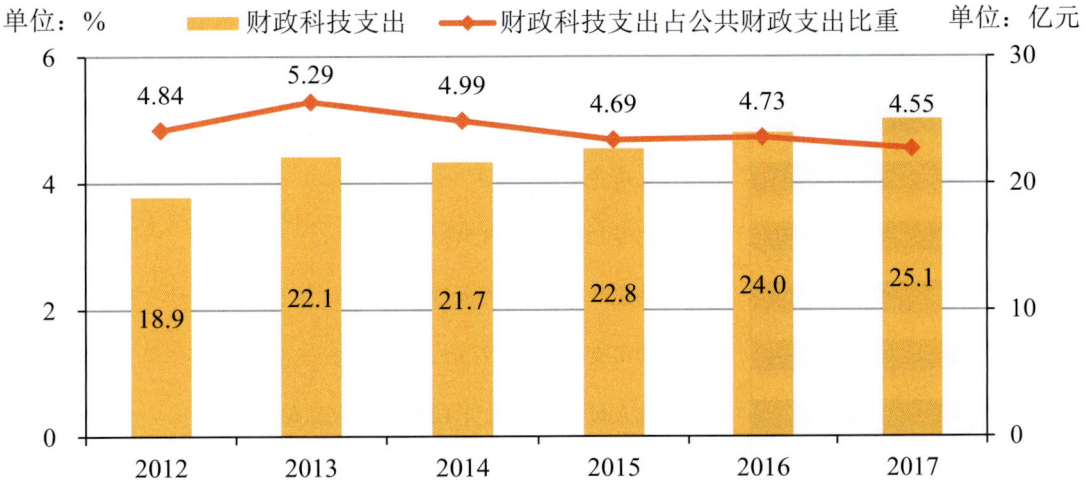

图 2-55　常州财政科技支出及占公共财政支出比重

图 2-56　常州高新技术企业数及万人发明专利拥有量

从基础数据看,常州全社会 R&D 经费支出占地区 GDP 比重从 2012 年的 2.47% 上升到 2017 年的 2.77%,高于全国平均水平(2.13%),在创新型城市中居第 11 位;财政科技支出占公共财政支出比重从 2012 年的 4.84% 下降到 2017 年的 4.55%,但仍高于全国平均水平(2.56%),居第 13 位;万人发明专利拥有量从 2012 年的 7.53 件上升到 2017 年的 28.50 件,大幅高于全国平均水平(9.75 件),居第 8 位;高新技术企业数从 2012 年的 784 家增加到 2017 年的 1150 家,在创新型城市中居第 17 位。

总体上看,常州作为成长型创新型城市(创新能力全国排名第 16 位),创新基础雄厚,产业技术创新能力相对较强(全国排名第 22 位),在科教资源、创新支撑绿色发展等方面存在明显的短板。

图 2-57　常州创新能力部分指标数据及排名

（四）宁波

2017 年宁波常住人口 801 万人；地区生产总值（GDP）9842 亿元，居创新型城市第 11 位；人均 GDP 12.29 万元，居第 13 位。

宁波创新能力指数为 63.48，居创新型城市第 19 位。其中创新基础得分 75.01，居第 13 位；科教资源富集程度得分 48.41，居第 34 位；产业技术创新能力得分 53.56，居第 29 位；创新创业活跃程度得分 55.39，居第 29 位；开放协同创新水平得分 68.02，居第 22 位；支撑绿色发展能力得分 67.31，居第 28 位。

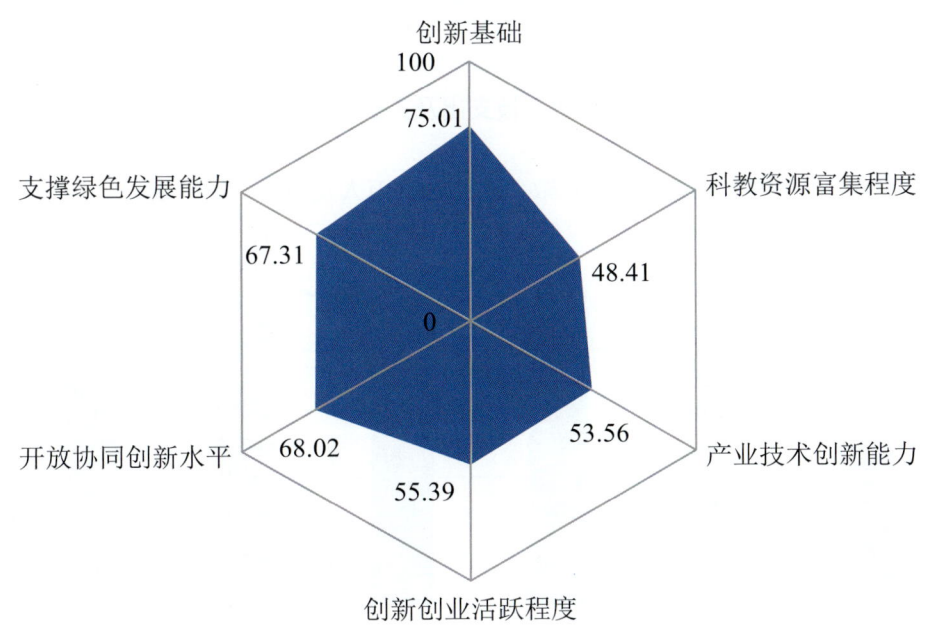

图 2-58　宁波创新能力雷达图

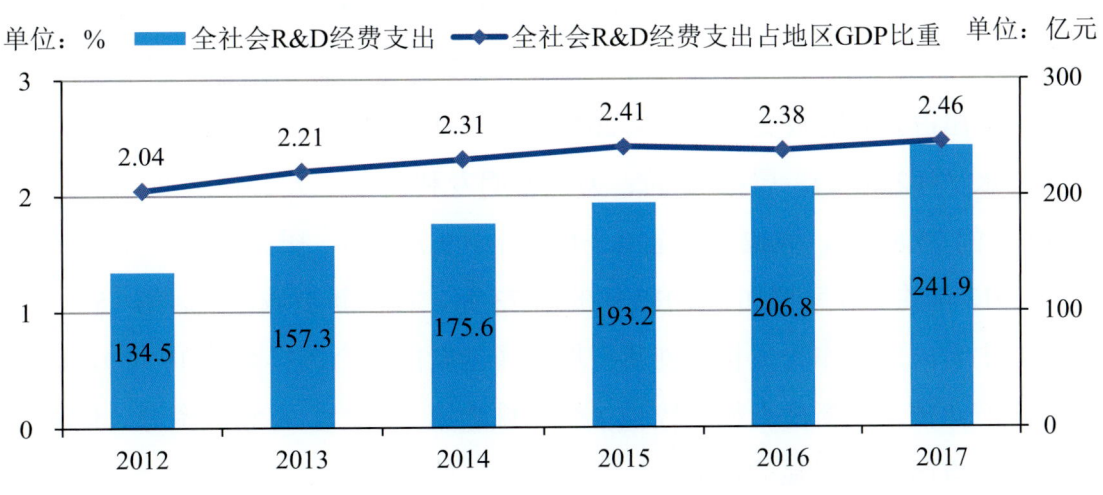

图 2-59　宁波全社会 R&D 经费支出及占地区 GDP 比重

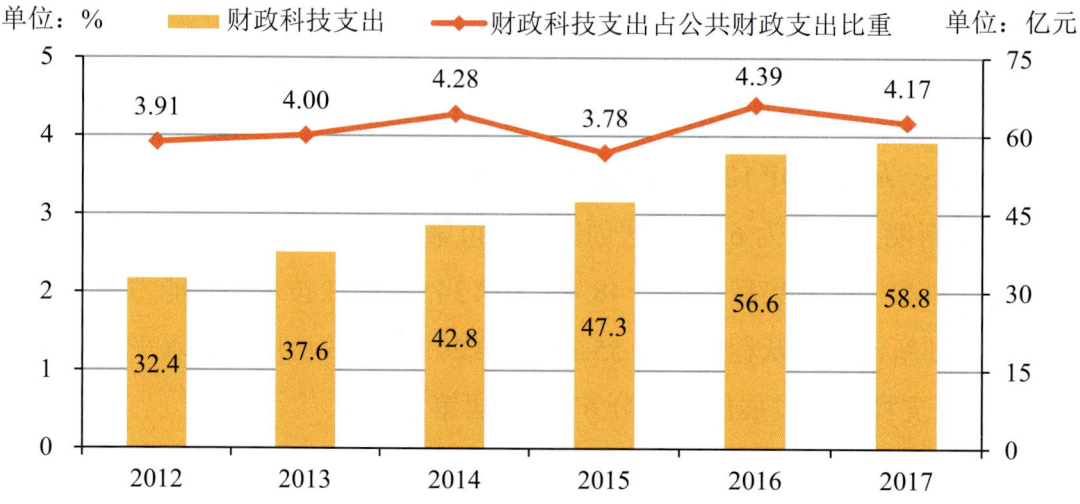

图 2-60　宁波财政科技支出及占公共财政支出比重

图 2-61　宁波高新技术企业数及万人发明专利拥有量

从基础数据看，宁波全社会 R&D 经费支出占地区 GDP 比重从 2012 年的 2.04%上升到 2017 年的 2.46%，高于全国平均水平（2.13%），在创新型城市中居第 21 位；财政科技支出占公共财政支出比重从 2012 年的 3.91%上升到 2017 年的 4.17%，高于全国平均水平（2.56%），居第 16 位；万人发明专利拥有量从 2012 年的 8.46 件上升到 2017 年的 25.89 件，大幅高于全国平均水平（9.75 件），居第 12 位；高新技术企业数从 2012 年的 920 家增加到 2017 年的 1473 家，在创新型城市中居第 15 位。

总体上看，宁波作为成长型创新型城市（创新能力全国排名第 19 位），创新基础雄厚，产业技术创新能力相对较强（全国排名第 29 位），在科教资源、创新支撑绿色发展等方面存在明显的短板。

图 2-62 宁波创新能力部分指标数据及排名

（五）镇江

2017 年镇江常住人口 319 万人；地区生产总值（GDP）4010 亿元，居创新型城市第 44 位；人均 GDP 12.59 万元，居第 11 位。

镇江创新能力指数为 62.36，居创新型城市第 21 位。其中创新基础得分 72.80，居第 16 位；科教资源富集程度得分 55.15，居第 28 位；产业技术创新能力得分 54.52，居第 28 位；创新创业活跃程度得分 51.00，居第 37 位；开放协同创新水平得分 65.79，居第 27 位；支撑绿色发展能力得分 63.02，居第 44 位。

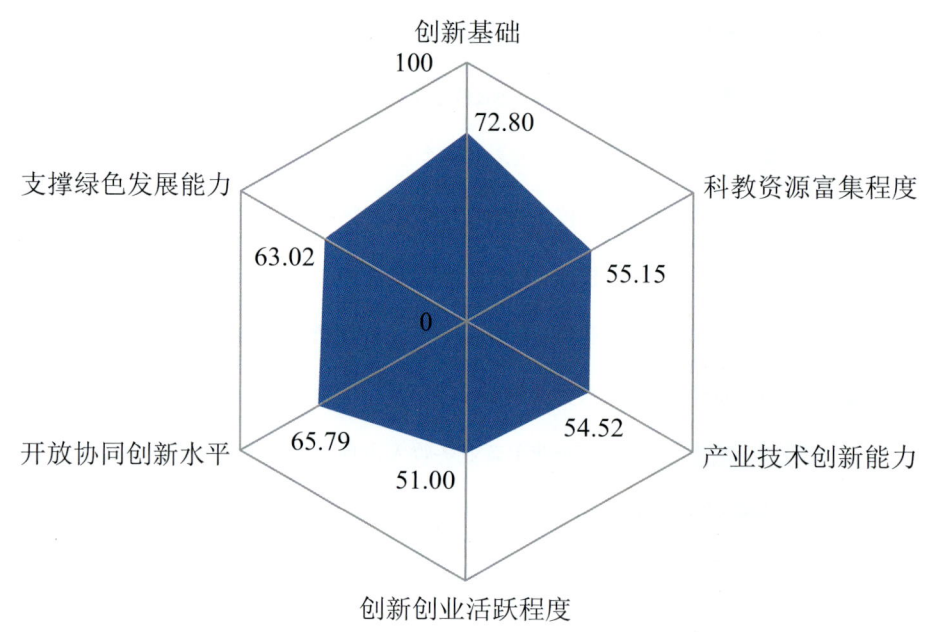

图 2-63 镇江创新能力雷达图

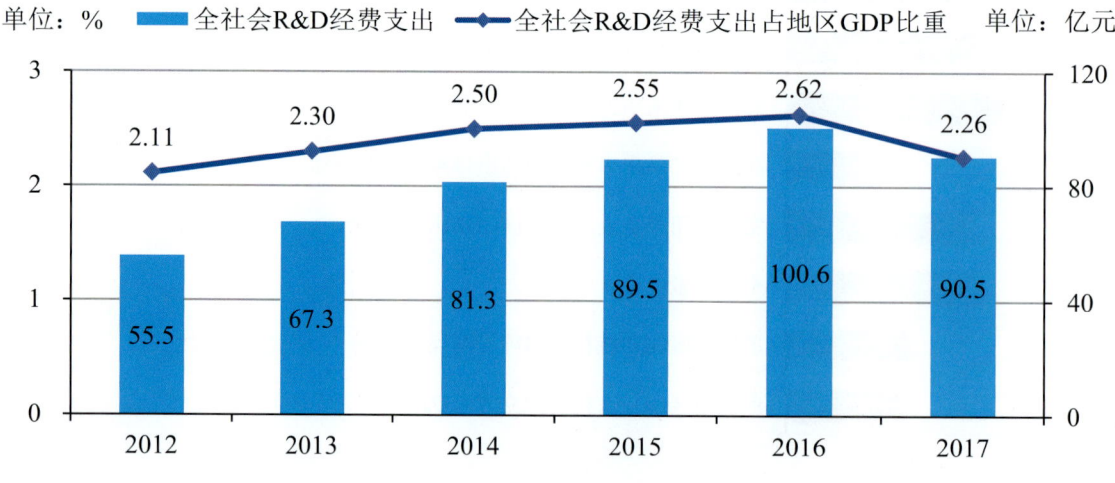

图 2-64 镇江全社会 R&D 经费支出及占地区 GDP 比重

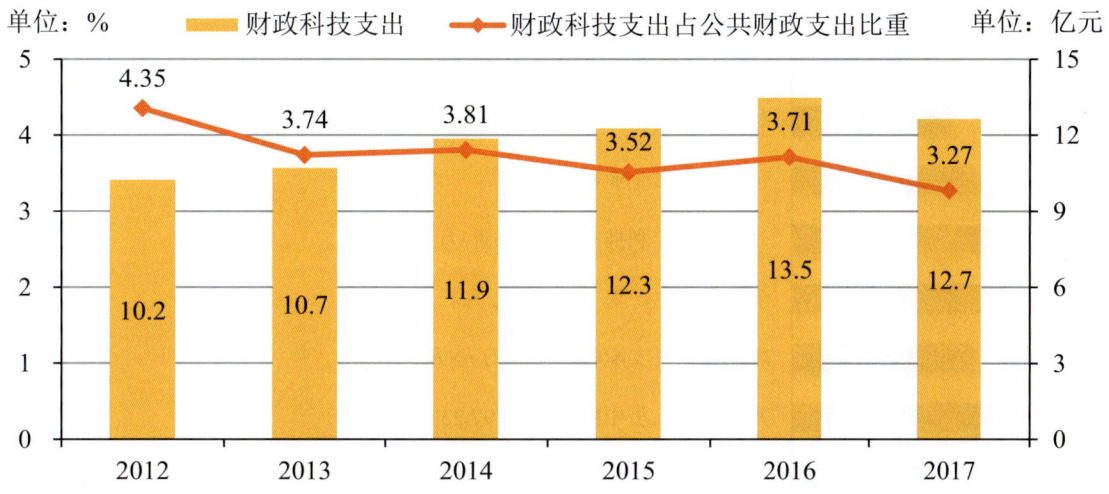

图 2-65 镇江财政科技支出及占公共财政支出比重

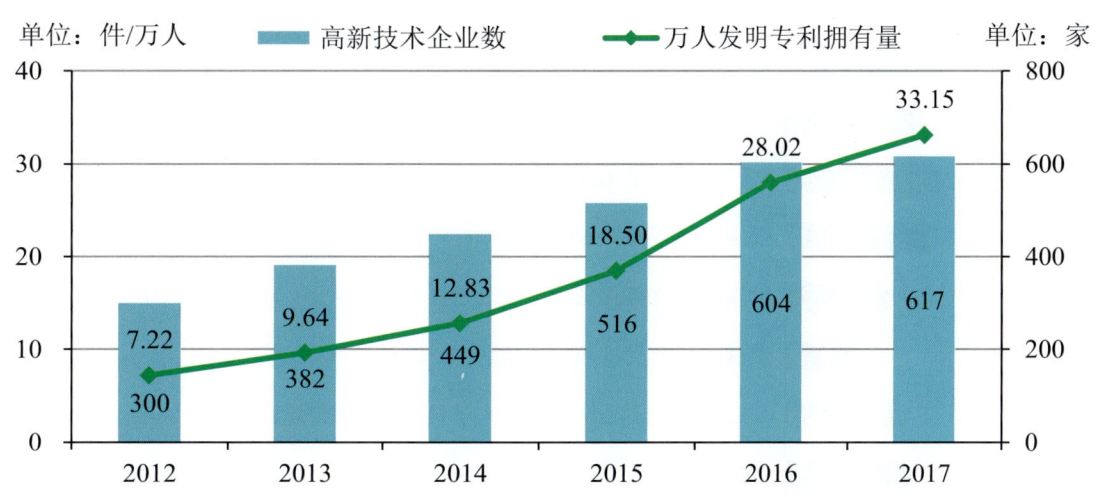

图 2-66 镇江高新技术企业数及万人发明专利拥有量

从基础数据看，镇江全社会 R&D 经费支出占地区 GDP 比重从 2012 年的 2.11%上升到 2016 年的 2.62%，2017 年下降到 2.26%，高于全国平均水平（2.13%），在创新型城市中居第 32 位；财政科技支出占公共财政支出比重从 2012 年的 4.35%下降到 2017 年的 3.27%，但仍高于全国平均水平（2.56%），居第 26 位；万人发明专利拥有量从 2012 年的 7.22 件上升到 2017 年的 33.15 件，大幅高于全国平均水平（9.75 件），居第 6 位；高新技术企业数从 2012 年的 300 家增加到 2017 年的 617 家，在创新型城市中居第 31 位。

总体上看，镇江作为成长型创新型城市（创新能力全国排名第 21 位），创新基础较强，产业技术创新能力相对较强（全国排名第 28 位），在创新支撑绿色发展、开放协同创新等方面存在明显的短板。

图 2-67 镇江创新能力部分指标数据及排名

（六）东莞

2017年东莞常住人口834万人；地区生产总值（GDP）7582亿元，居创新型城市第15位；人均GDP 9.09万元，居第30位。

东莞创新能力指数为59.24，居创新型城市第28位。其中创新基础得分69.10，居第23位；科教资源富集程度得分31.92，居第44位；产业技术创新能力得分61.59，居第20位；创新创业活跃程度得分51.08，居第36位；开放协同创新水平得分69.33，居第18位；支撑绿色发展能力得分61.19，居第47位。

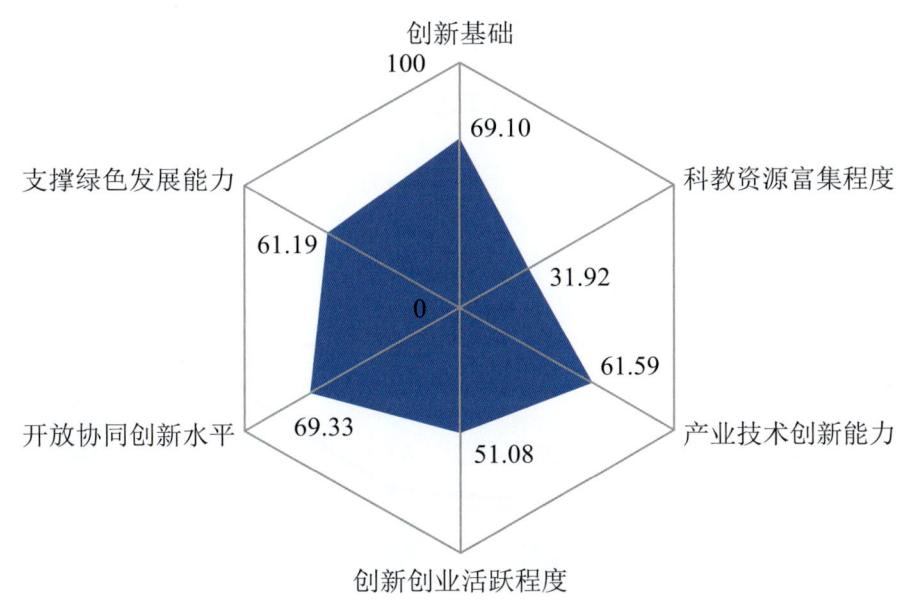

图2-68　东莞创新能力雷达图

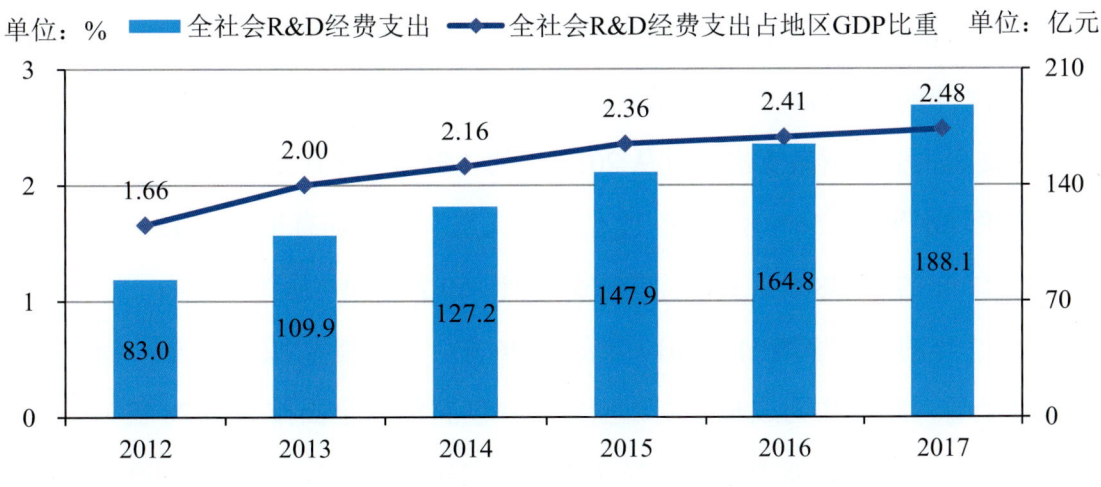

图3-69　东莞全社会R&D经费支出及占地区GDP比重

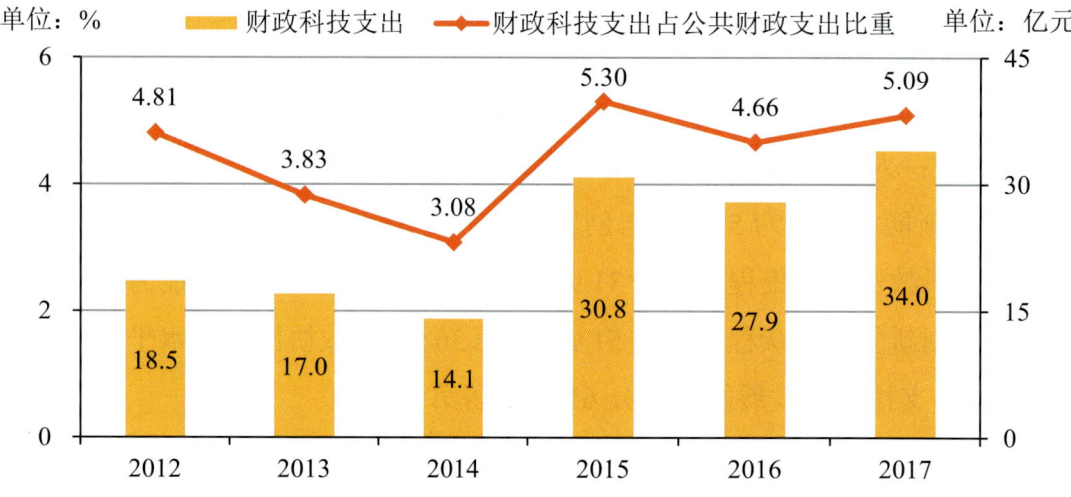

图 2-70　东莞财政科技支出及占公共财政支出比重

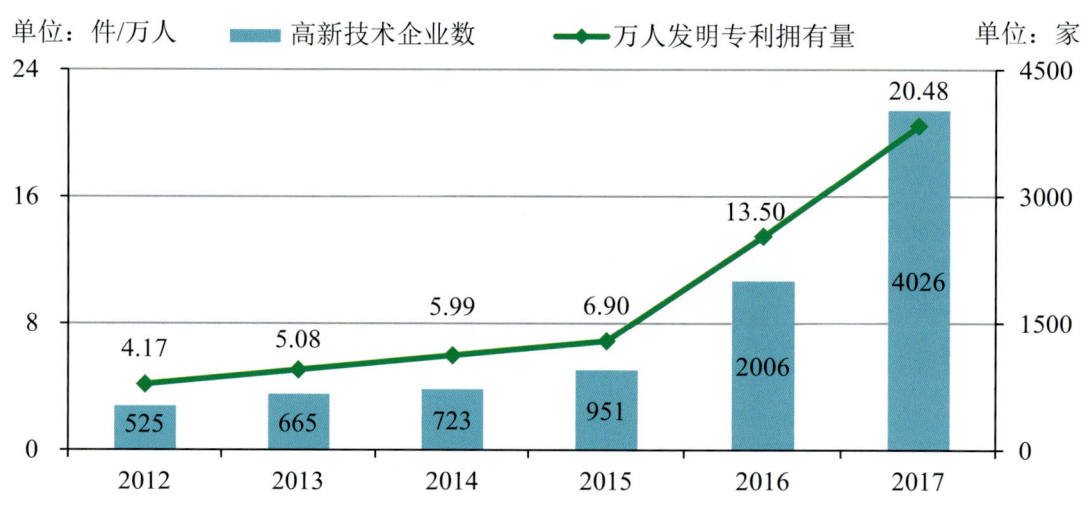

图 2-71　东莞高新技术企业数及万人发明专利拥有量

从基础数据看，东莞全社会 R&D 经费支出占地区 GDP 比重从 2012 年的 1.66%上升到 2017 年的 2.48%，高于全国平均水平（2.13%），在创新型城市中居第 19 位；财政科技支出占公共财政支出比重从 2012 年的 4.81%上升到 2017 年的 5.09%，大幅高于全国平均水平（2.56%），居第 11 位；万人发明专利拥有量从 2012 年的 4.17 件上升到 2017 年的 20.48 件，高于全国平均水平（9.75 件），居第 20 位；高新技术企业数从 2012 年的 525 家增加到 2017 年的 4026 家，在创新型城市中居第 4 位。

总体上看，东莞作为成长型创新型城市（创新能力全国排名第 28 位），创新基础较强，产业技术创新能力相对较强（全国排名第 20 位），在科技创新平台基地、企业研发投入等方面存在明显的短板。

排名	指标
19	全社会R&D经费支出占地区GDP比重 2.48%
11	财政科技支出占公共财政支出比重 5.09%
11	科创板上市企业数量 0家
20	万人发明专利拥有量 20.48件/万人
49	全员劳动生产率 10.32万元/人
17	居民人均可支配收入 4.67万元/人
26	万名就业人员中R&D人员 73.59人年/万人
56	万人普通高校在校学生数 141.94人/万人
58	基础研究经费占R&D经费比重 0.47%
30	国家重点实验室数量 1个
37	中央级高校和科研院所数量 0个
33	国家工程技术研究中心数量 1个
53	规上工业企业R&D经费支出占主营业务收入比重 0.88%
4	高新技术企业数 4026家
20	高新技术企业主营业务收入占规上工业企业主营业务收入比重 36.13%
28	国家高新区营业收入占地区GDP比重 43.26%
22	国家级科技企业孵化器、大学科技园、双创示范基地数量 33个
22	国家级科技企业孵化器、大学科技园当年新增在孵企业数 285家
64	技术合同成交额占地区GDP比重 0.11%
8	科技型中小企业数量 2600家
28	国家国际科技合作基地数量 5个
9	外国人才来华工作数 3606人次
13	高技术产品出口额占商品出口额比重 39.68%
42	实际使用外资金额占地区GDP比重 1.53%
17	空气质量优良率 82.47%
9	单位地区GDP能耗 0.19吨标准煤/万元
72	单位地区GDP水耗 19.59立方米/万元

图 2-72 东莞创新能力部分指标数据及排名

（七）芜湖

2017 年芜湖常住人口 370 万人；地区生产总值（GDP）2963 亿元，居创新型城市第 52 位；人均 GDP 8.02 万元，居第 39 位。

芜湖创新能力指数为 59.02，居创新型城市第 29 位。其中创新基础得分 75.86，居第 10 位；科教资源富集程度得分 34.55，居第 41 位；产业技术创新能力得分 61.00，居第 21 位；创新创业活跃程度得分 45.54，居第 43 位；开放协同创新水平得分 57.72，居第 34 位；支撑绿色发展能力得分 60.19，居第 48 位。

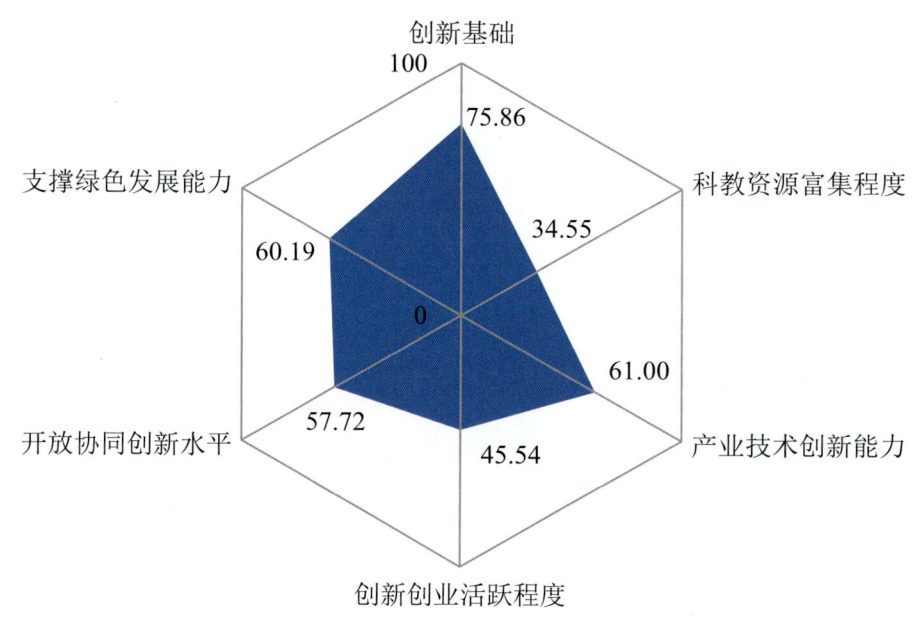

图 2-73　芜湖创新能力雷达图

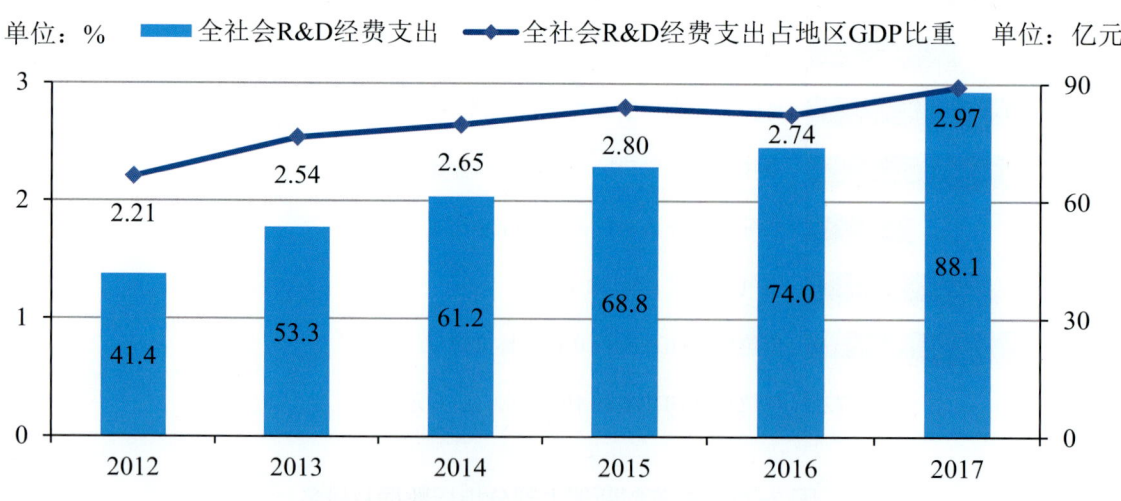

图 2-74　芜湖全社会 R&D 经费支出及占地区 GDP 比重

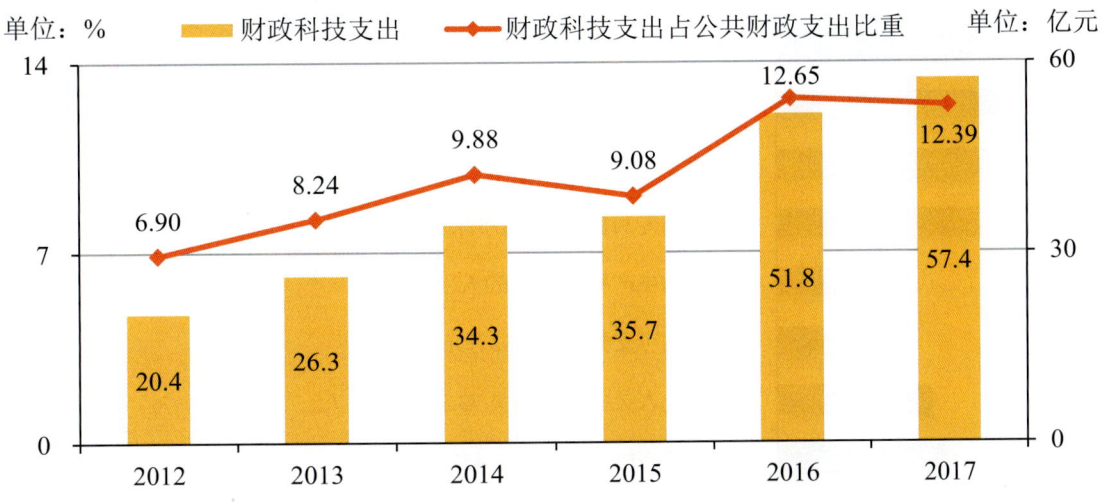

图 2-75　芜湖财政科技支出及占公共财政支出比重

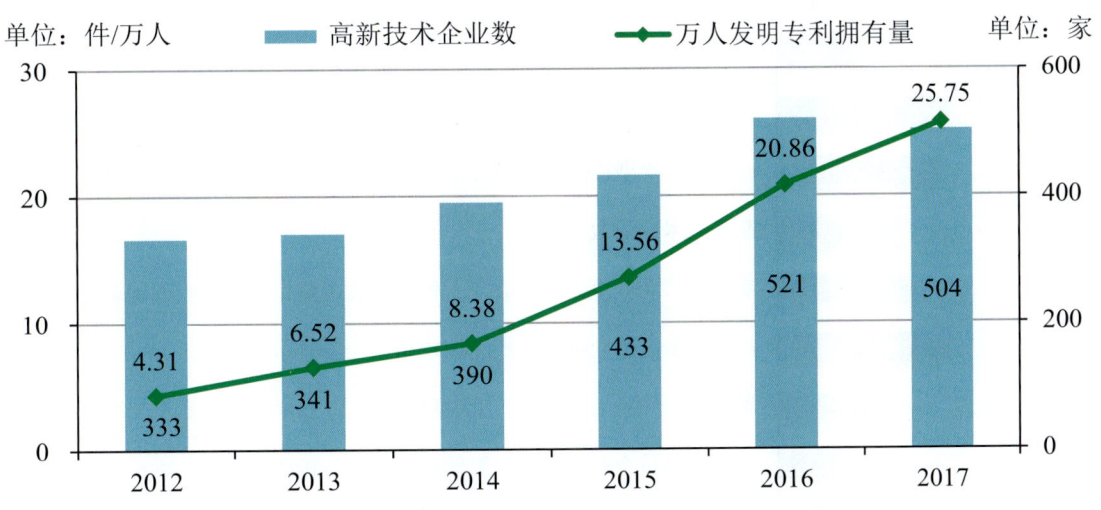

图 2-76　芜湖高新技术企业数及万人发明专利拥有量

从基础数据看,芜湖全社会 R&D 经费支出占地区 GDP 比重从 2012 年的 2.21% 上升到 2017 年的 2.97%,高于全国平均水平（2.13%）,在创新型城市中居第 8 位;财政科技支出占公共财政支出比重从 2012 年的 6.90% 上升到 2017 年的 12.39%,大幅高于全国平均水平（2.56%）,居第 1 位;万人发明专利拥有量从 2012 年的 4.31 件上升到 2017 年的 25.75 件,大幅高于全国平均水平（9.75 件）,居第 13 位;高新技术企业数从 2012 年的 333 家增加到 2017 年的 504 家,在创新型城市中居第 38 位。

总体上看,芜湖作为成长型创新型城市（创新能力全国排名第 29 位）,创新基础雄厚,产业技术创新能力相对较强（全国排名第 21 位）,在科技创新平台基地、创新创业等方面存在明显的短板。

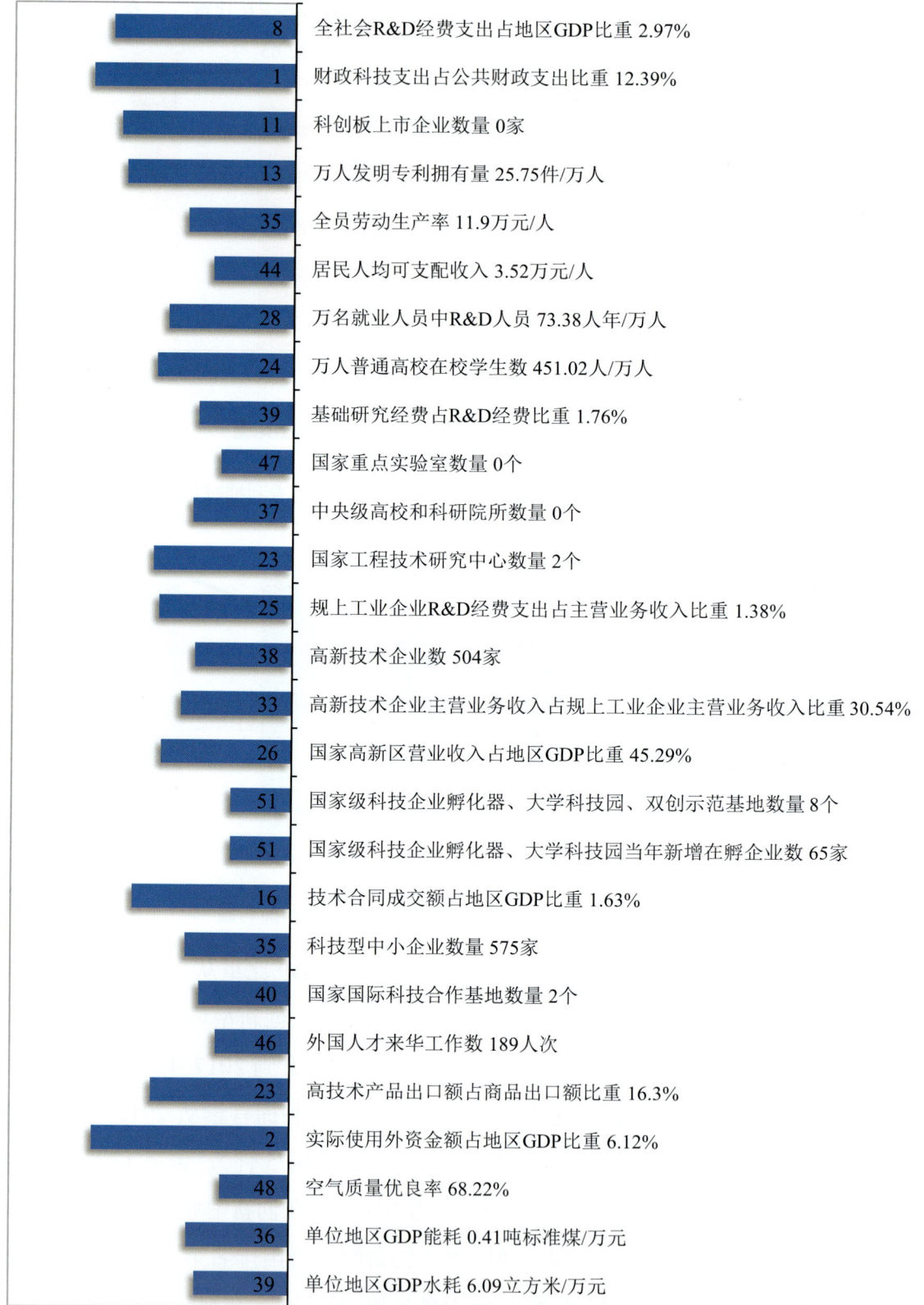

图 2-77 芜湖创新能力部分指标数据及排名

（八）南通

2017 年南通常住人口 731 万人；地区生产总值（GDP）7735 亿元，居创新型城市第 14 位；人均 GDP 10.59 万元，居第 19 位。

南通创新能力指数为 58.97，居创新型城市第 30 位。其中创新基础得分 71.21，居第 21 位；科教资源富集程度得分 21.39，居第 56 位；产业技术创新能力得分 55.81，居第 27 位；创新创业活跃程度得分 58.36，居第 26 位；开放协同创新水平得分 63.13，居第 30 位；支撑绿色发展能力得分 69.95，居第 19 位。

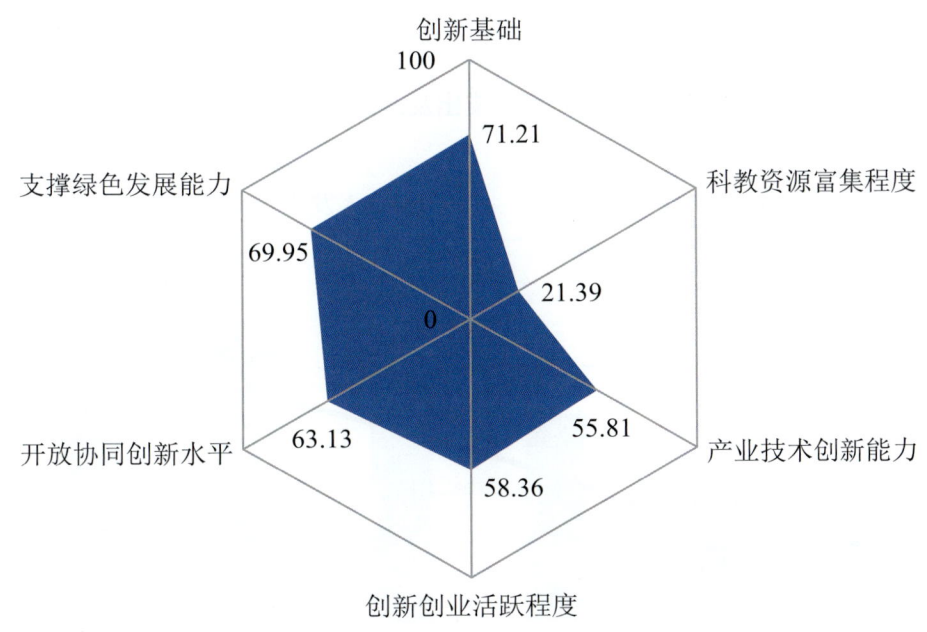

图 2-78 南通创新能力雷达图

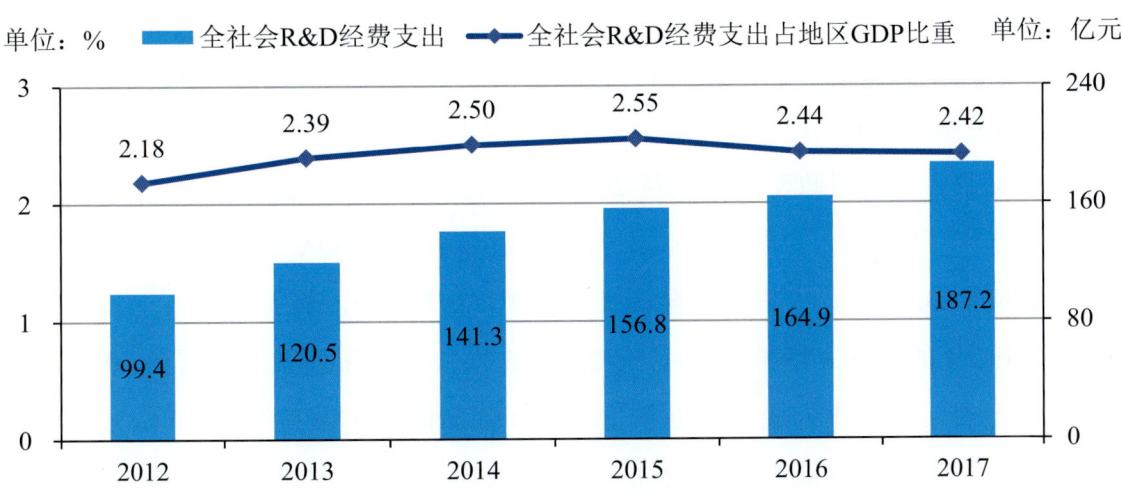

图 2-79 南通全社会 R&D 经费支出及占地区 GDP 比重

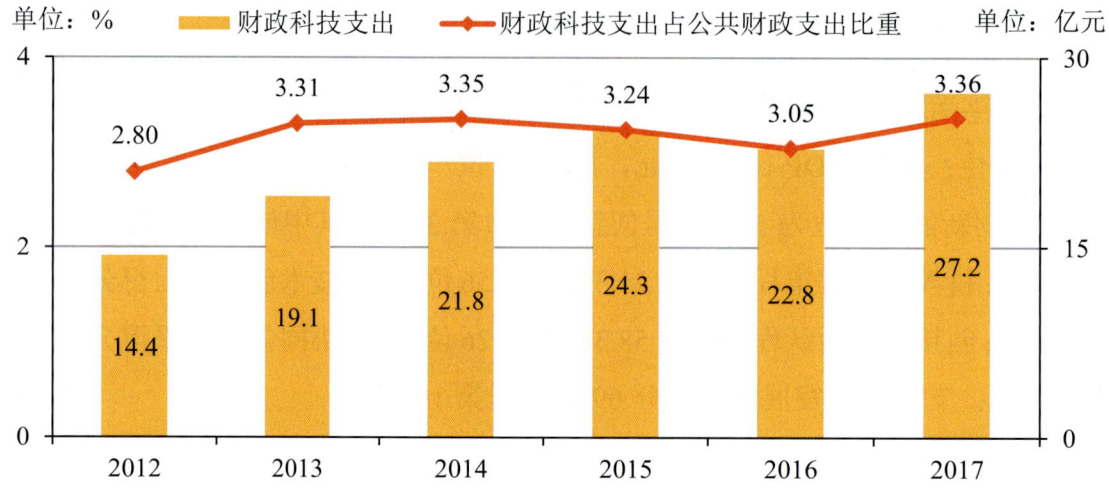

图 2-80　南通财政科技支出及占公共财政支出比重

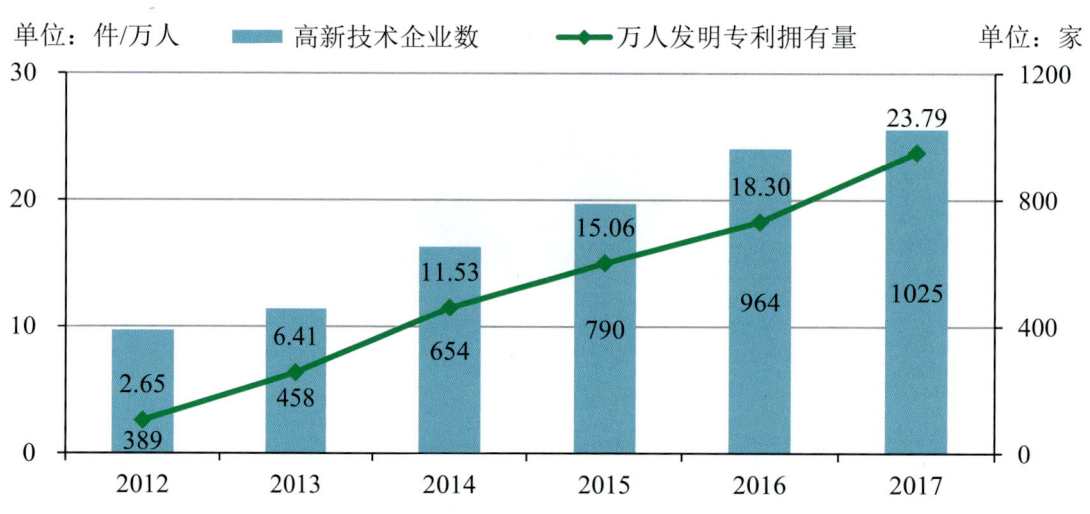

图 2-81　南通高新技术企业数及万人发明专利拥有量

从基础数据看，南通全社会 R&D 经费支出占地区 GDP 比重从 2012 年的 2.18% 上升到 2017 年的 2.42%，高于全国平均水平（2.13%），在创新型城市中居第 25 位；财政科技支出占公共财政支出比重从 2012 年的 2.80% 上升到 2017 年的 3.36%，高于全国平均水平（2.56%），居第 23 位；万人发明专利拥有量从 2012 年的 2.65 件上升到 2017 年的 23.79 件，大幅高于全国平均水平（9.75 件），居第 16 位；高新技术企业数从 2012 年的 389 家增加到 2017 年的 1025 家，在创新型城市中居第 19 位。

总体上看，南通作为成长型创新型城市（创新能力全国排名第 30 位），创新基础较强，产业技术创新能力相对较强（全国排名第 27 位），在科教资源、高新技术产业发展等方面存在明显的短板。

图 2-82　南通创新能力部分指标数据及排名

（九）嘉兴

2017 年嘉兴常住人口 466 万人；地区生产总值（GDP）4381 亿元，居创新型城市第 38 位；人均 GDP 9.41 万元，居第 25 位。

嘉兴创新能力指数为 58.14，居创新型城市第 32 位。其中创新基础得分 72.75，居第 18 位；科教资源富集程度得分 31.27，居第 45 位；产业技术创新能力得分 48.95，居第 40 位；创新创业活跃程度得分 52.64，居第 33 位；开放协同创新水平得分 57.78，居第 33 位；支撑绿色发展能力得分 68.77，居第 22 位。

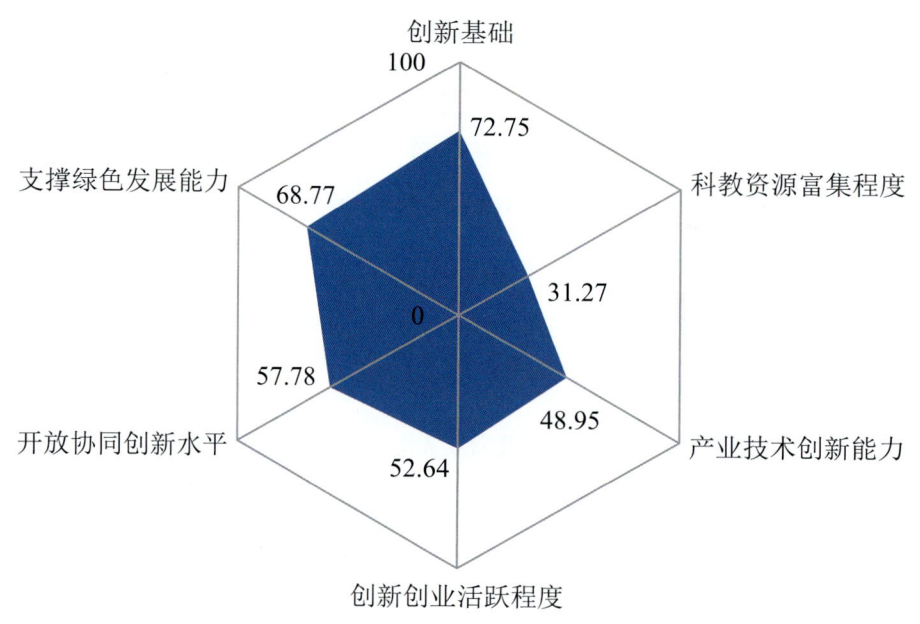

图 2-83　嘉兴创新能力雷达图

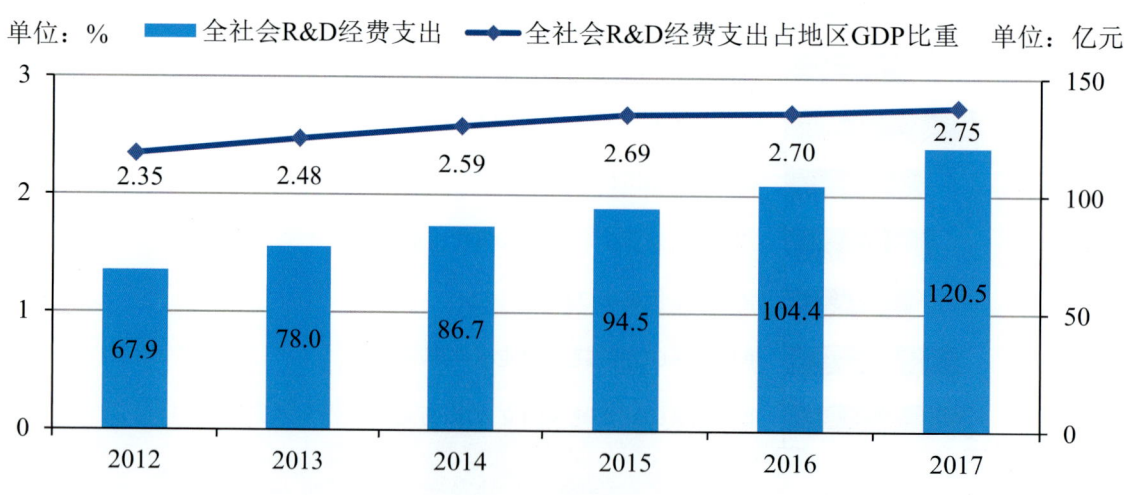

图 2-84　嘉兴全社会 R&D 经费支出及占地区 GDP 比重

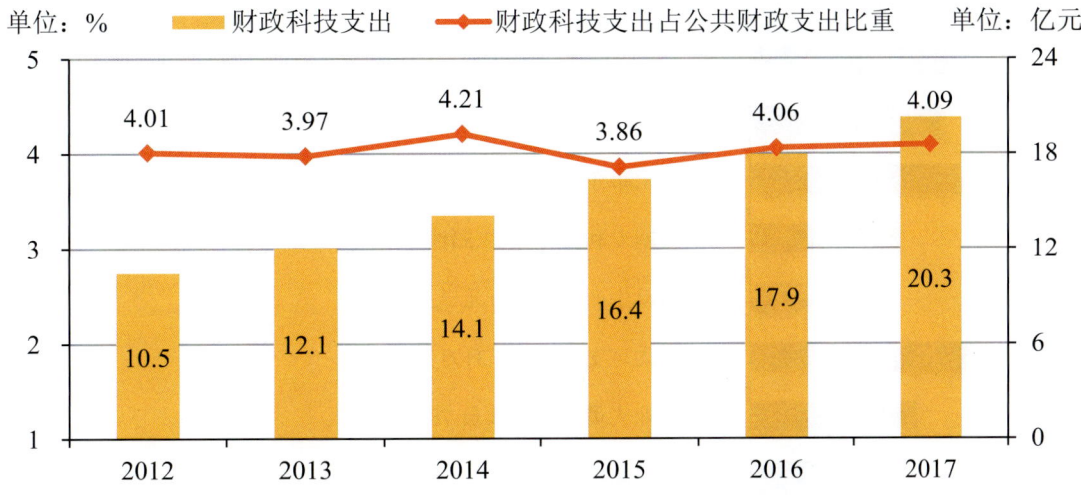

图 2-85　嘉兴财政科技支出及占公共财政支出比重

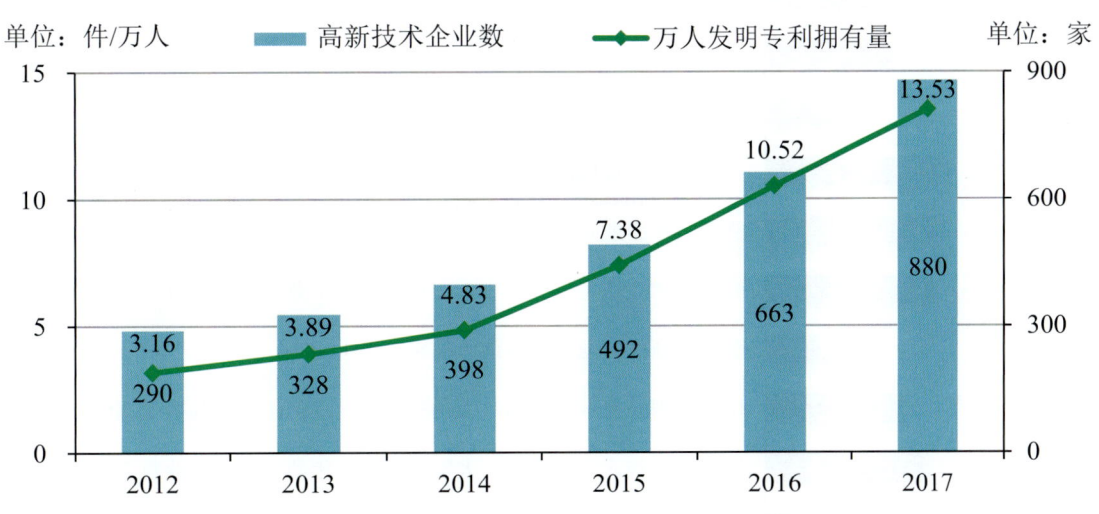

图 2-86　嘉兴高新技术企业数及万人发明专利拥有量

从基础数据看，嘉兴全社会 R&D 经费支出占地区 GDP 比重从 2012 年的 2.35% 上升到 2017 年的 2.75%，高于全国平均水平（2.13%），在创新型城市中居第 12 位；财政科技支出占公共财政支出比重从 2012 年的 4.01% 上升到 2017 年的 4.09%，高于全国平均水平（2.56%），居第 17 位；万人发明专利拥有量从 2012 年的 3.16 件上升到 2017 年的 13.53 件，高于全国平均水平（9.75 件），居第 30 位；高新技术企业数从 2012 年的 290 家增加到 2017 年的 880 家，在创新型城市中居第 20 位。

总体上看，嘉兴作为成长型创新型城市（创新能力全国排名第 32 位），创新基础较强，产业技术创新能力较弱（全国排名第 40 位），在科技创新平台基地、高新区发展等方面存在明显的短板。

图 2-87 嘉兴创新能力部分指标数据及排名

(十)佛山

2017年佛山常住人口766万人；地区生产总值（GDP）9399亿元，居创新型城市第12位；人均GDP 12.27万元，居第14位。

佛山创新能力指数为56.73，居创新型城市第34位。其中创新基础得分75.36，居第12位；科教资源富集程度得分29.40，居第47位；产业技术创新能力得分50.50，居第36位；创新创业活跃程度得分48.59，居第39位；开放协同创新水平得分47.91，居第48位；支撑绿色发展能力得分67.36，居第27位。

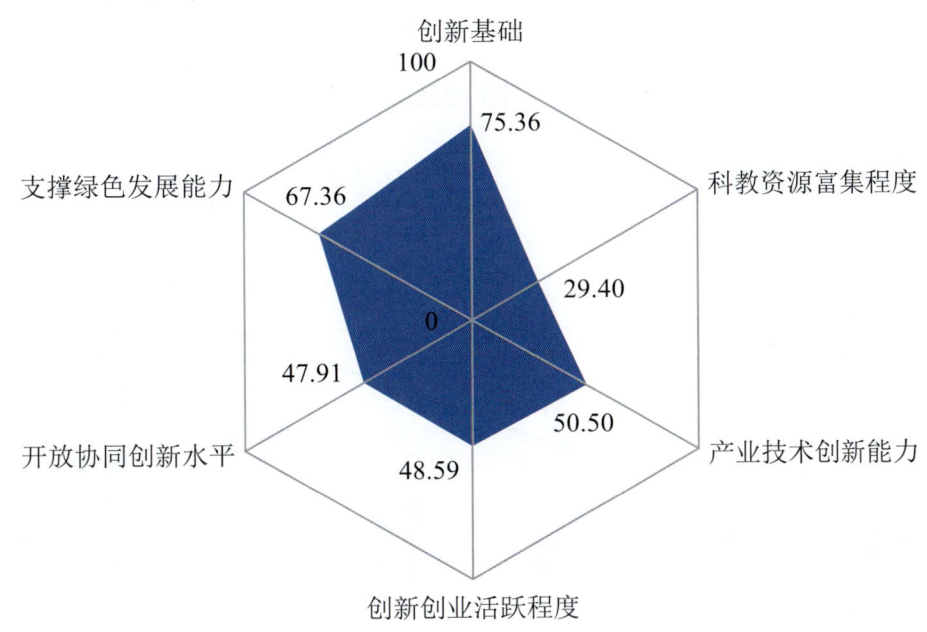

图2-88　佛山创新能力雷达图

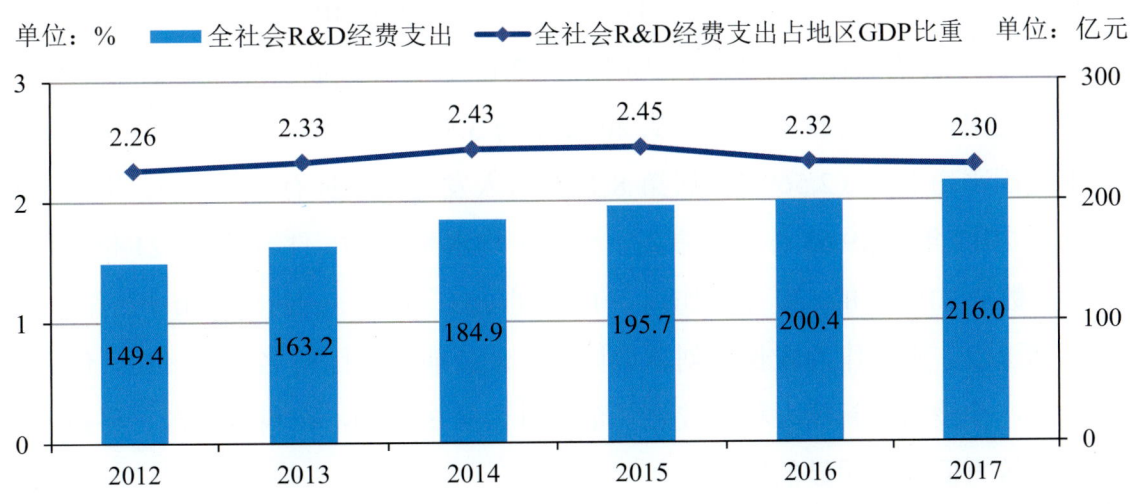

图2-89　佛山全社会R&D经费支出及占地区GDP比重

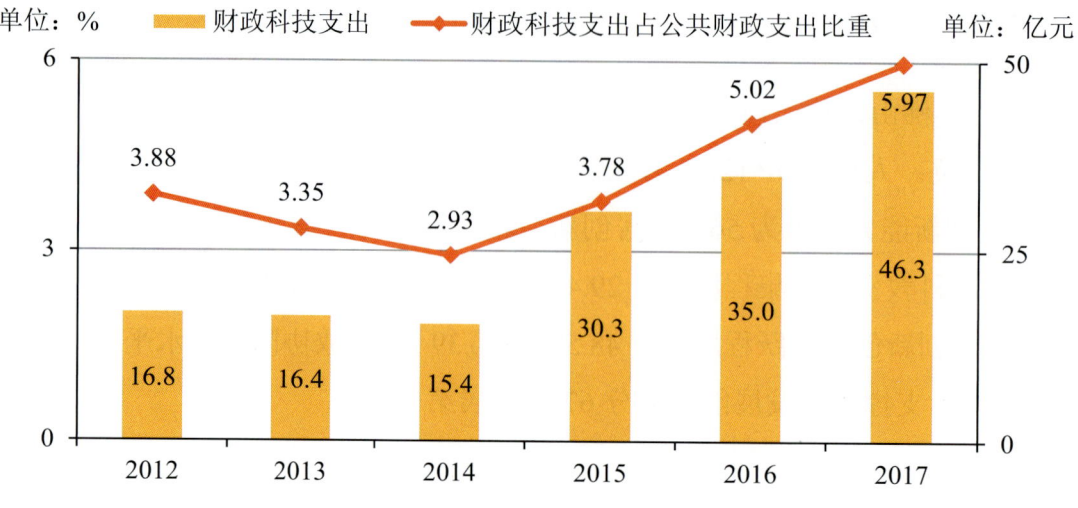

图 2-90　佛山财政科技支出及占公共财政支出比重

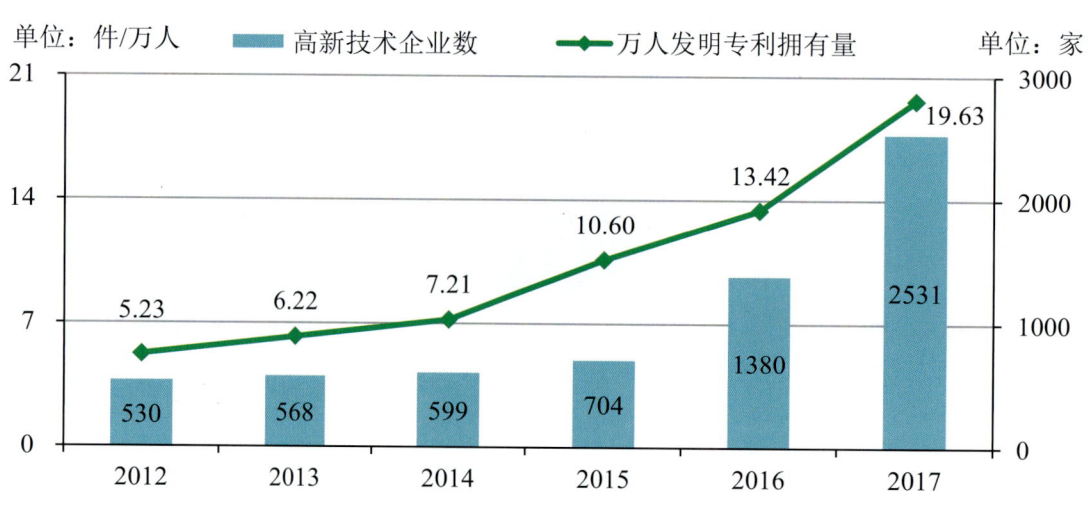

图 2-91　佛山高新技术企业数及万人发明专利拥有量

从基础数据看,佛山全社会 R&D 经费支出占地区 GDP 比重自 2012 年以来一直稳定在 2.3% 左右,略高于全国平均水平(2.13%),在创新型城市中居第 30 位;财政科技支出占公共财政支出比重从 2012 年的 3.88% 上升到 2017 年的 5.97%,大幅高于全国平均水平(2.56%),居第 8 位;万人发明专利拥有量从 2012 年的 5.23 件上升到 2017 年的 19.63 件,大幅高于全国平均水平(9.75 件),居第 21 位;高新技术企业数从 2012 年的 530 家增加到 2017 年的 2531 家,在创新型城市中居第 7 位。

总体上看,佛山作为成长型创新型城市(创新能力全国排名第 34 位),创新基础雄厚,产业技术创新能力相对较强(全国排名第 36 位),在科教资源、科技创新平台基地等方面存在明显的短板。

排名	指标
30	全社会R&D经费支出占地区GDP比重 2.3%
8	财政科技支出占公共财政支出比重 5.97%
11	科创板上市企业数量 0家
21	万人发明专利拥有量 19.63件/万人
7	全员劳动生产率 19.66万元/人
16	居民人均可支配收入 4.68万元/人
5	万名就业人员中R&D人员 128.75人年/万人
49	万人普通高校在校学生数 158.92人/万人
60	基础研究经费占R&D经费比重 0.38%
47	国家重点实验室数量 0个
37	中央级高校和科研院所数量 0个
48	国家工程技术研究中心数量 0个
43	规上工业企业R&D经费支出占主营业务收入比重 1.06%
7	高新技术企业数 2531家
41	高新技术企业主营业务收入占规上工业企业主营业务收入比重 26.04%
27	国家高新区营业收入占地区GDP比重 44.67%
15	国家级科技企业孵化器、大学科技园、双创示范基地数量 38个
11	国家级科技企业孵化器、大学科技园当年新增在孵企业数 403家
69	技术合同成交额占地区GDP比重 0.02%
15	科技型中小企业数量 1587家
62	国家国际科技合作基地数量 0个
17	外国人才来华工作数 1190人次
44	高技术产品出口额占商品出口额比重 8.18%
50	实际使用外资金额占地区GDP比重 1.17%
23	空气质量优良率 80%
34	单位地区GDP能耗 0.39吨标准煤/万元
36	单位地区GDP水耗 5.21立方米/万元

图 2-92　佛山创新能力部分指标数据及排名

（十一）扬州

2017年扬州常住人口451万人；地区生产总值（GDP）5065亿元，居创新型城市第33位；人均GDP 11.23万元，居第16位。

扬州创新能力指数为57.32，居创新型城市第33位。其中创新基础得分67.55，居第26位；科教资源富集程度得分43.34，居第36位；产业技术创新能力得分47.28，居第45位；创新创业活跃程度得分59.62，居第23位；开放协同创新水平得分49.38，居第46位；支撑绿色发展能力得分65.10，居第39位。

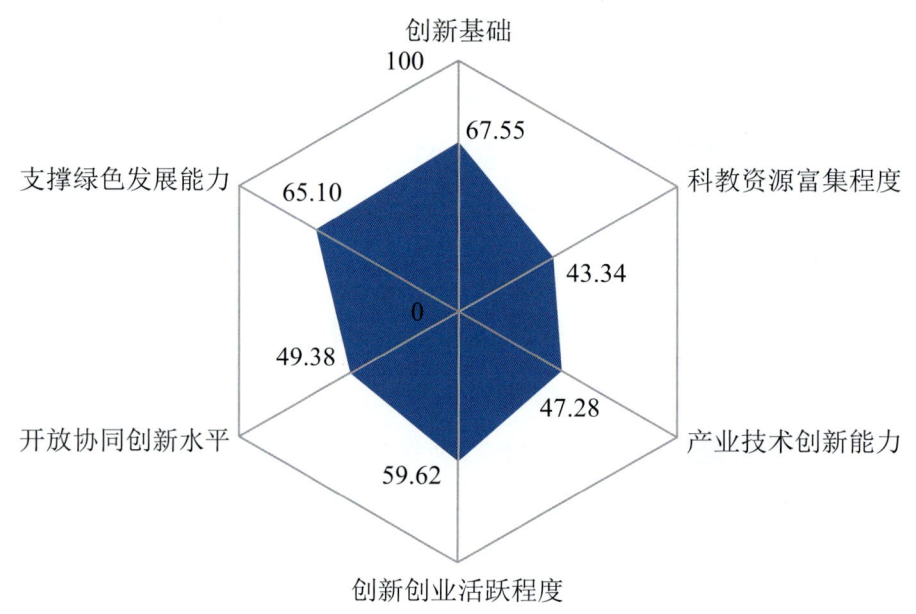

图2-93　扬州创新能力雷达图

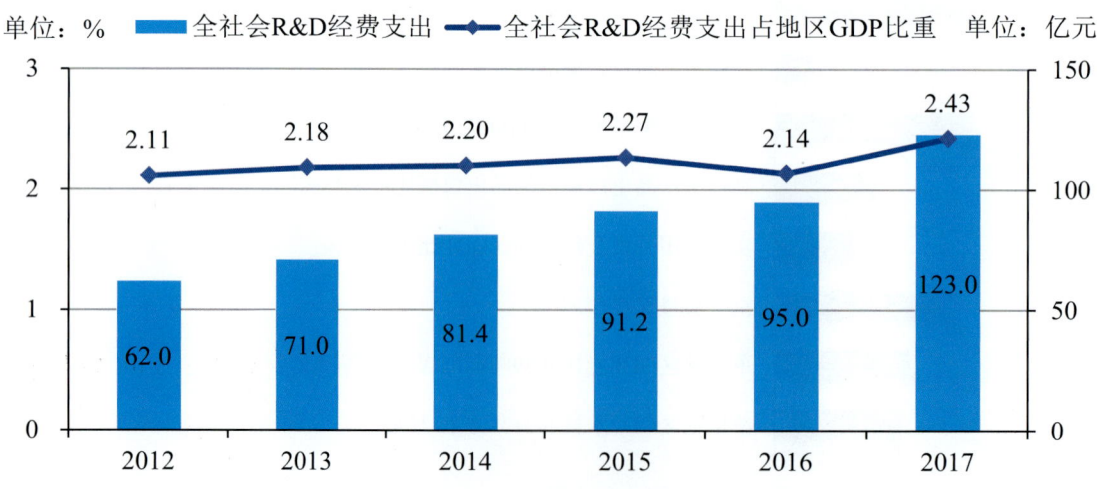

图2-94　扬州全社会R&D经费支出及占地区GDP比重

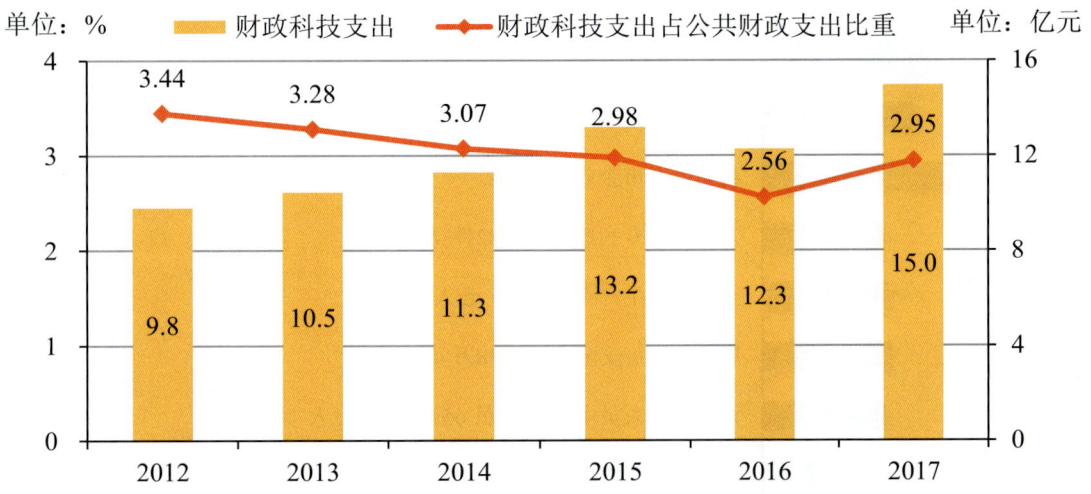

图 2-95　扬州财政科技支出及占公共财政支出比重

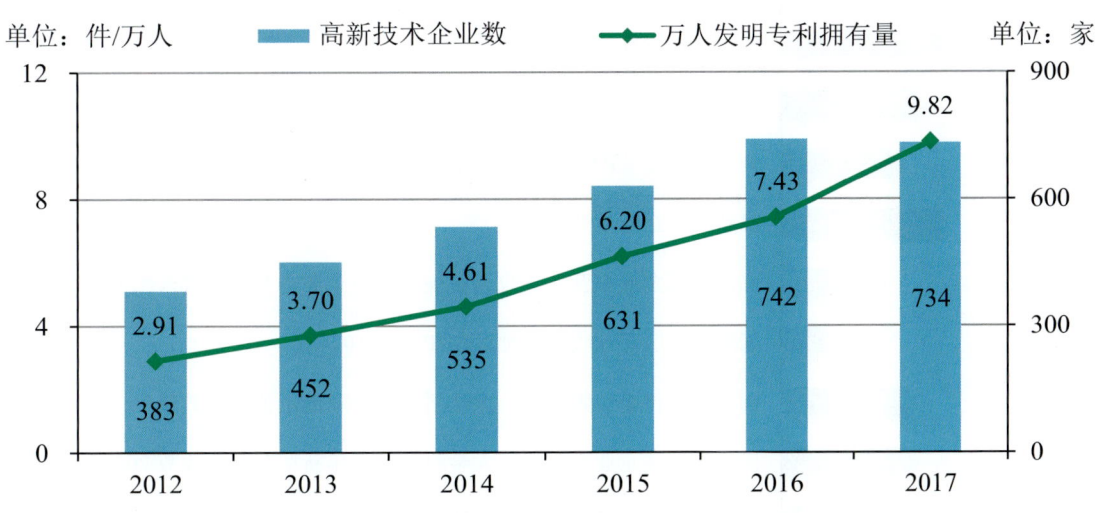

图 2-96　扬州高新技术企业数及万人发明专利拥有量

从基础数据看，扬州全社会 R&D 经费支出占地区 GDP 比重从 2012 年的 2.11% 上升到 2017 年的 2.43%，高于全国平均水平（2.13%），在创新型城市中居第 23 位；财政科技支出占公共财政支出比重从 2012 年的 3.44% 下降到 2017 年的 2.95%，但仍高于全国平均水平（2.56%），居第 29 位；万人发明专利拥有量从 2012 年的 2.91 件上升到 2017 年的 9.82 件，高于全国平均水平（9.75 件），居第 38 位；高新技术企业数从 2012 年的 383 家增加到 2017 年的 734 家，在创新型城市中居第 26 位。

总体上看，扬州作为成长型创新型城市（创新能力全国排名第 33 位），创新基础较较强，产业技术创新能力较弱（全国排名第 45 位），在高新技术产业发展、开放协同创新等方面存在明显的短板。

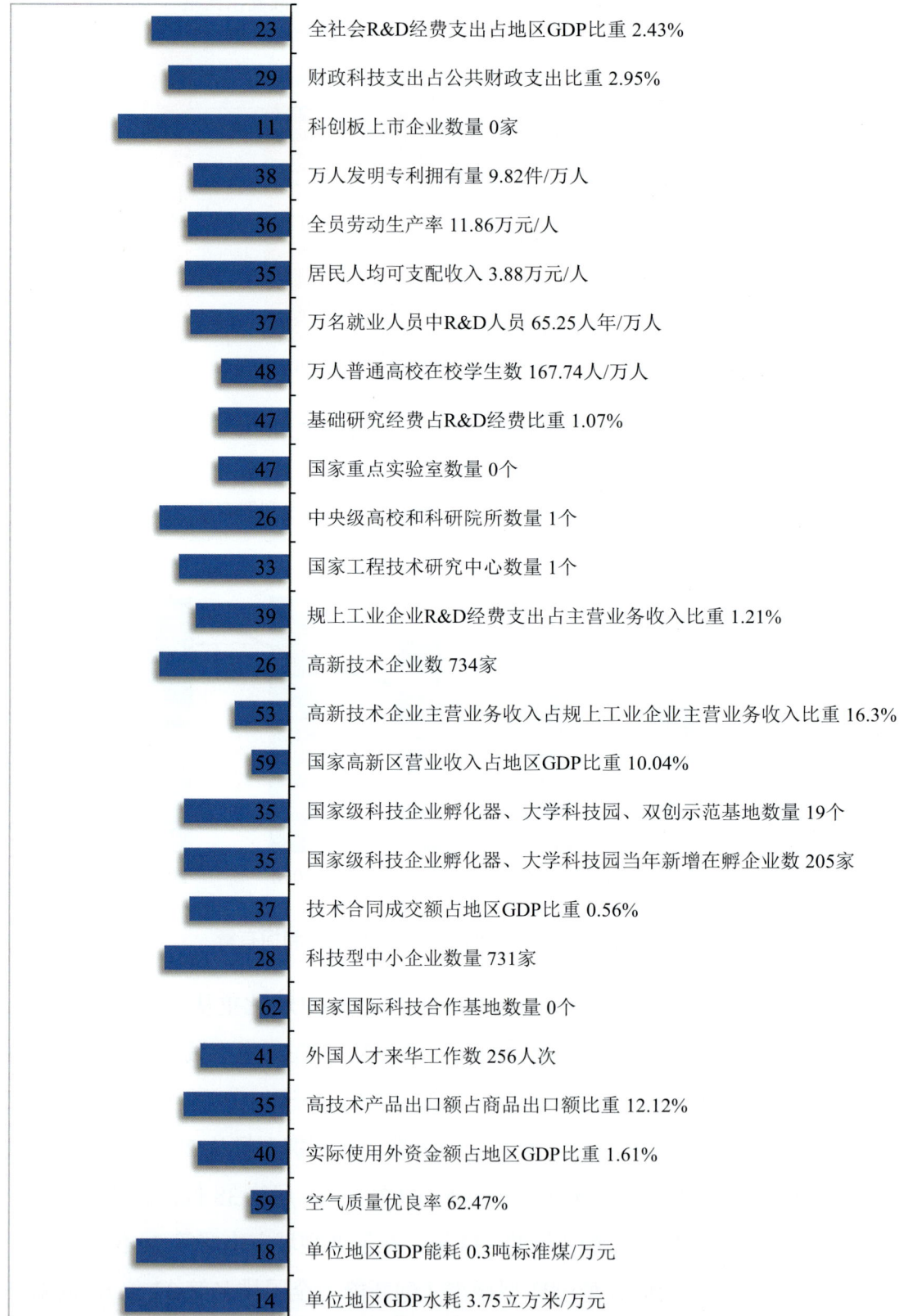

图 2-97　扬州创新能力部分指标数据及排名

（十二）绍兴

2017年绍兴常住人口501万人；地区生产总值（GDP）5078亿元，居创新型城市第32位；人均GDP 10.14万元，居第22位。

绍兴创新能力指数为50.52，居创新型城市第42位。其中创新基础得分73.60，居第14位；科教资源富集程度得分25.57，居第53位；产业技术创新能力得分53.10，居第30位；创新创业活跃程度得分23.27，居第54位；开放协同创新水平得分33.94，居第65位；支撑绿色发展能力得分67.24，居第30位。

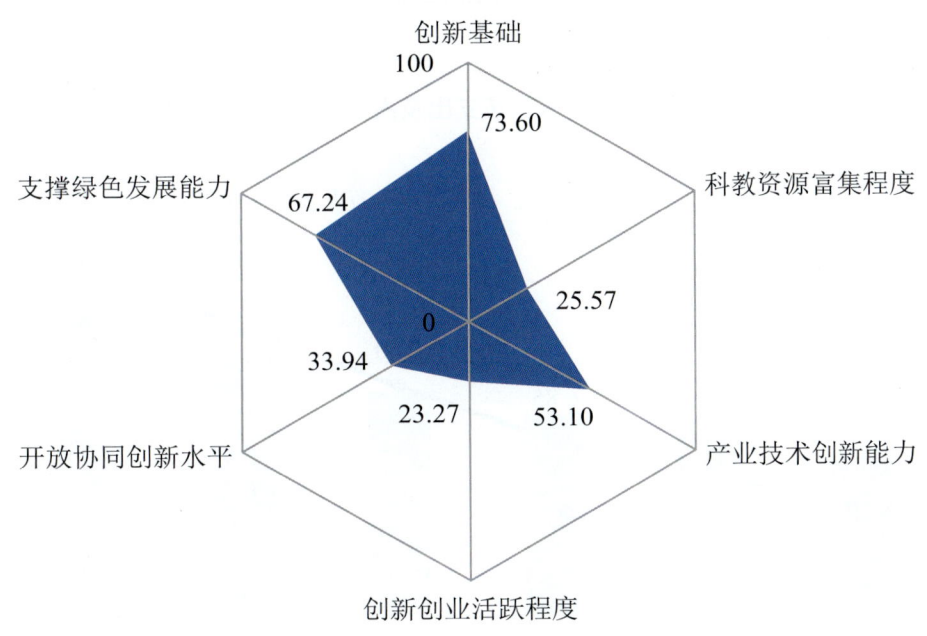

图2-98 绍兴创新能力雷达图

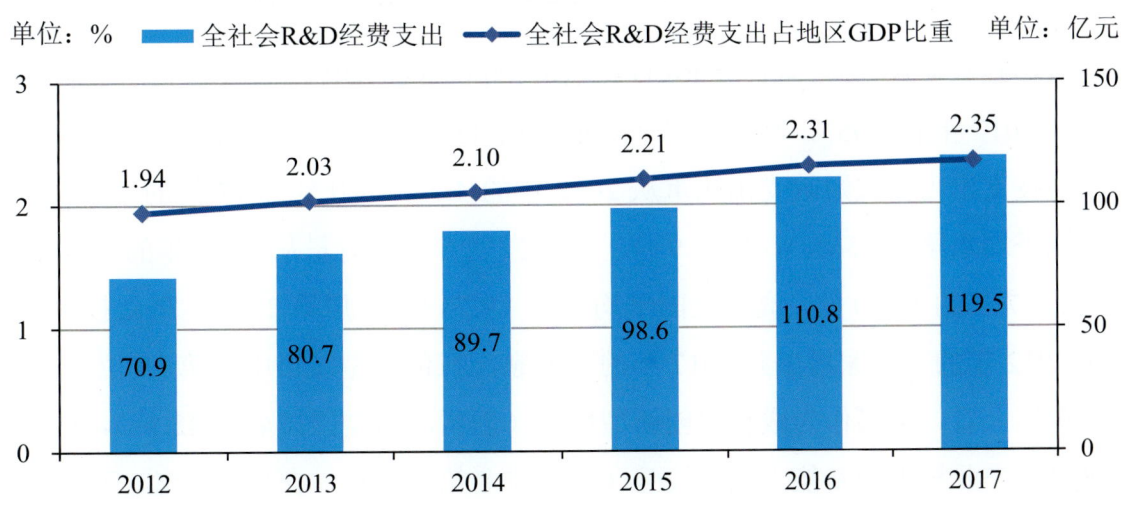

图2-99 绍兴全社会R&D经费支出及占地区GDP比重

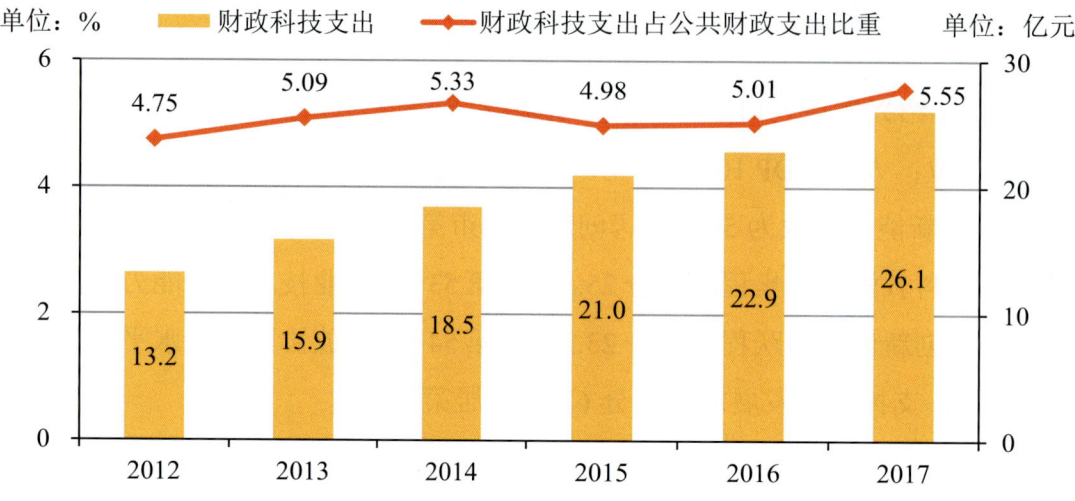

图 2-100　绍兴财政科技支出及占公共财政支出比重

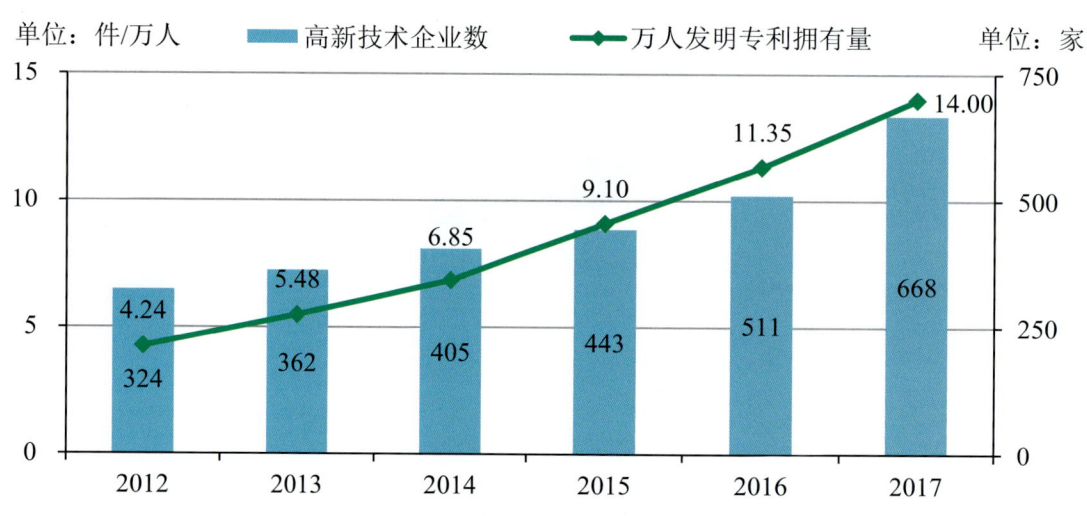

图 2-101　绍兴高新技术企业数及万人发明专利拥有量

从基础数据看,绍兴全社会 R&D 经费支出占地区 GDP 比重从 2012 年的 1.94% 上升到 2017 年的 2.35%,高于全国平均水平(2.13%),在创新型城市中居第 28 位;财政科技支出占公共财政支出比重从 2012 年的 4.75% 上升到 2017 年的 5.55%,高于全国平均水平(2.56%),居第 9 位;万人发明专利拥有量从 2012 年的 4.24 件上升到 2017 年的 14.00 件,高于全国平均水平(9.75 件),居第 29 位;高新技术企业数从 2012 年的 324 家增加到 2017 年的 668 家,在创新型城市中居第 28 位。

总体上看,绍兴作为成长型创新型城市(创新能力全国排名第 42 位),创新基础雄厚,产业技术创新能力相对较强(全国排名第 30 位),在科教资源、高新技术产业发展、创新创业等方面存在明显的短板。

图 2-102 绍兴创新能力部分指标数据及排名

（十三）潍坊

2017 年潍坊常住人口 936 万人；地区生产总值（GDP）5855 亿元，居创新型城市第 29 位；人均 GDP 6.25 万元，居第 55 位。

潍坊创新能力指数为 50.33，居创新型城市第 43 位。其中创新基础得分 55.13，居第 42 位；科教资源富集程度得分 19.12，居第 58 位；产业技术创新能力得分 57.21，居第 26 位；创新创业活跃程度得分 52.08，居第 34 位；开放协同创新水平得分 55.71，居第 36 位；支撑绿色发展能力得分 57.28，居第 55 位。

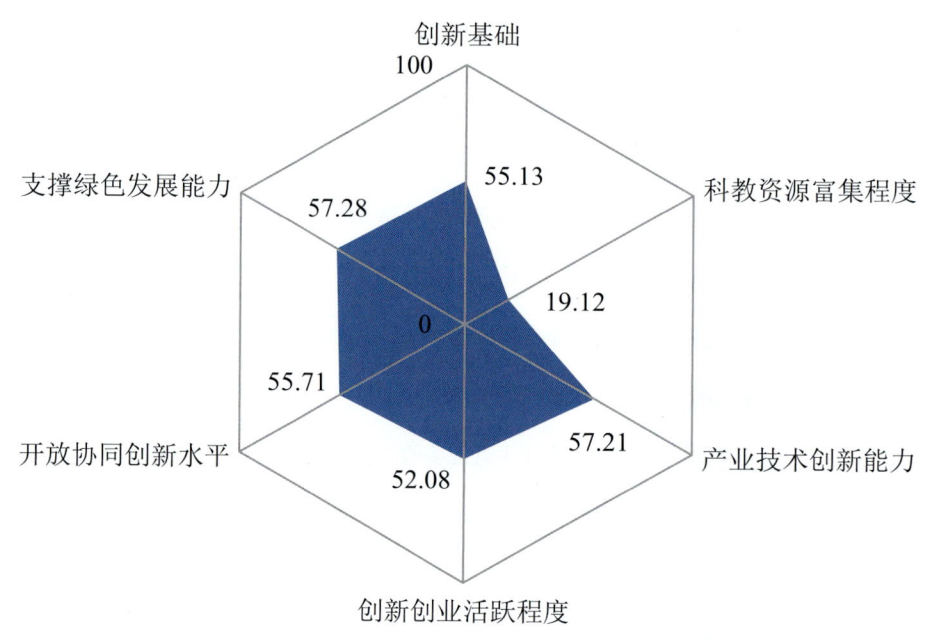

图 2-103　潍坊创新能力雷达图

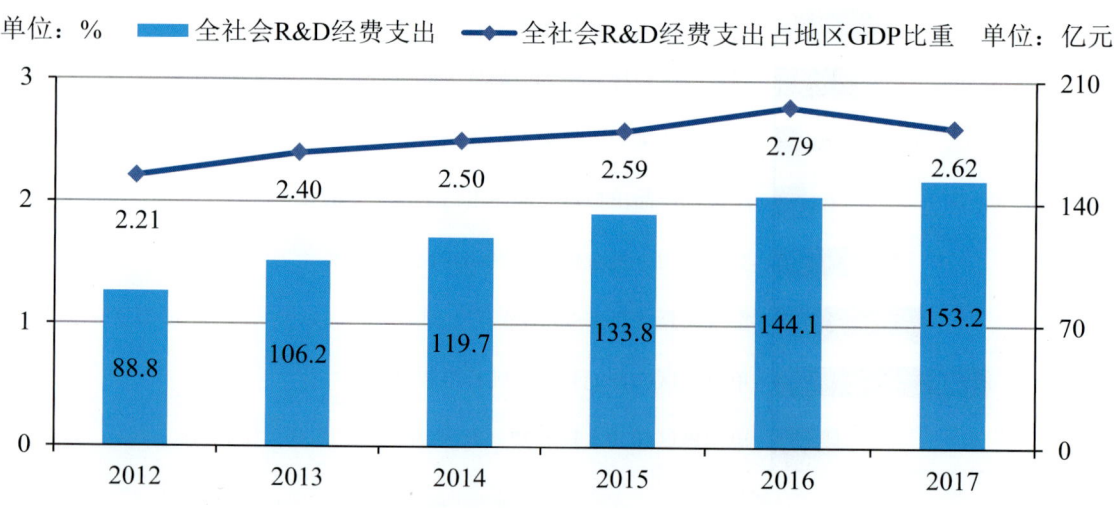

图 2-104　潍坊全社会 R&D 经费支出及占地区 GDP 比重

图 2-105　潍坊财政科技支出及占公共财政支出比重

图 2-106　潍坊高新技术企业数及万人发明专利拥有量

从基础数据看，潍坊全社会 R&D 经费支出占地区 GDP 比重从 2012 年的 2.21%上升到 2017 年的 2.62%，高于全国平均水平（2.13%），在创新型城市中居第 15 位；财政科技支出占公共财政支出比重从 2012 年的 2.96%下降到 2017 年的 2.90%，但仍高于全国平均水平（2.56%），居第 31 位；万人发明专利拥有量从 2012 年的 1.27 件上升到 2017 年的 5.48 件，但仍低于全国平均水平（9.75 件），居第 55 位；高新技术企业数从 2012 年 380 家增加到 2017 年的 538 家，在创新型城市中居第 36 位。

总体上看，潍坊作为成长型创新型城市（创新能力全国排名第 43 位），创新基础较强，产业技术创新水平相对较强（全国排名第 26 位），在科技成果产出、高新技术产业发展等方面存在明显的短板。

图 2-107 潍坊创新能力部分指标数据及排名

（十四）泰州

2017 年泰州常住人口 465 万人；地区生产总值（GDP）4745 亿元，居创新型城市第 36 位；人均 GDP 10.20 万元，居第 21 位。

泰州创新能力指数为 54.22，居创新型城市第 36 位。其中创新基础得分 66.93，居第 27 位；科教资源富集程度得分 22.14，居第 54 位；产业技术创新能力得分 36.93，居第 54 位；创新创业活跃程度得分 49.57，居第 38 位；开放协同创新水平得分 56.53，居第 35 位；支撑绿色发展能力得分 78.68，居第 4 位。

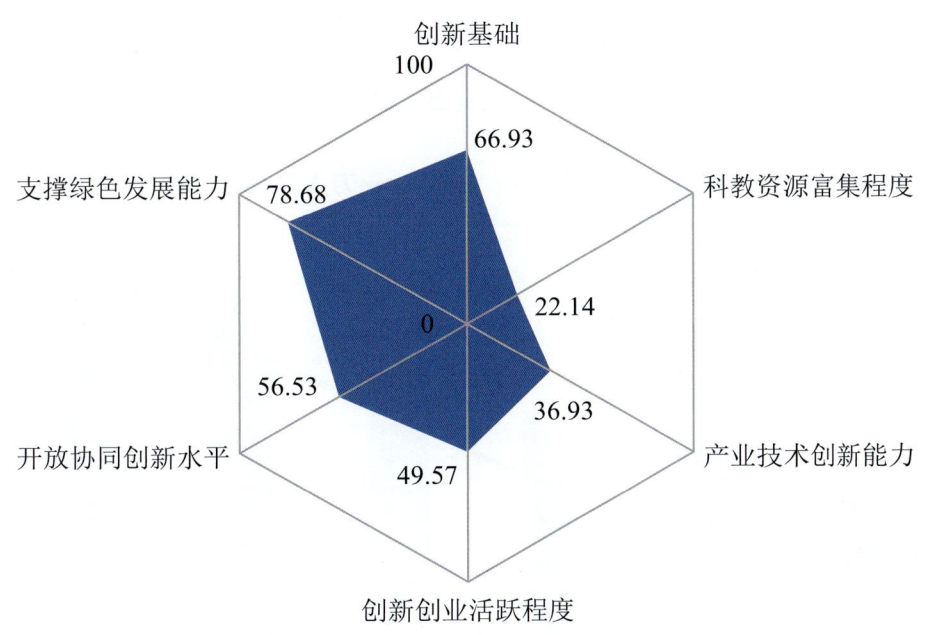

图 2-108　泰州创新能力雷达图

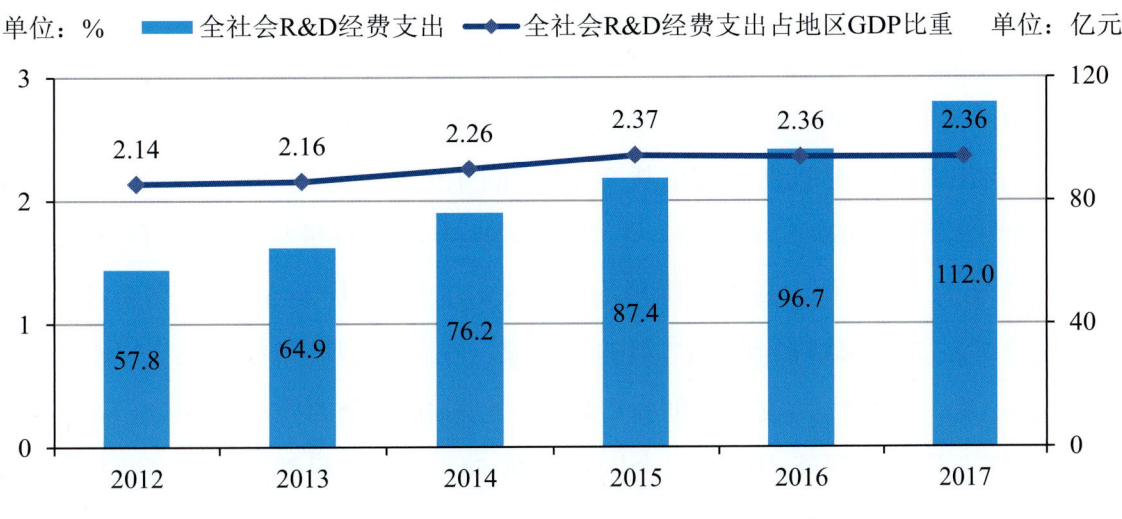

图 2-109　泰州全社会 R&D 经费支出及占地区 GDP 比重

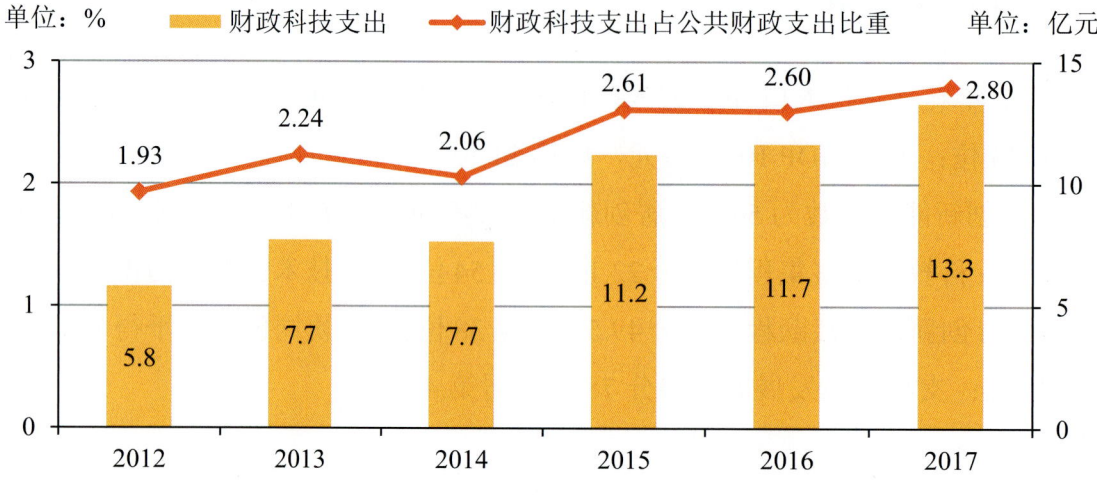

图 2-110　泰州财政科技支出及占公共财政支出比重

图 2-111　泰州高新技术企业数及万人发明专利拥有量

从基础数据看，泰州全社会 R&D 经费支出占地区 GDP 比重从 2012 年的 2.14% 上升到 2017 年的 2.36%，高于全国平均水平（2.13%），在创新型城市中居第 27 位；财政科技支出占公共财政支出比重从 2012 年的 1.93% 上升到 2017 年的 2.80%，高于全国平均水平（2.56%），居第 34 位；万人发明专利拥有量从 2012 年的 2.83 件上升到 2017 年的 10.37 件，高于全国平均水平（9.75 件），居第 36 位；高新技术企业数从 2012 年的 222 家增加到 2017 年的 580 家，在创新型城市中居第 35 位。

总体上看，泰州作为成长型创新型城市（创新能力全国排名第 36 位），创新基础较强，产业技术创新能力较弱（全国排名第 54 位），在科教资源、高新技术产业发展等方面存在明显的短板。

图 2-112 泰州创新能力部分指标数据及排名

（十五）株洲

2017年株洲常住人口402万人；地区生产总值（GDP）2530亿元，居创新型城市第57位；人均GDP 6.29万元，居第53位。

株洲创新能力指数为49.49，居创新型城市第46位。其中创新基础得分59.81，居第35位；科教资源富集程度得分26.27，居第51位；产业技术创新能力得分49.77，居第37位；创新创业活跃程度得分32.23，居第51位；开放协同创新水平得分46.88，居第49位；支撑绿色发展能力得分70.16，居第18位。

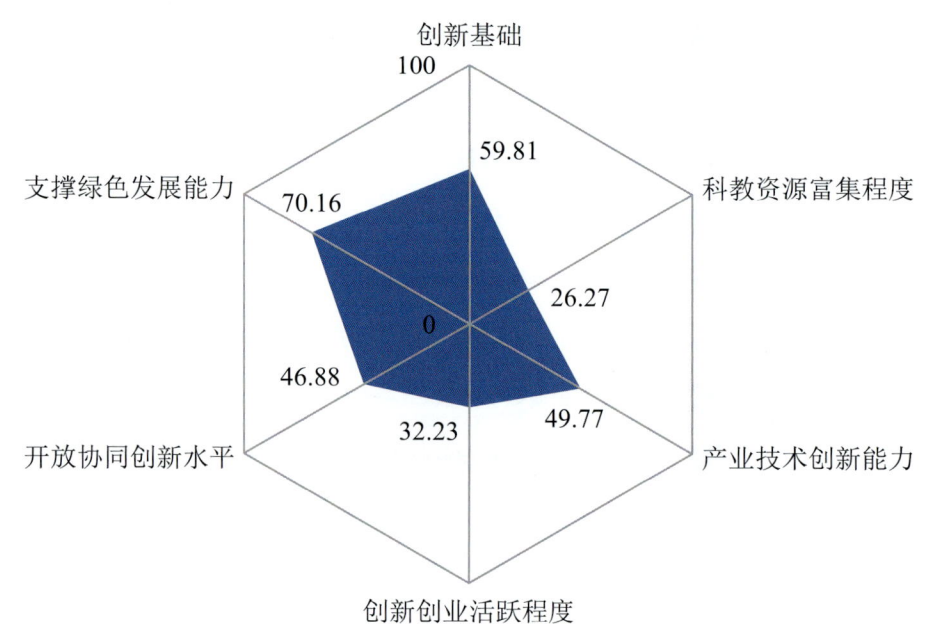

图 2-113 株洲创新能力雷达图

图 2-114 株洲全社会R&D经费支出及占地区GDP比重

图2-115 株洲财政科技支出及占公共财政支出比重

图2-116 株洲高新技术企业数及万人发明专利拥有量

从基础数据看,株洲全社会R&D经费支出占地区GDP比重从2012年的1.65%上升到2017年的2.07%,低于全国平均水平(2.13%),在创新型城市中居第37位;财政科技支出占公共财政支出比重从2012年的1.34%上升到2017年的2.68%,高于全国平均水平(2.56%),居第36位;万人发明专利拥有量从2012年的2.66件上升到2017年的10.16件,高于全国平均水平(9.75件),居第37位;高新技术企业数从2012年的141家增加到2017年的286家,在创新型城市中居第52位。

总体上看,株洲作为成长型创新型城市(创新能力全国排名第46位),创新基础较强,产业技术创新能力较弱(全国排名第37位),在科教资源、创新创业等方面存在明显的短板。

图 2-117 株洲创新能力部分指标数据及排名

（十六）盐城

2017 年盐城常住人口 724 万人；地区生产总值（GDP）5083 亿元，居创新型城市第 31 位；人均 GDP 7.02 万元，居第 48 位。

盐城创新能力指数为 50.18，居创新型城市第 45 位。其中创新基础得分 57.29，居第 40 位；科教资源富集程度得分 16.75，居第 63 位；产业技术创新能力得分 39.62，居第 51 位；创新创业活跃程度得分 46.96，居第 40 位；开放协同创新水平得分 51.04，居第 43 位；支撑绿色发展能力得分 81.25，居第 2 位。

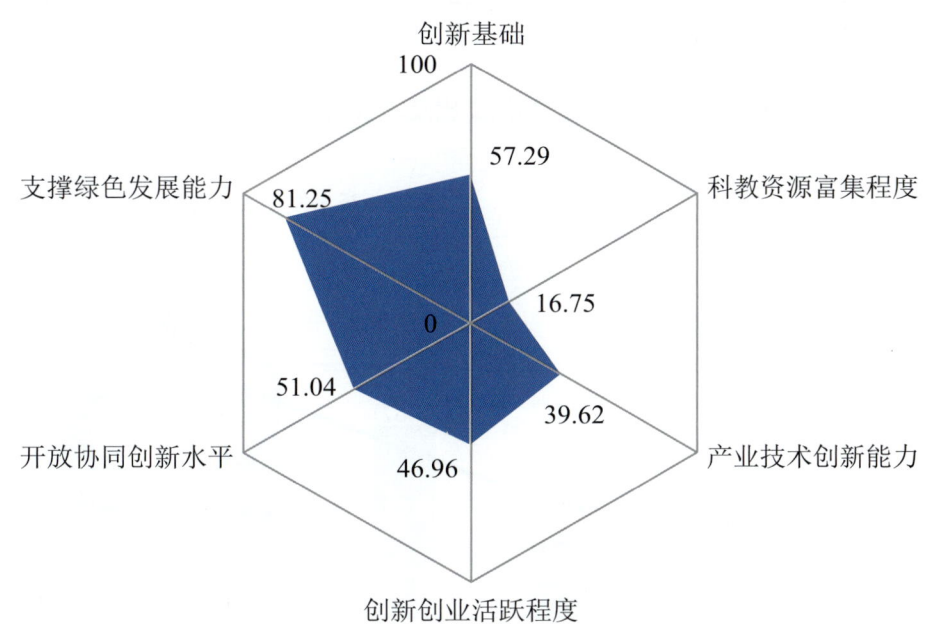

图 2-118　盐城创新能力雷达图

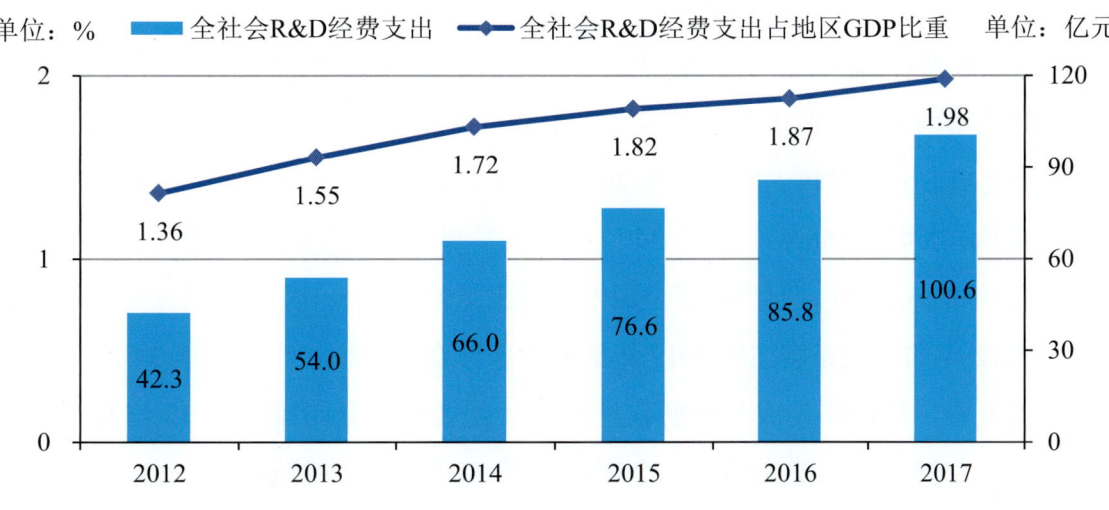

图 2-119　盐城全社会 R&D 经费支出及占地区 GDP 比重

图 2-120　盐城财政科技支出及占公共财政支出比重

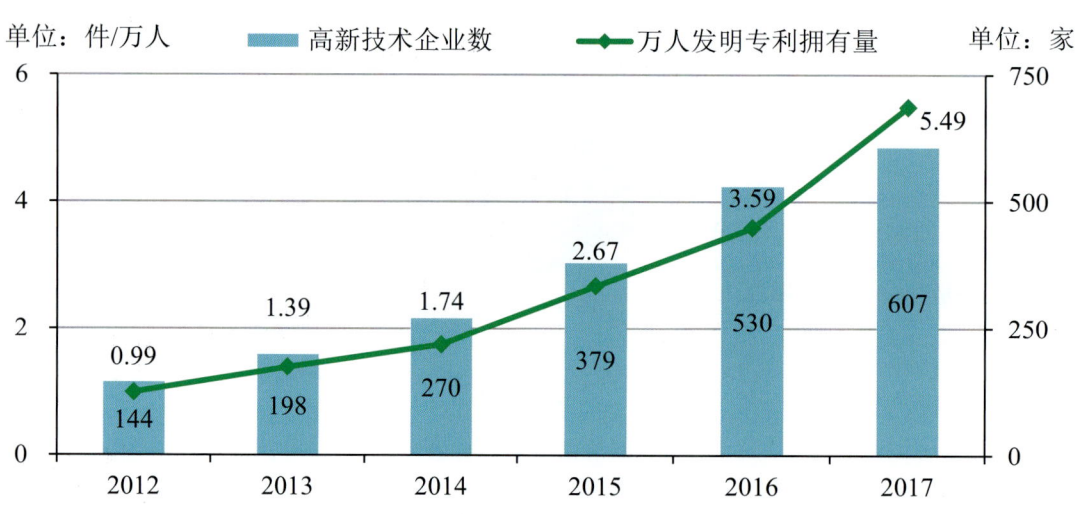

图 2-121　盐城高新技术企业数及万人发明专利拥有量

从基础数据看，盐城全社会 R&D 经费支出占地区 GDP 比重从 2012 年的 1.36% 上升到 2017 年的 1.98%，但仍低于全国平均水平（2.13%），在创新型城市中居第 40 位；财政科技支出占公共财政支出比重从 2012 年的 3.40% 下降到 2017 年的 3.35%，但仍高于全国平均水平（2.56%），居第 24 位；万人发明专利拥有量从 2012 年的 0.99 件上升到 2017 年的 5.49 件，但仍低于全国平均水平（9.75 件），居第 54 位；高新技术企业数从 2012 年的 144 家增加到 2017 年的 607 家，在创新型城市中居第 34 位。

总体上看，盐城作为成长型创新型城市（创新能力全国排名第 45 位），创新基础较强，产业技术创新能力较弱（全国排名第 51 位），在科技成果产出、高新技术产业发展等方面存在明显的短板。

排名	指标
40	全社会R&D经费支出占地区GDP比重 1.98%
24	财政科技支出占公共财政支出比重 3.35%
11	科创板上市企业数量 0家
54	万人发明专利拥有量 5.49件/万人
53	全员劳动生产率 9.99万元/人
52	居民人均可支配收入 3.31万元/人
43	万名就业人员中R&D人员 55.69人年/万人
68	万人普通高校在校学生数 86.1人/万人
57	基础研究经费占R&D经费比重 0.48%
47	国家重点实验室数量 0个
37	中央级高校和科研院所数量 0个
48	国家工程技术研究中心数量 0个
37	规上工业企业R&D经费支出占主营业务收入比重 1.22%
34	高新技术企业数 607家
52	高新技术企业主营业务收入占规上工业企业主营业务收入比重 16.37%
56	国家高新区营业收入占地区GDP比重 13.29%
33	国家级科技企业孵化器、大学科技园、双创示范基地数量 20个
31	国家级科技企业孵化器、大学科技园当年新增在孵企业数 226家
63	技术合同成交额占地区GDP比重 0.13%
37	科技型中小企业数量 559家
62	国家国际科技合作基地数量 0个
25	外国人才来华工作数 594人次
19	高技术产品出口额占商品出口额比重 21.08%
52	实际使用外资金额占地区GDP比重 1.05%
23	空气质量优良率 80%
8	单位地区GDP能耗 0.18吨标准煤/万元
3	单位地区GDP水耗 2.22立方米/万元

图 2-122 盐城创新能力部分指标数据及排名

（十七）襄阳

2017 年襄阳常住人口 565 万人；地区生产总值（GDP）4065 亿元，居创新型城市第 43 位；人均 GDP 7.19 万元，居第 46 位。

襄阳创新能力指数为 45.22，居创新型城市第 51 位。其中创新基础得分 53.77，居第 43 位；科教资源富集程度得分 18.86，居第 59 位；产业技术创新能力得分 52.86，居第 31 位；创新创业活跃程度得分 37.24，居第 47 位；开放协同创新水平得分 35.90，居第 63 位；支撑绿色发展能力得分 62.90，居第 45 位。

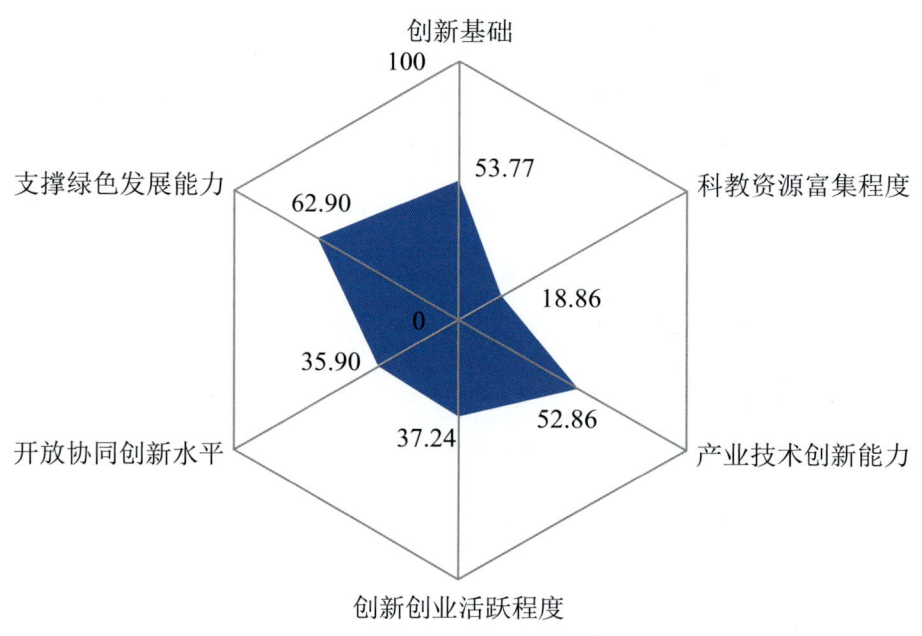

图 2-123　襄阳创新能力雷达图

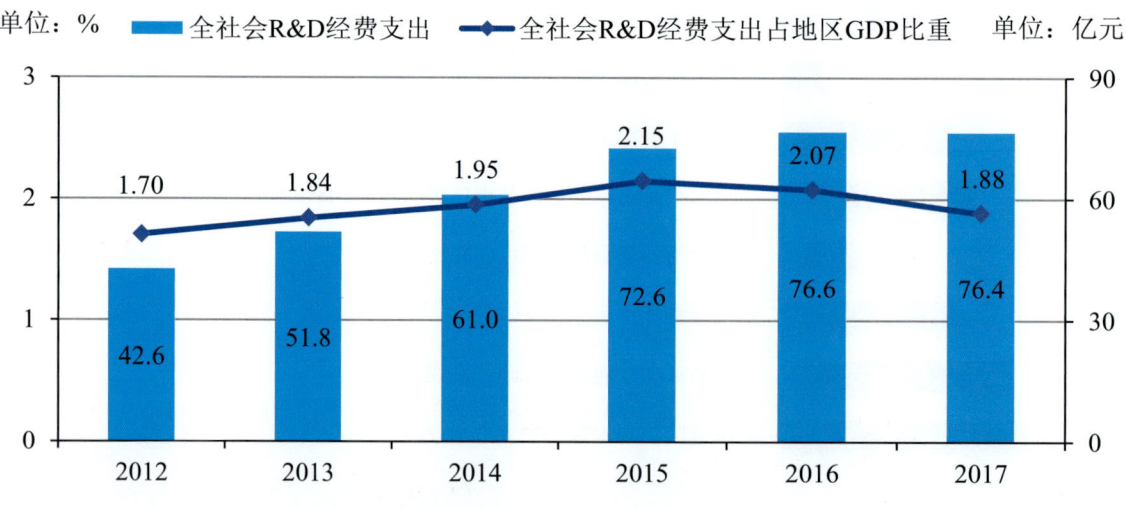

图 2-124　襄阳全社会 R&D 经费支出及占地区 GDP 比重

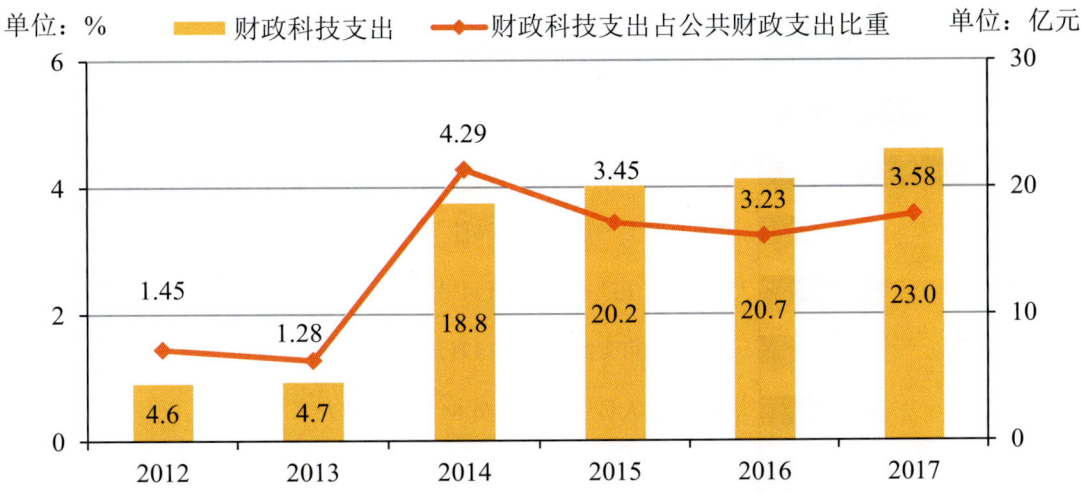

图 2-125　襄阳财政科技支出及占公共财政支出比重

图 2-126　襄阳高新技术企业数及万人发明专利拥有量

从基础数据看，襄阳全社会 R&D 经费支出占地区 GDP 比重从 2012 年的 1.70%上升到 2015 年的 2.15%，2017 年下降为 1.88%，低于全国平均水平（2.13%），在创新型城市中居第 44 位；财政科技支出占公共财政支出比重从 2012 年的 1.45%上升到 2017 年的 3.58%，高于全国平均水平（2.56%），居第 19 位；万人发明专利拥有量从 2012 年的 1.06 件上升到 2017 年的 4.56 件，仍低于全国平均水平（9.75 件），居第 58 位；高新技术企业数从 2012 年的 123 家增加到 2017 年的 404 家，在创新型城市中居第 42 位。

总体上看，襄阳作为成长型创新型城市（创新能力全国排名第 51 位），创新基础较强，产业技术创新能力较弱（全国排名第 31 位），在科教资源、开放协同创新等方面存在明显的短板。

图 2-127　襄阳创新能力部分指标数据及排名

（十八）金华

2017年金华常住人口556万人；地区生产总值（GDP）3849亿元，居创新型城市第46位；人均GDP 6.92万元，居第51位。

金华创新能力指数为46.71，居创新型城市第48位。其中创新基础得分59.80，居第36位；科教资源富集程度得分18.80，居第60位；产业技术创新能力得分45.34，居第47位；创新创业活跃程度得分22.98，居第55位；开放协同创新水平得分41.59，居第57位；支撑绿色发展能力得分76.76，居第6位。

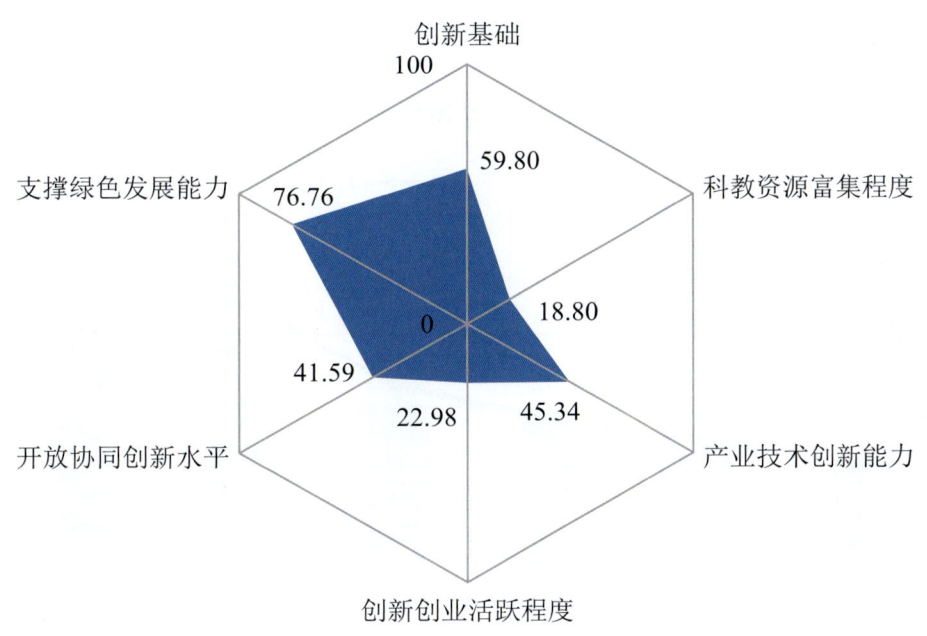

图 2-128　金华创新能力雷达图

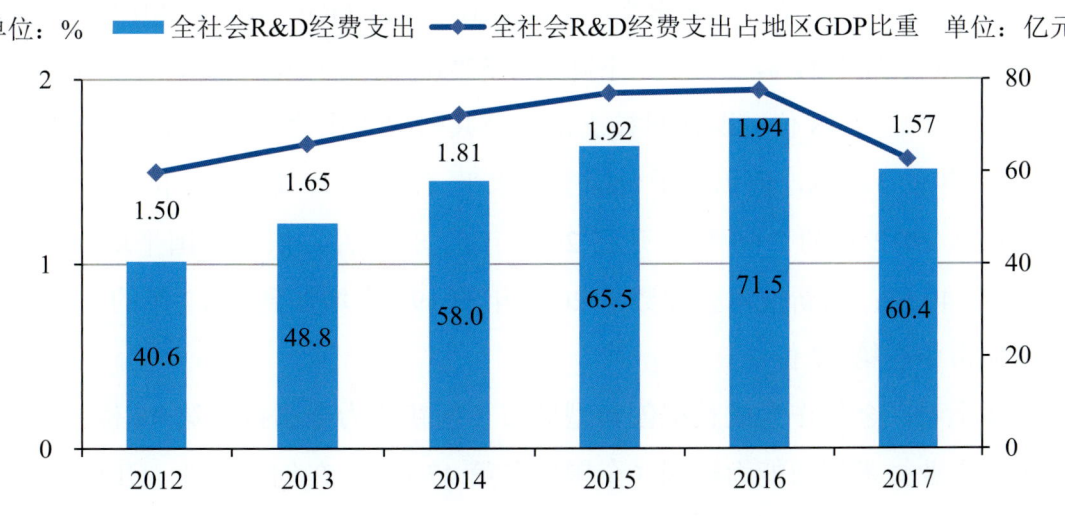

图 2-129　金华全社会R&D经费支出及占地区GDP比重

图 2-130　金华财政科技支出及占公共财政支出比重

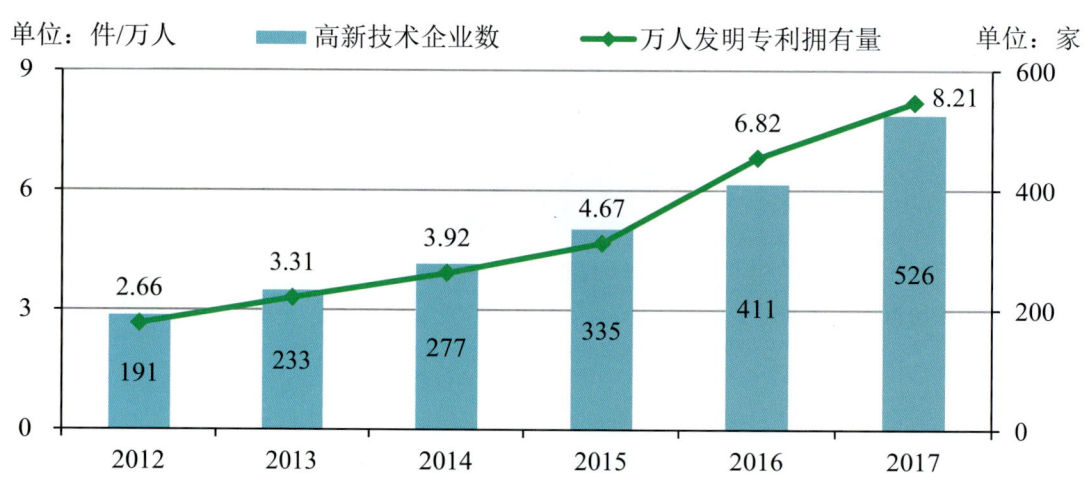

图 2-131　金华高新技术企业数及万人发明专利拥有量

从基础数据看，金华全社会 R&D 经费支出占地区 GDP 比重从 2012 年的 1.50% 上升到 2016 年的 1.94%，2017 年下降为 1.57%，低于全国平均水平（2.13%），在创新型城市中居第 48 位；财政科技支出占公共财政支出比重从 2012 年的 3.83% 下降到 2017 年的 3.47%，但仍高于全国平均水平（2.56%），居第 21 位；万人发明专利拥有量从 2012 年的 2.66 件上升到 2017 年的 8.21 件，低于全国平均水平（9.75 件），居第 40 位；高新技术企业数从 2012 年的 191 家增加到 2017 年的 526 家，在创新型城市中居第 37 位。

总体上看，金华作为成长型创新型城市（创新能力全国排名第 48 位），创新基础较强，产业技术创新能力较弱（全国排名第 47 位），在创新创业、开放协同创新等诸多方面存在明显的短板。

图 2-132 金华创新能力部分指标数据及排名

（十九）宜昌

2017年宜昌常住人口414万人；地区生产总值（GDP）3857亿元，居创新型城市第45位；人均GDP 9.33万元，居第26位。

宜昌创新能力指数为44.50，居创新型城市第54位。其中创新基础得分52.04，居第48位；科教资源富集程度得分11.13，居第70位；产业技术创新能力得分52.12，居第33位；创新创业活跃程度得分45.45，居第44位；开放协同创新水平得分31.12，居第67位；支撑绿色发展能力得分66.54，居第33位。

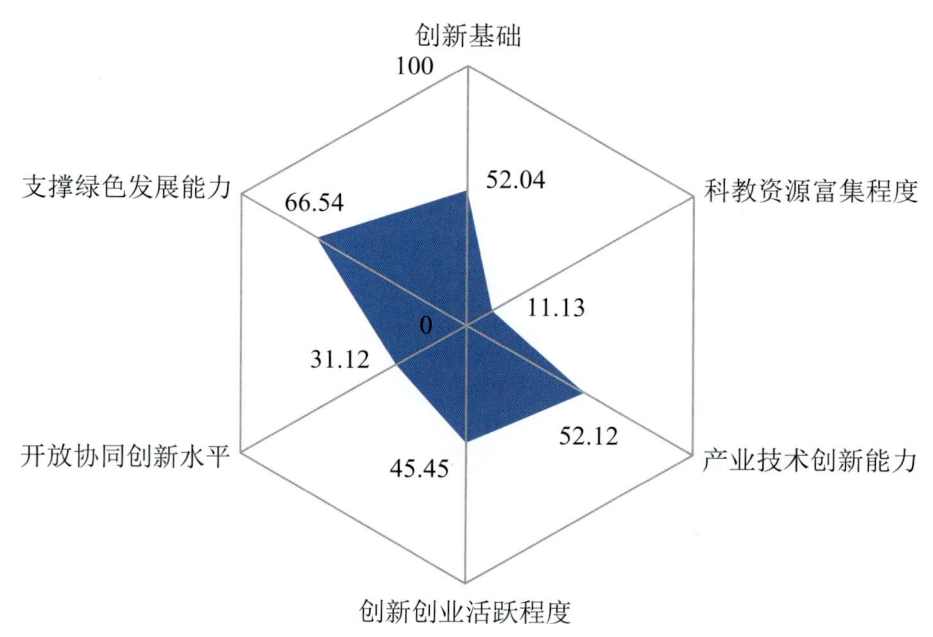

图2-133 宜昌创新能力雷达图

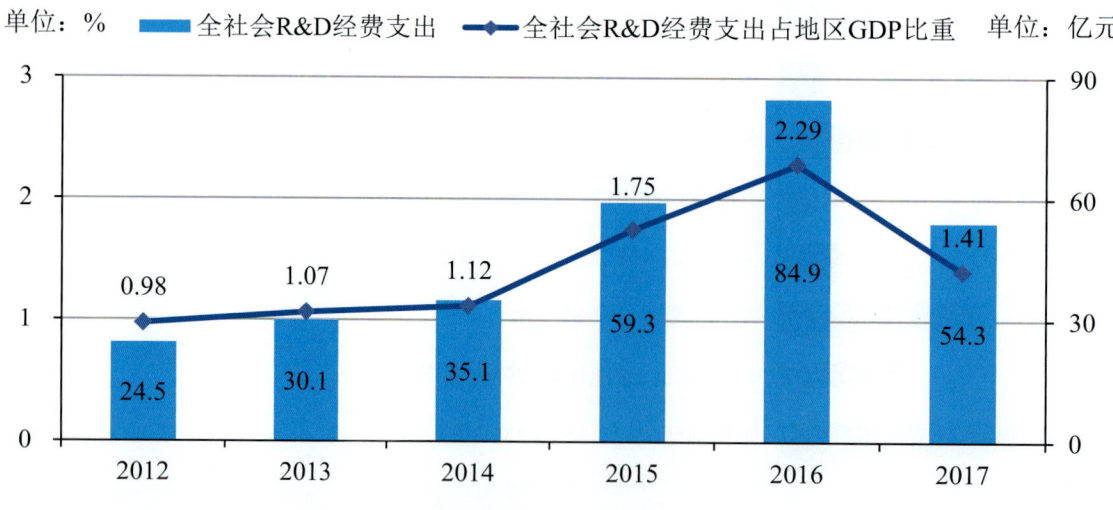

图2-134 宜昌全社会R&D经费支出及占地区GDP比重

图 2-135　宜昌财政科技支出及占公共财政支出比重

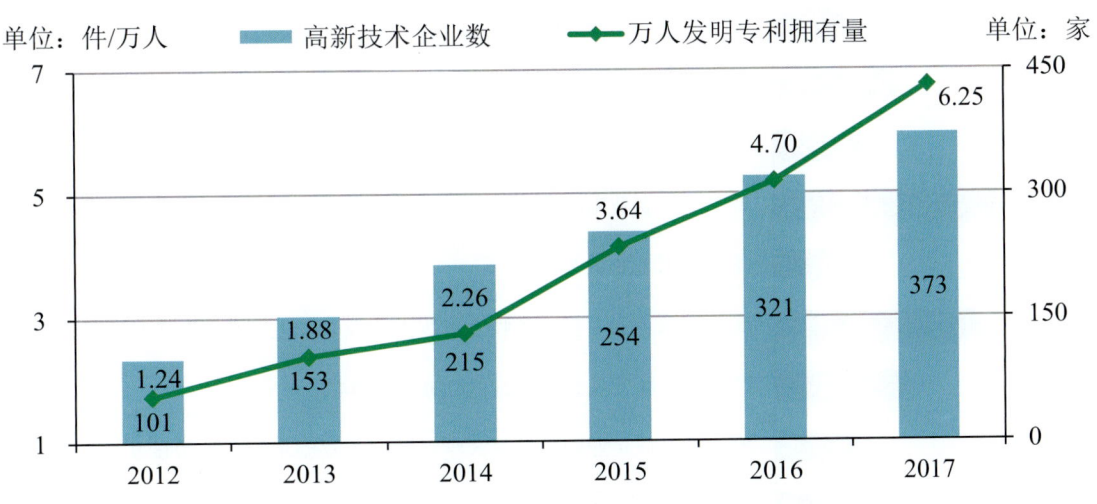

图 2-136　宜昌高新技术企业数及万人发明专利拥有量

从基础数据看，宜昌全社会 R&D 经费支出占地区 GDP 比重从 2012 年的 0.98% 上升到 2017 年的 1.41%，但仍大幅低于全国平均水平（2.13%），在创新型城市中居第 52 位；财政科技支出占公共财政支出比重从 2012 年的 1.62% 上升到 2017 年的 2.91%，高于全国平均水平（2.56%），居第 30 位；万人发明专利拥有量从 2012 年的 1.24 件上升到 2017 年的 6.25 件，仍低于全国平均水平（9.75 件），居第 52 位；高新技术企业数从 2012 年的 101 家增加到 2017 年的 373 家，在创新型城市中居第 45 位。

总体上看，宜昌作为成长型创新型城市（创新能力全国排名第 54 位），创新基础有待增强，产业技术创新能力较弱（全国排名第 33 位），在创新投入、高新技术企业培育等诸多方面存在明显的短板。

图 2-137 宜昌创新能力部分指标数据及排名

（二十）泉州

2017年泉州常住人口865万人；地区生产总值（GDP）7548亿元，居创新型城市第16位；人均GDP 8.73万元，居第32位。

泉州创新能力指数为44.78，居创新型城市第53位。其中创新基础得分55.58，居第41位；科教资源富集程度得分30.36，居第46位；产业技术创新能力得分28.72，居第59位；创新创业活跃程度得分17.65，居第61位；开放协同创新水平得分44.38，居第52位；支撑绿色发展能力得分79.60，居第3位。

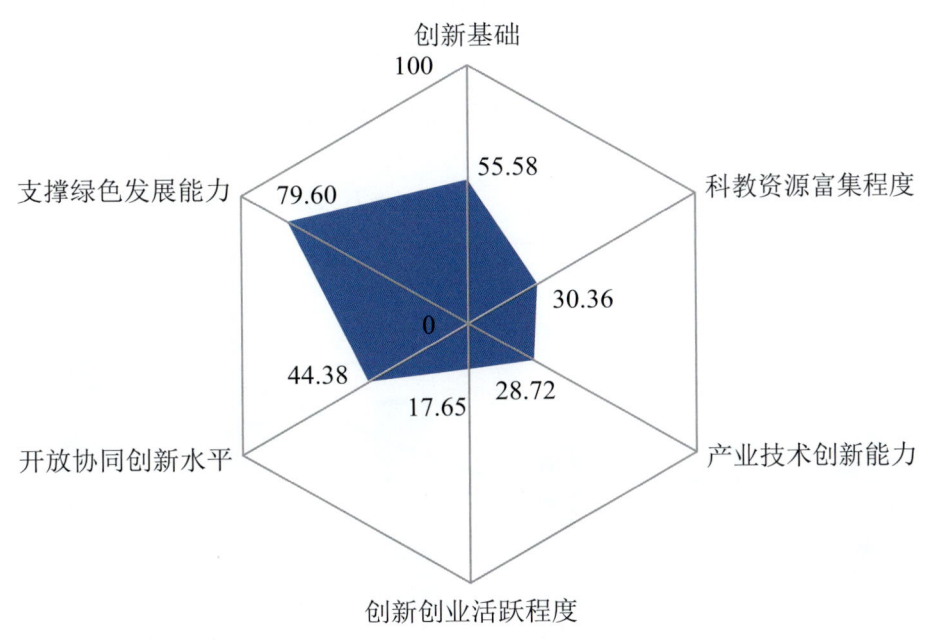

图2-138　泉州创新能力雷达图

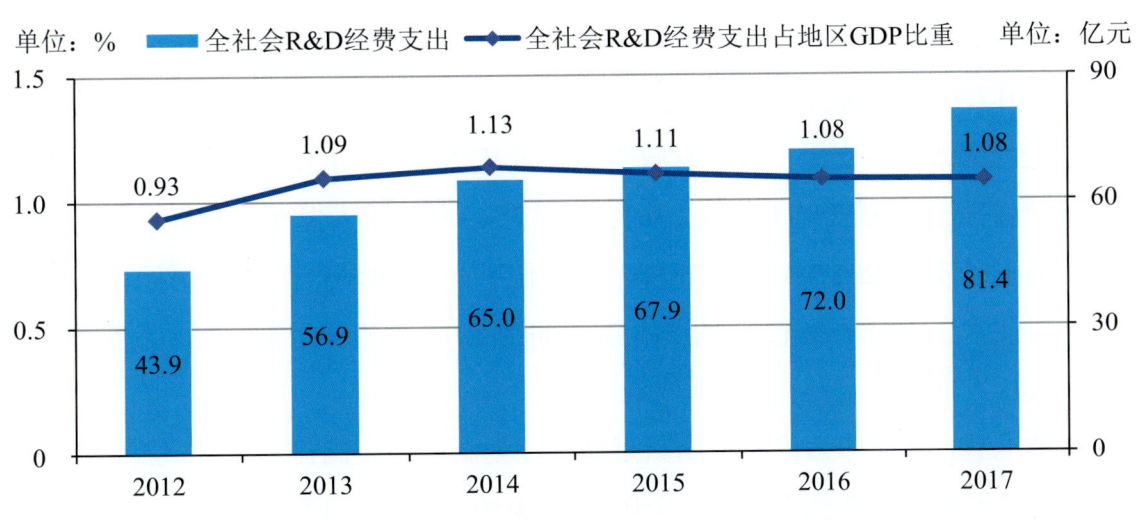

图2-139　泉州全社会R&D经费支出及占地区GDP比重

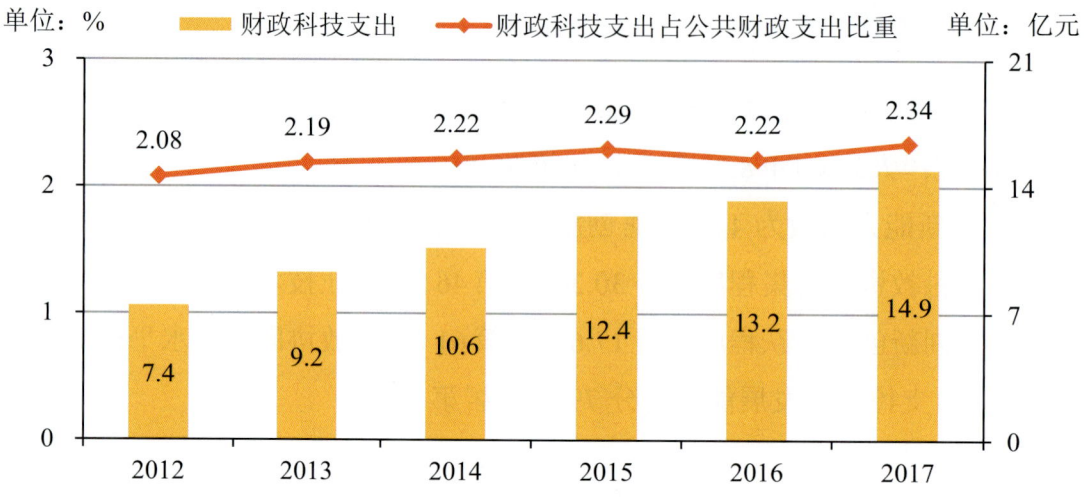

图 2-140　泉州财政科技支出及占公共财政支出比重

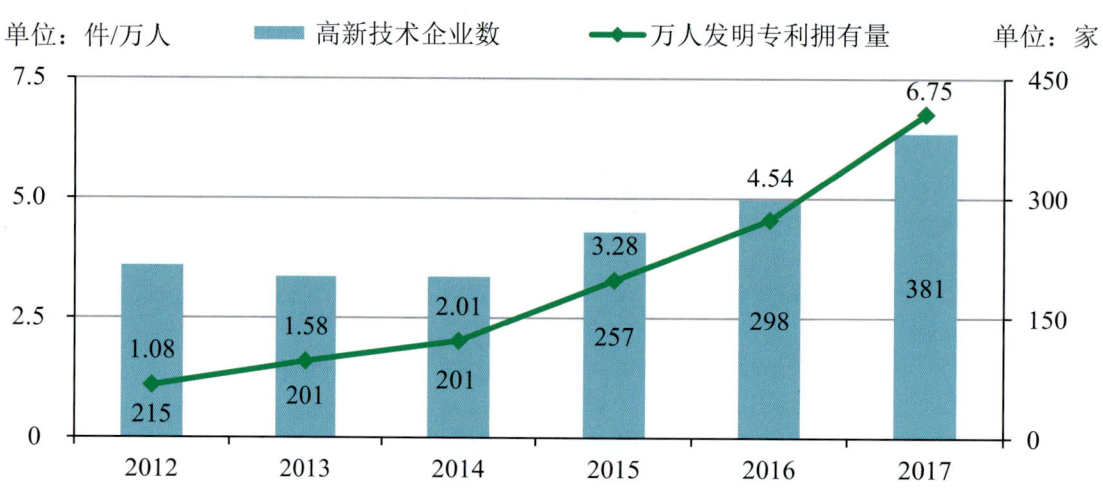

图 2-141　泉州高新技术企业数及万人发明专利拥有量

从基础数据看,泉州全社会 R&D 经费支出占地区 GDP 比重从 2012 年的 0.93% 上升到 2017 年的 1.08%,但仍大幅低于全国平均水平（2.13%）,在创新型城市中居第 60 位;财政科技支出占公共财政支出比重从 2012 年的 2.08% 上升到 2017 年的 2.34%,但仍低于全国平均水平（2.56%）,居第 42 位;万人发明专利拥有量从 2012 年的 1.08 件上升到 2017 年的 6.75 件,但仍低于全国平均水平（9.75 件）,居第 49 位;高新技术企业数从 2012 年的 215 家增加到 2017 年的 381 家,在创新型城市中居第 44 位。

总体上看,泉州作为成长型创新型城市（创新能力全国排名第 53 位）,创新基础较强,产业技术创新能力较弱（全国排名第 59 位）,在科教资源、创新投入、高新技术产业发展等诸多方面存在明显的短板。

图 2-142　泉州创新能力部分指标数据及排名

（二十一）连云港

2017年连云港常住人口452万人；地区生产总值（GDP）2640亿元，居创新型城市第56位；人均GDP 5.84万元，居第58位。

连云港创新能力指数为42.64，居创新型城市第56位。其中创新基础得分47.48，居第57位；科教资源富集程度得分17.23，居第62位；产业技术创新能力得分36.28，居第55位；创新创业活跃程度得分26.42，居第53位；开放协同创新水平得分54.02，居第38位；支撑绿色发展能力得分68.85，居第21位。

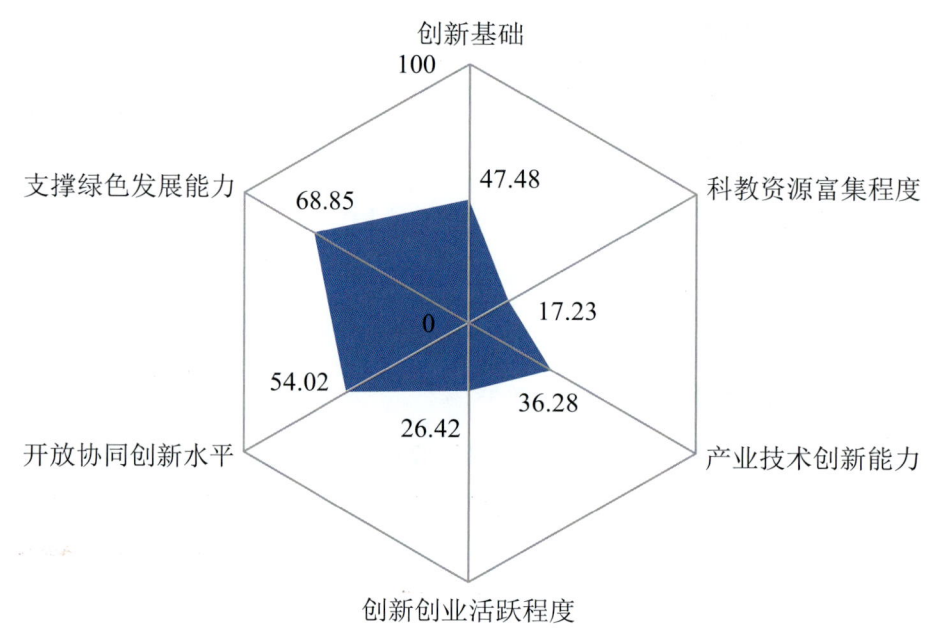

图 2-143　连云港创新能力雷达图

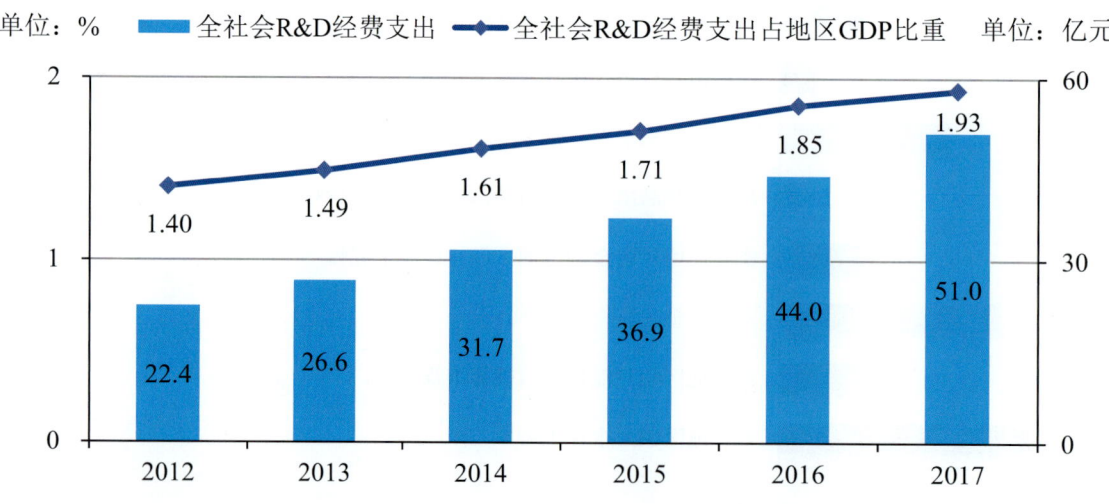

图 2-144　连云港全社会 R&D 经费支出及占地区 GDP 比重

图 2-145 连云港财政科技支出及占公共财政支出比重

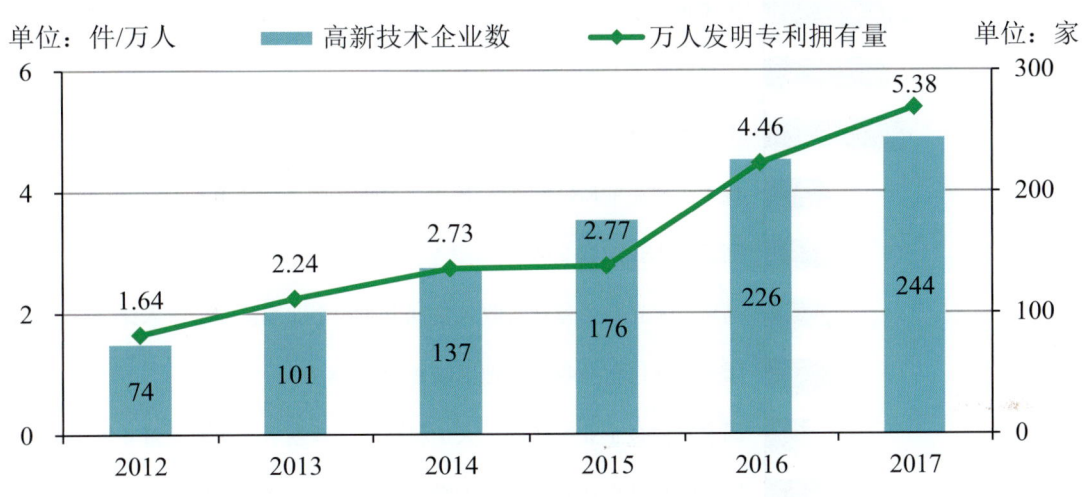

图 2-146 连云港高新技术企业数及万人发明专利拥有量

从基础数据看,连云港全社会 R&D 经费支出占地区 GDP 比重从 2012 年的 1.40% 上升到 2017 年的 1.93%,但仍低于全国平均水平(2.13%),在创新型城市中居第 42 位;财政科技支出占公共财政支出比重从 2012 年的 2.40% 下降到 2017 年的 2.25%,低于全国平均水平(2.56%),居第 44 位;万人发明专利拥有量从 2012 年的 1.64 件上升到 2017 年的 5.38 件,低于全国平均水平(9.75 件),居第 56 位;高新技术企业数从 2012 年的 74 家增加到 2017 年的 244 家,在创新型城市中居第 54 位。

总体上看,连云港作为成长型创新型城市(创新能力全国排名第 56 位),创新基础有待加强,产业技术创新能力较弱(全国排名第 55 位),在科教资源、创新人才、创新创业等诸多方面存在明显的短板。

图 2-147　连云港创新能力部分指标数据及排名

（二十二）秦皇岛

2017年秦皇岛常住人口311万人；地区生产总值（GDP）1500亿元，居创新型城市第65位；人均GDP 4.82万元，居第68位。

秦皇岛创新能力指数为39.78，居创新型城市第61位。其中创新基础得分44.11，居第62位；科教资源富集程度得分36.02，居第40位；产业技术创新能力得分25.22，居第62位；创新创业活跃程度得分18.16，居第60位；开放协同创新水平得分52.22，居第40位；支撑绿色发展能力得分58.00，居第52位。

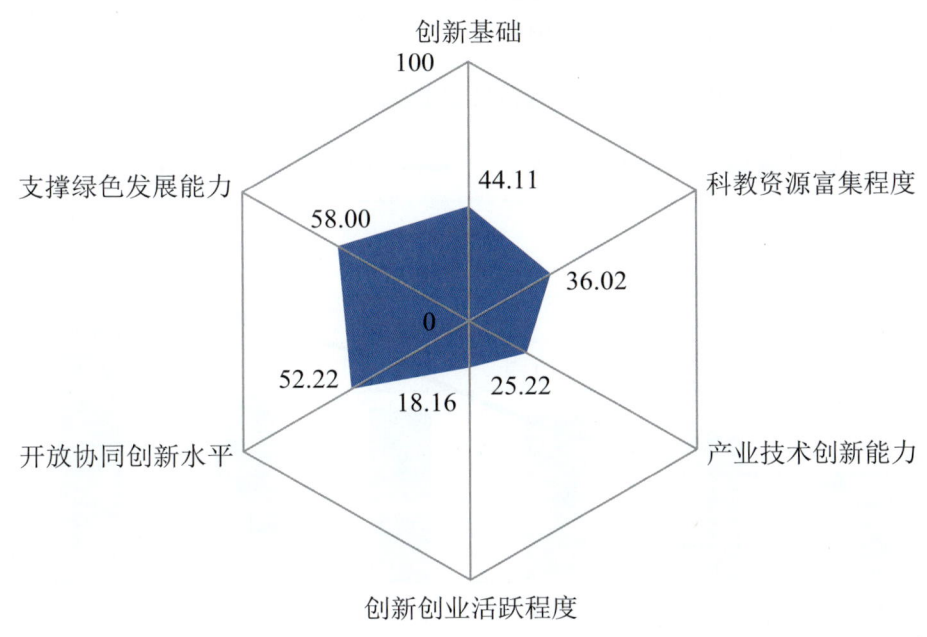

图2-148　秦皇岛创新能力雷达图

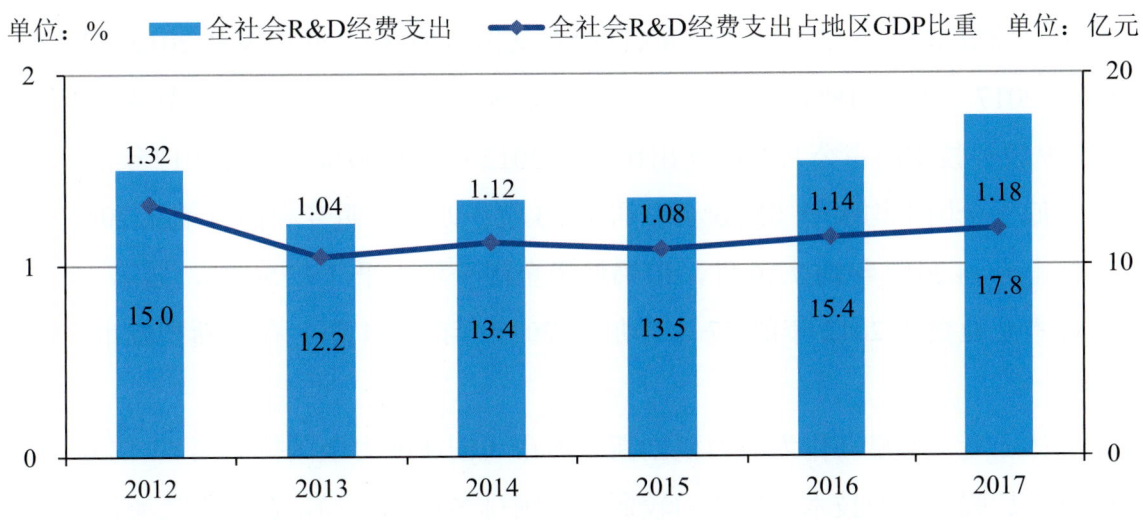

图2-149　秦皇岛全社会R&D经费支出及占地区GDP比重

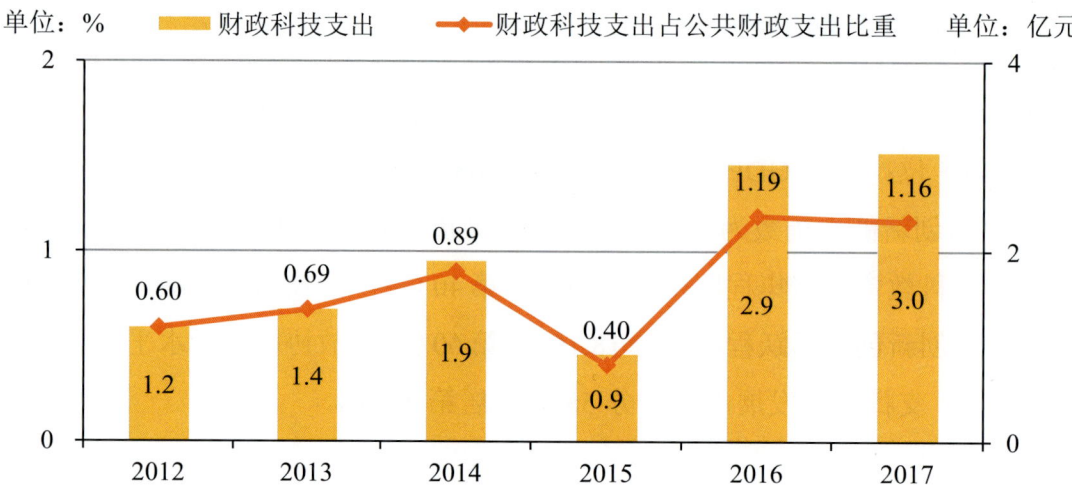

图 2-150　秦皇岛财政科技支出及占公共财政支出比重

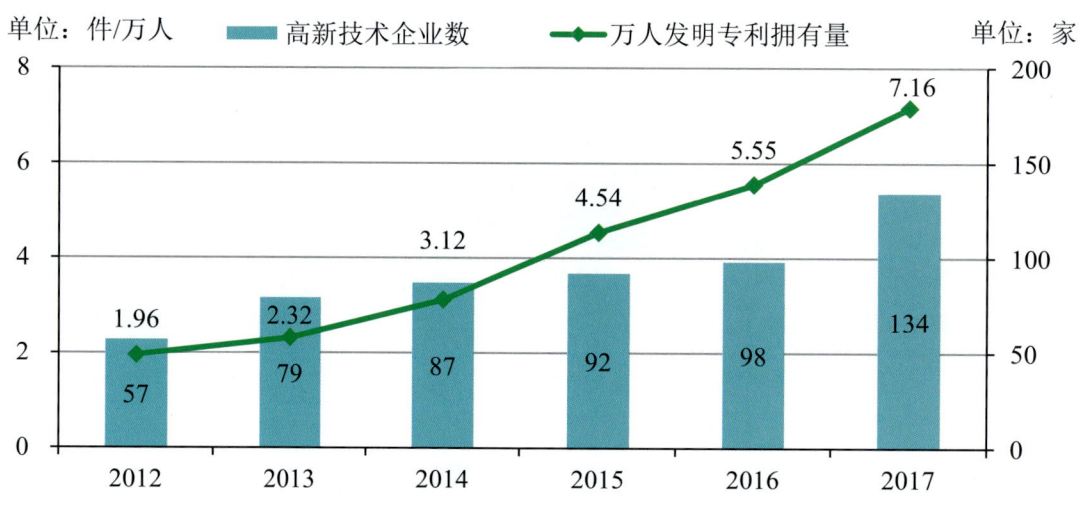

图 2-151　秦皇岛高新技术企业数及万人发明专利拥有量

从基础数据看，秦皇岛全社会 R&D 经费支出占地区 GDP 比重从 2012 年的 1.32% 下降到 2017 年的 1.18%，大幅低于全国平均水平（2.13%），在创新型城市中居第 57 位；财政科技支出占公共财政支出比重从 2012 年的 0.60% 上升到 2017 年的 1.16%，仍大幅低于全国平均水平（2.56%），居第 63 位；万人发明专利拥有量从 2012 年的 1.96 件上升到 2017 年的 7.16 件，但仍低于全国平均水平（9.75 件），居第 47 位；高新技术企业数从 2012 年的 57 家增加到 2017 年的 134 家，在创新型城市中居第 59 位。

总体上看，秦皇岛作为潜力型创新型城市（创新能力全国排名第 61 位），创新基础有待加强，产业技术创新能力较弱（全国排名第 62 位），在科教资源、创新投入、高新技术产业发展等诸多方面存在明显的短板。

图 2-152 秦皇岛创新能力部分指标数据及排名

三、创新创业活跃型

13个创新创业活跃型城市创新能力指数排序见图2-153。从图中可以看出，杭州的创新能力指数接近80，位列第1名，属于创新创业活跃型城市的第一梯队。成都、长沙、青岛、厦门的创新能力指数在66~71之间，分列第2至5位，属于创新创业活跃型城市的第二梯队。大连、济南、沈阳等8个城市的创新能力指数在66以下，属于创新创业活跃型城市的第三梯队。

图2-153 创新创业活跃型城市创新能力指数排序

这类城市拥有一定的科教资源，新经济、新业态、新模式不断涌现，创新创业十分活跃。如杭州国家级科技企业孵化器、大学科技园和国家备案众创空间（简称孵化载体）和当年新增在孵企业数分别达到91个和937家，均位居全国前列。13个创新创业活跃型城市孵化载体和当年新增在孵企业数量见表2-3。

表2-3 创新创业活跃型城市孵化载体和当年新增在孵企业数量

城市	孵化载体数量（个）	当年新增在孵企业数量（家）	城市	孵化载体数量（个）	当年新增在孵企业数量（家）
杭州	91	937	沈阳	37	279
成都	64	819	烟台	19	290
长沙	37	340	南昌	33	283
青岛	98	331	郑州	31	387
厦门	39	277	福州	12	119
大连	42	290	石家庄	36	193
济南	46	340			

（一）杭州

2017年杭州常住人口947万人；地区生产总值（GDP）12603亿元，居创新型城市第6位；人均GDP 13.31万元，居第9位。

杭州创新能力指数为77.89，居创新型城市第2位。其中创新基础得分84.75，居第2位；科教资源富集程度得分73.10，居第6位；产业技术创新能力得分75.91，居第4位；创新创业活跃程度得分77.96，居第5位；开放协同创新水平得分77.06，居第6位；支撑绿色发展能力得分70.75，居第16位。

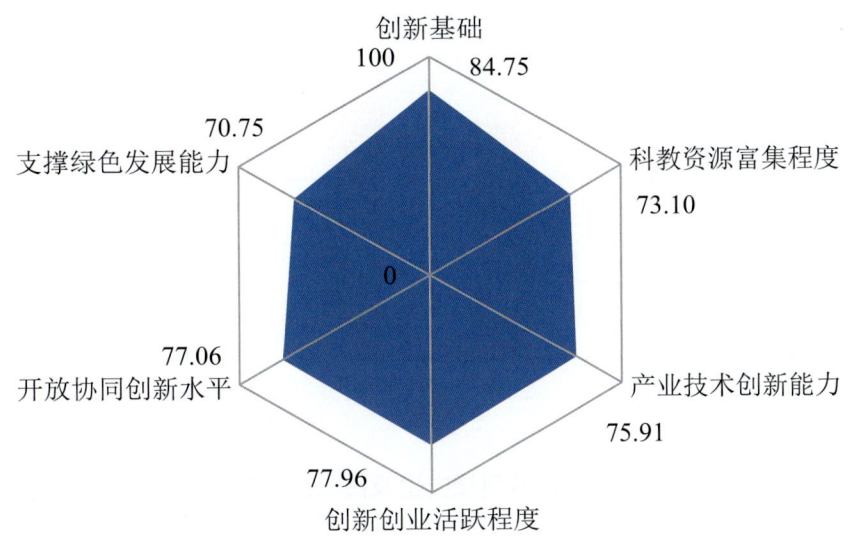

图2-154 杭州创新能力雷达图

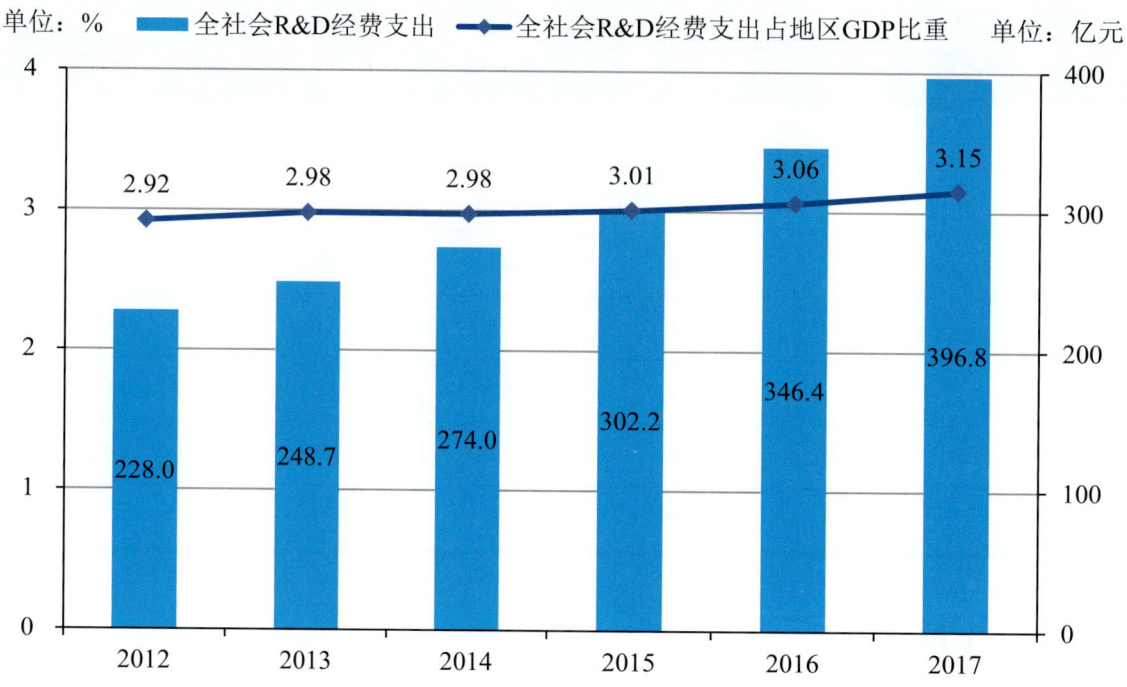

图 2-155 杭州全社会 R&D 经费支出及占地区 GDP 比重

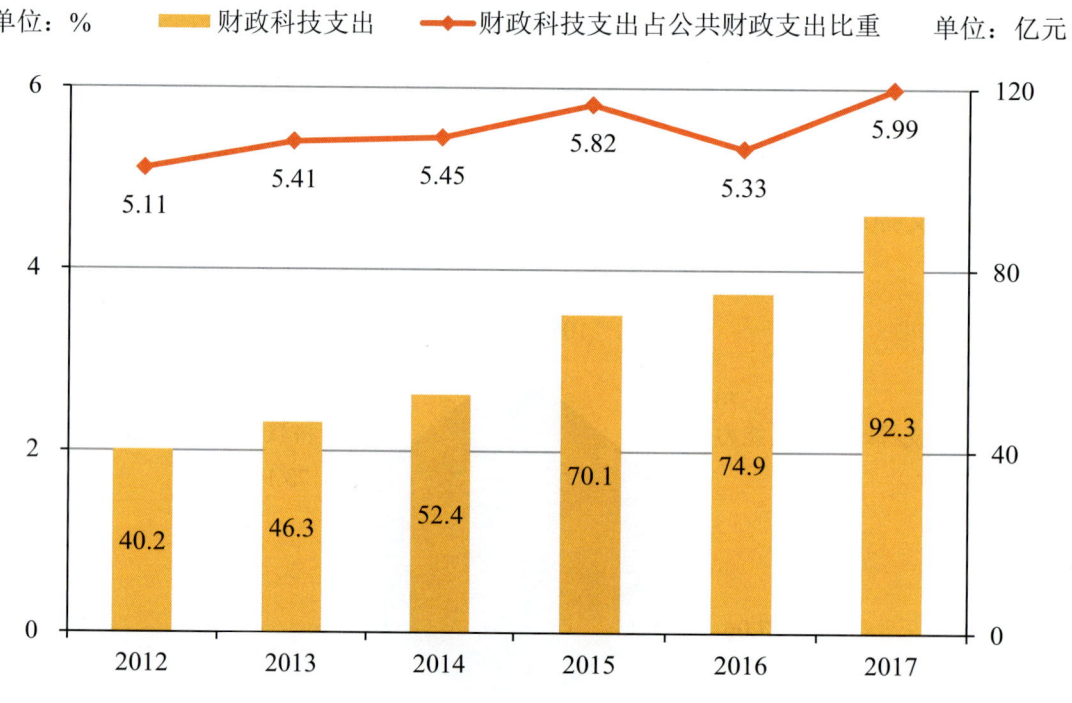

图 2-156 杭州财政科技支出及占公共财政支出比重

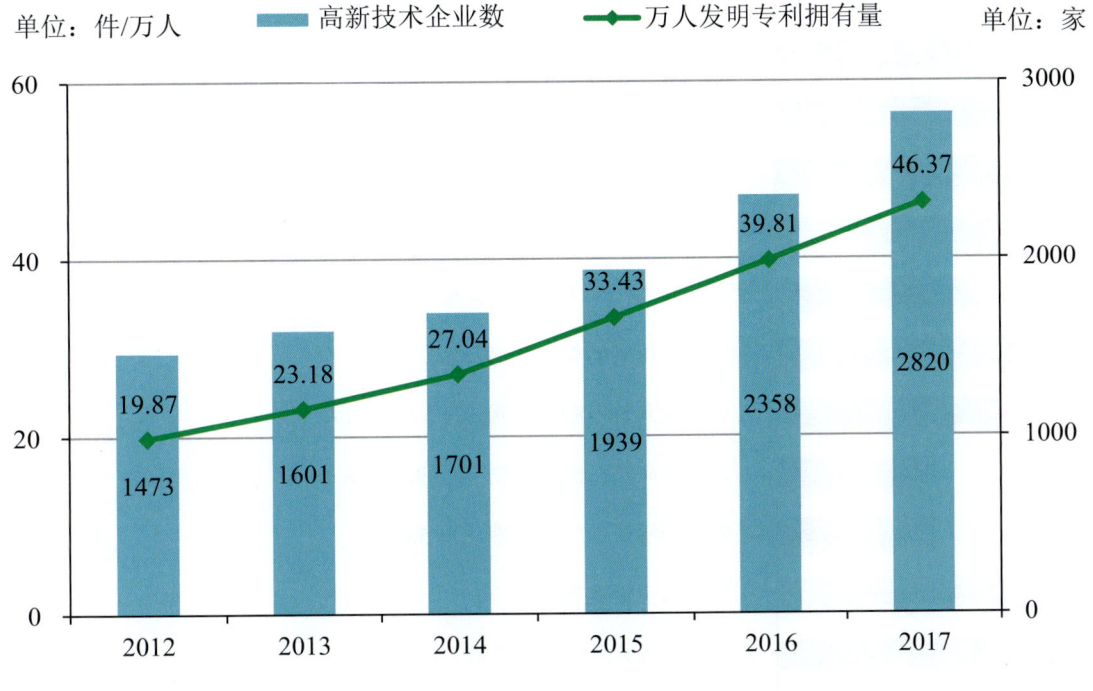

图 2-157　杭州高新技术企业数及万人发明专利拥有量

从基础数据看,杭州全社会 R&D 经费支出占地区 GDP 比重从 2012 年的 2.92% 上升到 2017 年的 3.15%,大幅高于全国平均水平（2.13%）,在创新型城市中居第 6 位;财政科技支出占公共财政支出比重从 2012 年的 5.11% 上升到 2017 年的 5.99%,大幅高于全国平均水平（2.56%）,居第 7 位;万人发明专利拥有量从 2012 年的 19.87 件上升到 2017 年的 46.37 件,大幅高于全国平均水平（9.75 件）,居第 3 位;高新技术企业数从 2012 年的 1473 家增加到 2017 年的 2820 家,在创新型城市中居第 5 位。

总体上看,杭州作为引领型创新型城市（创新能力全国排名第 2 位）,创新基础雄厚,创新创业非常活跃（全国排名第 5 位）,但在科技成果转移转化等方面存在短板。

图 2-158　杭州创新能力部分指标数据及排名

（二）成都

2017 年成都常住人口 1604 万人；地区生产总值（GDP）13889 亿元，居创新型城市第 4 位；人均 GDP 8.66 万元，居第 34 位。

成都创新能力指数为 68.69，居创新型城市第 13 位。其中创新基础得分 69.48，居第 22 位；科教资源富集程度得分 65.29，居第 17 位；产业技术创新能力得分 62.17，居第 17 位；创新创业活跃程度得分 76.68，居第 6 位；开放协同创新水平得分 79.64，居第 4 位；支撑绿色发展能力得分 57.96，居第 53 位。

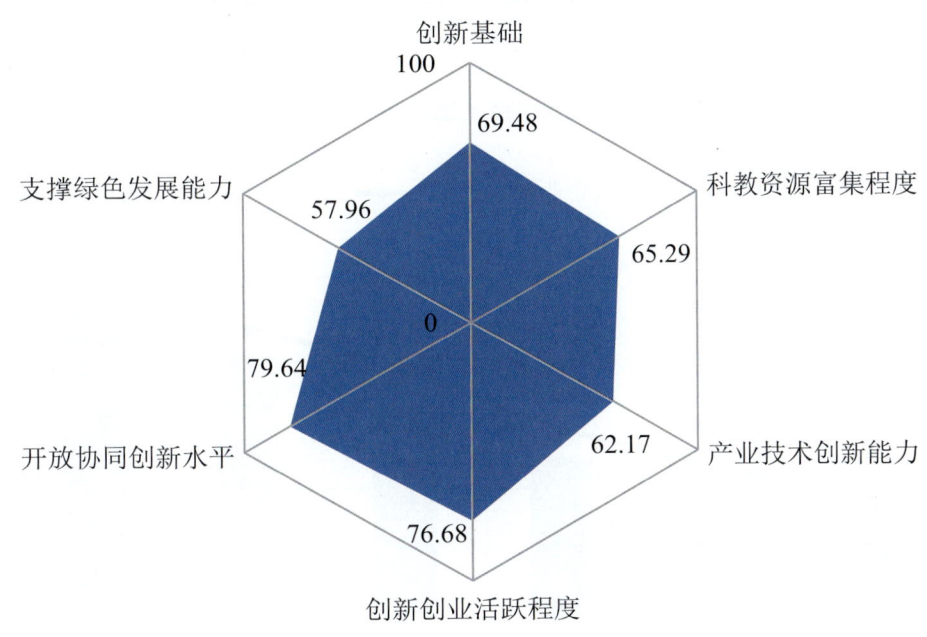

图 2-159　成都创新能力雷达图

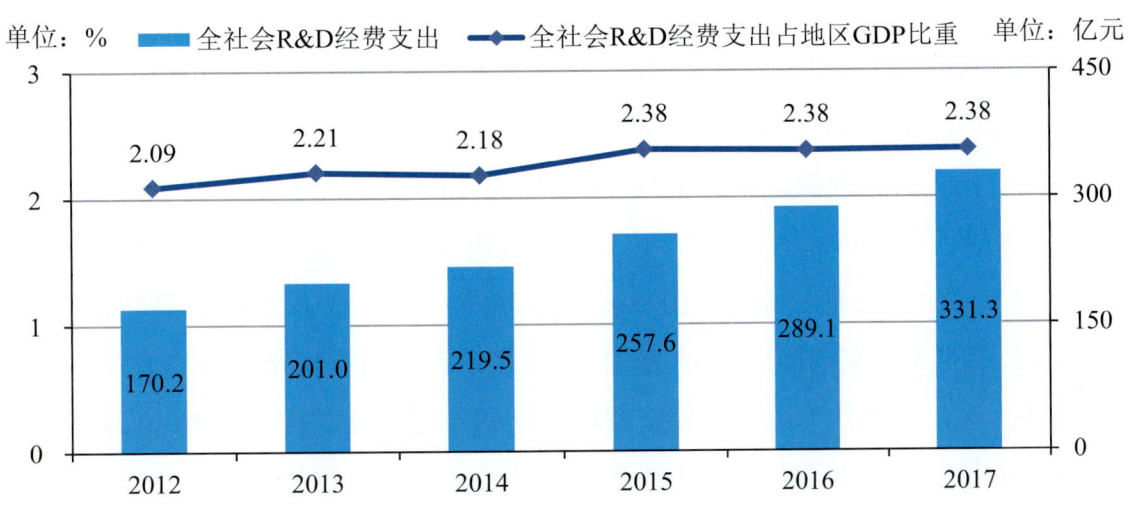

图 2-160　成都全社会 R&D 经费支出及占地区 GDP 比重

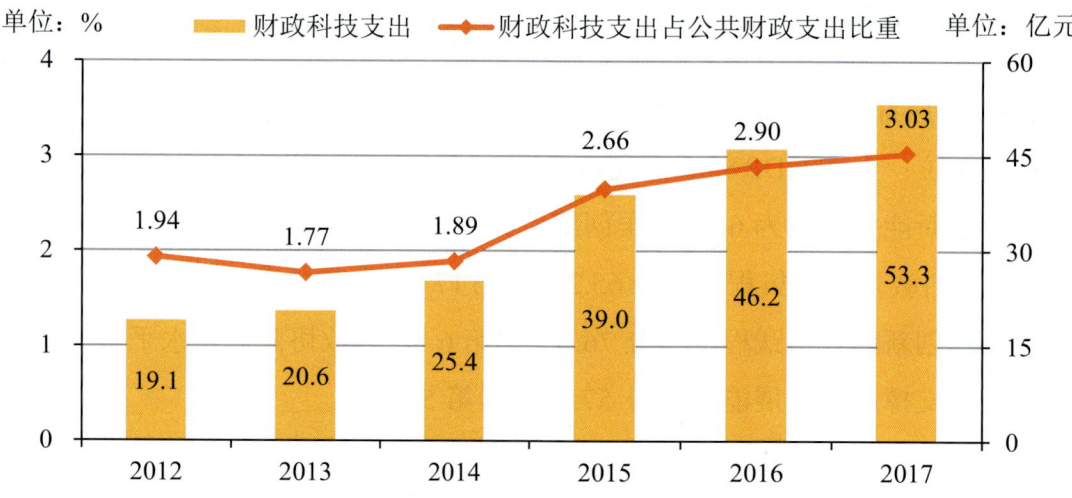

图 2-161　成都财政科技支出及占公共财政支出比重

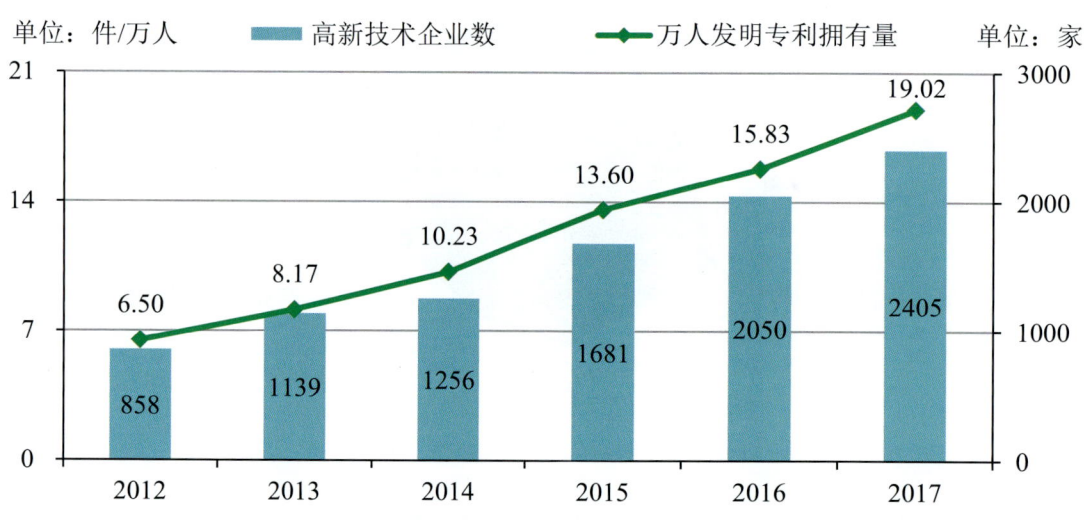

图 2-162　成都高新技术企业数及万人发明专利拥有量

从基础数据看,成都全社会 R&D 经费支出占地区 GDP 比重从 2012 年的 2.09% 上升到 2017 年的 2.38%,高于全国平均水平(2.13%),在创新型城市中居第 26 位;财政科技支出占公共财政支出比重从 2012 年的 1.94% 上升到 2017 年的 3.03%,高于全国平均水平(2.56%),居第 27 位;万人发明专利拥有量从 2012 年的 6.50 件上升到 2017 年的 19.02 件,高于全国平均水平(9.75 件),居第 22 位;高新技术企业数从 2012 年的 858 家增加到 2017 年的 2405 家,在创新型城市中居第 8 位。

总体上看,成都作为引领型创新型城市(创新能力全国排名第 13 位),创新基础较强,创新创业非常活跃(全国排名第 6 位),但在企业创新投入、创新支撑绿色发展等方面存在明显的短板。

图 2-163 成都创新能力部分指标数据及排名

（三）长沙

2017年长沙常住人口792万人；地区生产总值（GDP）10210亿元，居创新型城市第10位；人均GDP 12.89万元，居第10位。

长沙创新能力指数为71.17，居创新型城市第8位。其中创新基础得分68.59，居第24位；科教资源富集程度得分74.49，居第5位；产业技术创新能力得分75.52，居第5位；创新创业活跃程度得分64.58，居第18位；开放协同创新水平得分72.10，居第13位；支撑绿色发展能力得分74.74，居第10位。

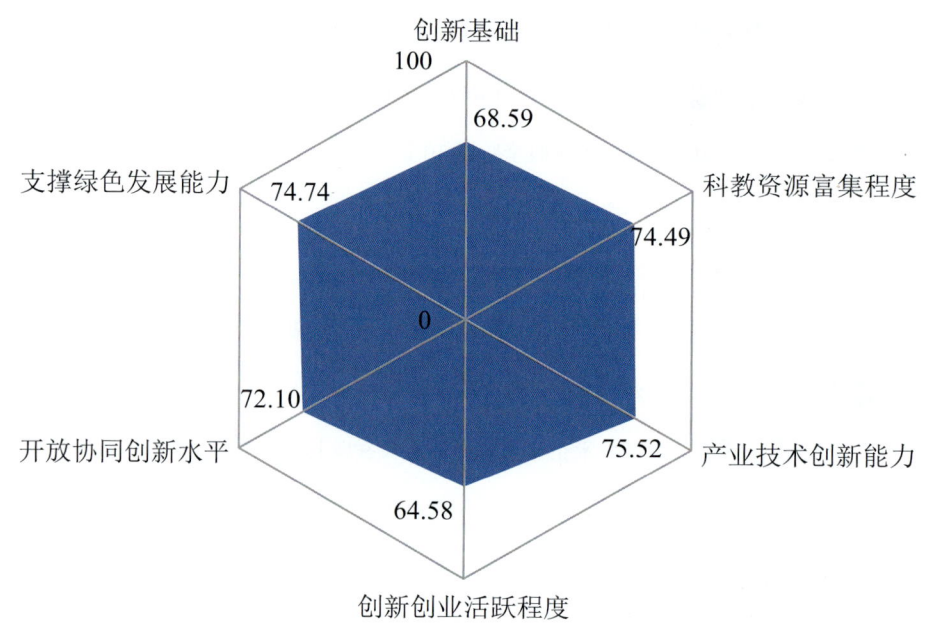

图 2-164　长沙创新能力雷达图

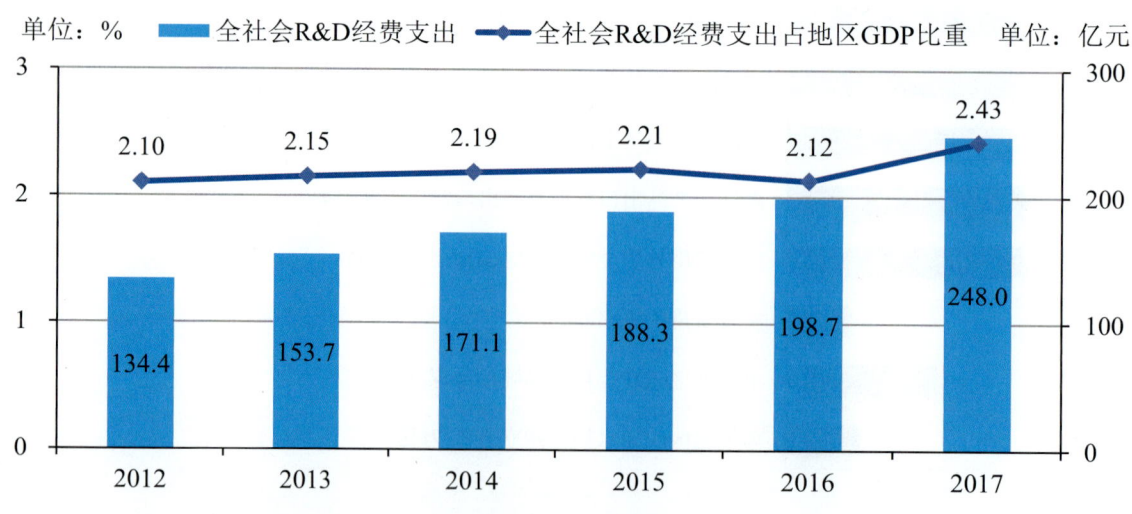

图 2-165　长沙全社会 R&D 经费支出及占地区 GDP 比重

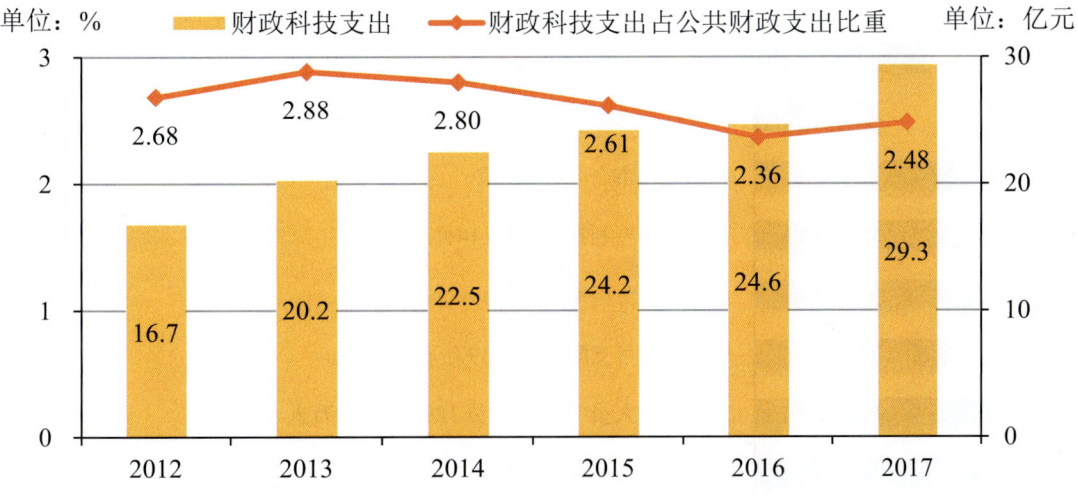

图 2-166　长沙财政科技支出及占公共财政支出比重

图 2-167　长沙高新技术企业数及万人发明专利拥有量

从基础数据看,长沙全社会 R&D 经费支出占地区 GDP 比重从 2012 年的 2.10% 上升到 2017 年的 2.43%,高于全国平均水平(2.13%),在创新型城市中居第 22 位;财政科技支出占公共财政支出比重从 2012 年的 2.68% 下降到 2017 年的 2.48%,低于全国平均水平(2.56%),居第 38 位;万人发明专利拥有量从 2012 年的 10.92 件上升到 2017 年的 26.14 件,大幅高于全国平均水平(9.75 件),居第 11 位;高新技术企业数从 2012 年的 459 家增加到 2017 年的 1579 家,在创新型城市中居第 14 位。

总体上看,长沙作为引领型创新型城市(创新能力全国排名第 8 位),创新基础较强,创新创业较为活跃(全国排名第 18 位),在创新投入、创新支撑绿色发展等方面存在短板。

图 2-168 长沙创新能力部分指标数据及排名

（四）青岛

2017年青岛常住人口929人；地区生产总值（GDP）11024亿元，居创新型城市第8位；人均GDP 11.87万元，居第15位。

青岛创新能力指数为69.25，居创新型城市第12位。其中创新基础得分71.28，居第20位；科教资源富集程度得分61.41，居第24位；产业技术创新能力得分67.22，居第10位；创新创业活跃程度得分71.02，居第9位；开放协同创新水平得分75.49，居第9位；支撑绿色发展能力得分66.76，居第32位。

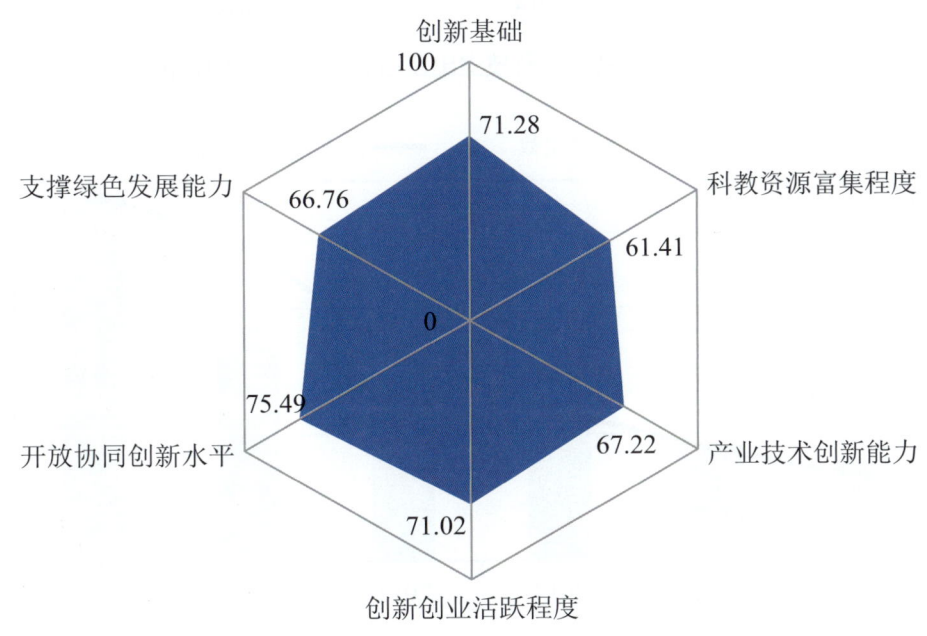

图2-169 青岛创新能力雷达图

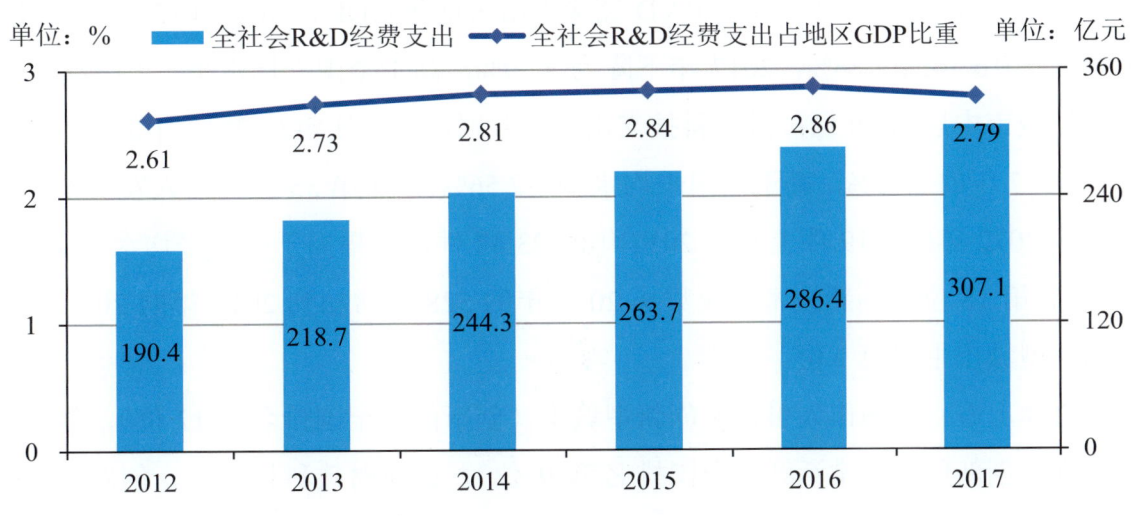

图2-170 青岛全社会R&D经费支出及占地区GDP比重

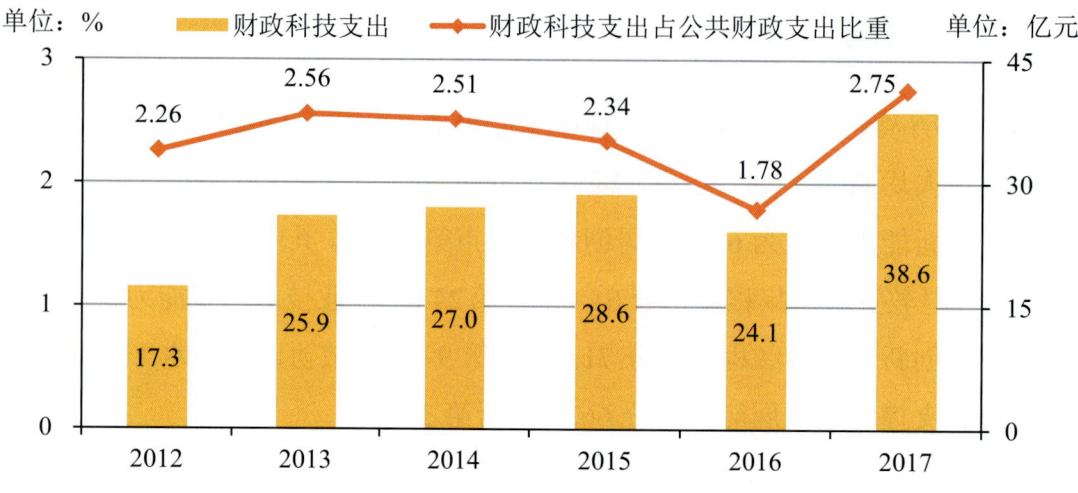

图 2-171　青岛财政科技支出及占公共财政支出比重

图 2-172　青岛高新技术企业数及万人发明专利拥有量

从基础数据看，青岛全社会 R&D 经费支出占地区 GDP 比重从 2012 年的 2.61% 上升到 2016 年的 2.86%，2017 年下降为 2.79%，高于全国平均水平（2.13%），在创新型城市中居第 10 位；财政科技支出占公共财政支出比重从 2012 年的 2.26% 上升到 2017 年的 2.75%，高于全国平均水平（2.56%），居第 35 位；万人发明专利拥有量从 2012 年的 5.19 件上升到 2017 年的 23.47 件，大幅高于全国平均水平（9.75件），居第 18 位；高新技术企业数从 2012 年的 528 家增加到 2017 年的 2027 家，在创新型城市中居第 9 位。

总体上看，青岛作为引领型创新型城市（创新能力全国排名第 12 位），创新基础较强，创新创业非常活跃（全国排名第 9 位），但在财政科技投入、创新人才等方面存在短板。

图 2-173　青岛创新能力部分指标数据及排名

（五）厦门

2017年厦门常住人口401万人；地区生产总值（GDP）4352亿元，居创新型城市第39位；人均GDP 10.85万元，居第17位。

厦门创新能力指数为70.01，居创新型城市第9位。其中创新基础得分73.43，居第15位；科教资源富集程度得分66.48，居第16位；产业技术创新能力得分69.29，居第8位；创新创业活跃程度得分64.84，居第17位；开放协同创新水平得分71.70，居第15位；支撑绿色发展能力得分70.38，居第17位。

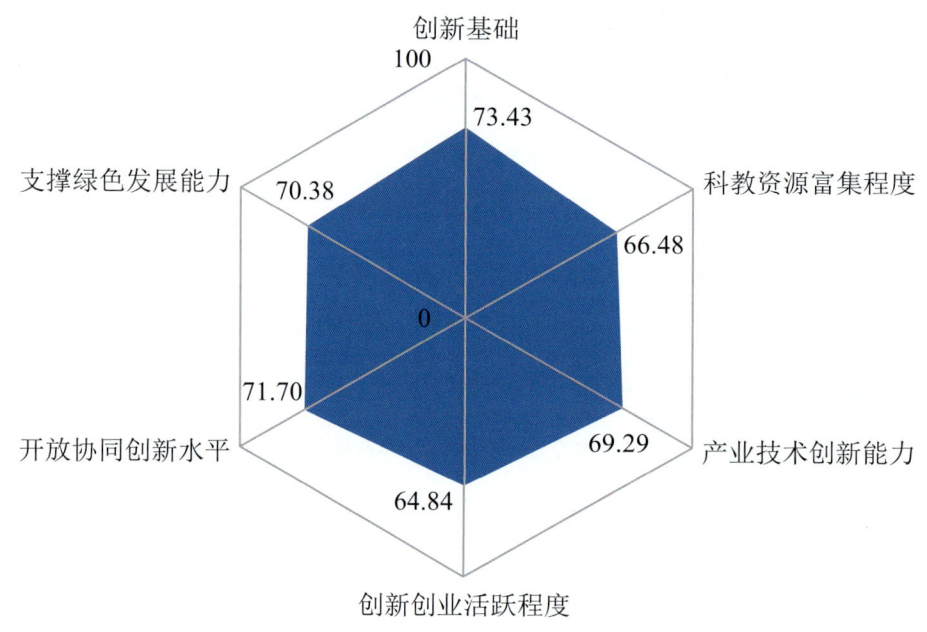

图 2-174　厦门创新能力雷达图

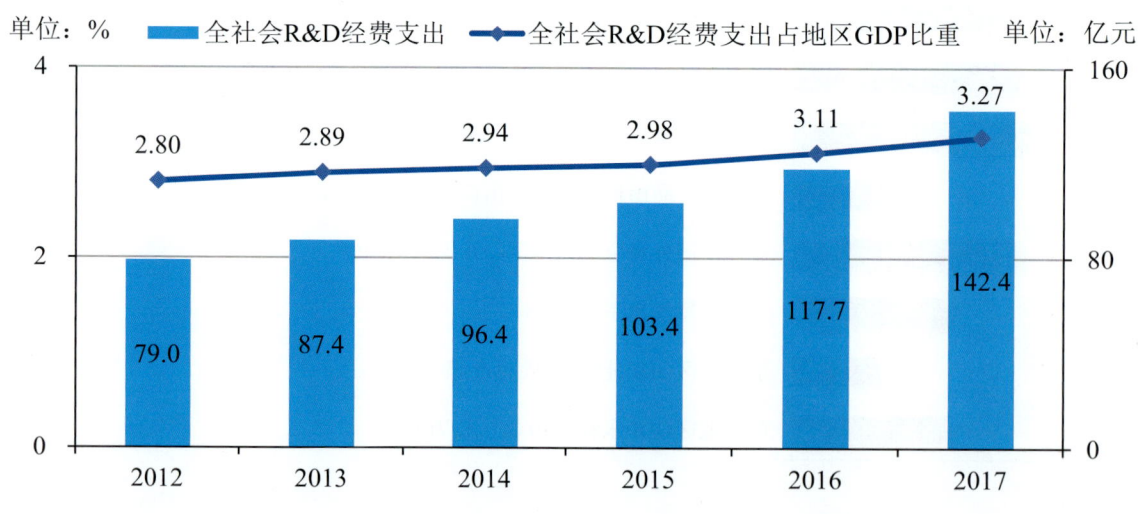

图 2-175　厦门全社会 R&D 经费支出及占地区 GDP 比重

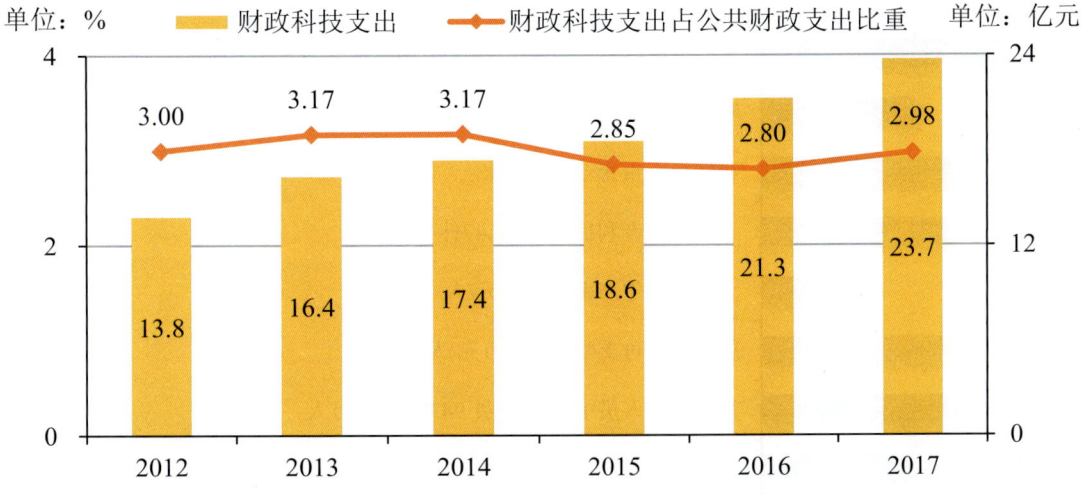

图 2-176　厦门财政科技支出及占公共财政支出比重

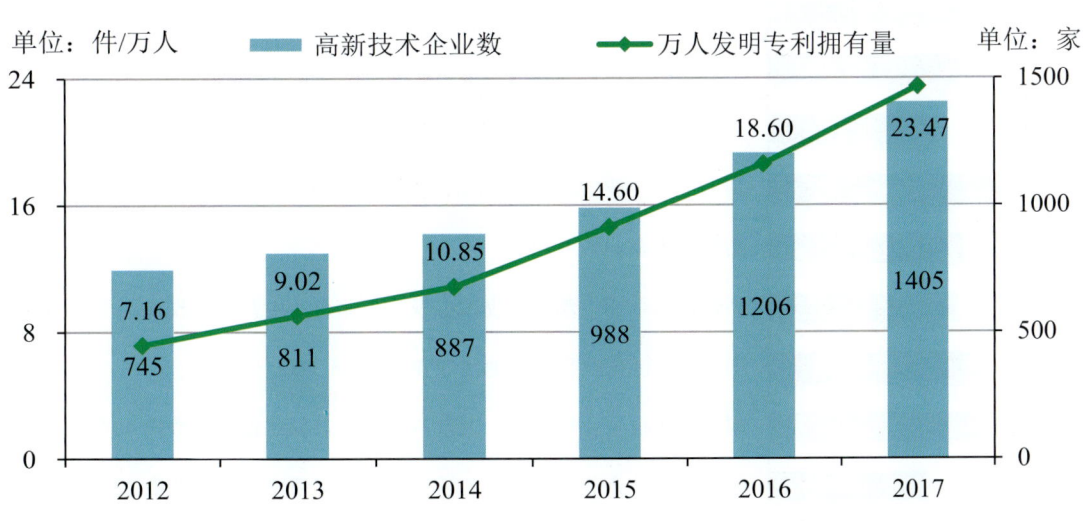

图 2-177　厦门高新技术企业数及万人发明专利拥有量

从基础数据看，厦门全社会 R&D 经费支出占地区 GDP 比重从 2012 年的 2.80% 上升到 2017 年的 3.27%，大幅高于全国平均水平（2.13%），在创新型城市中居第 3 位；财政科技支出占公共财政支出比重自 2012 年以来一直稳定在 3% 左右，高于全国平均水平（2.56%），居第 28 位；万人发明专利拥有量从 2012 年的 7.16 件上升到 2017 年的 23.47 件，大幅高于全国平均水平（9.75 件），居第 17 位；高新技术企业数从 2012 年的 745 家增加到 2017 年的 1405 家，在创新型城市中居第 16 位。

总体上看，厦门作为引领型创新型城市（创新能力全国排名第 9 位），创新基础雄厚，创新创业较为活跃（全国排名第 17 位），在财政科技投入、创新支撑绿色发展等方面存在短板。

图 2-178　厦门创新能力部分指标数据及排名

（六）大连

2017 年大连常住人口 699 万人；地区生产总值（GDP）6990 亿元，居创新型城市第 22 位；人均 GDP 10.00 万元，居第 23 位。

大连创新能力指数为 66.09，居创新型城市第 14 位。其中创新基础得分 60.56，居第 34 位；科教资源富集程度得分 66.54，居第 15 位；产业技术创新能力得分 63.74，居第 16 位；创新创业活跃程度得分 65.34，居第 13 位；开放协同创新水平得分 75.53，居第 8 位；支撑绿色发展能力得分 71.17，居第 15 位。

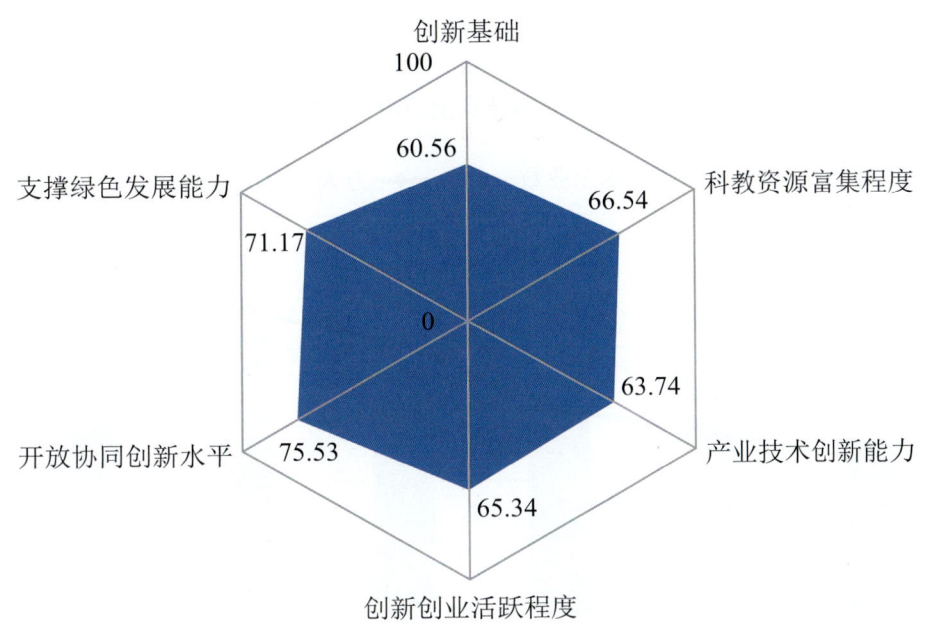

图 2-179　大连创新能力雷达图

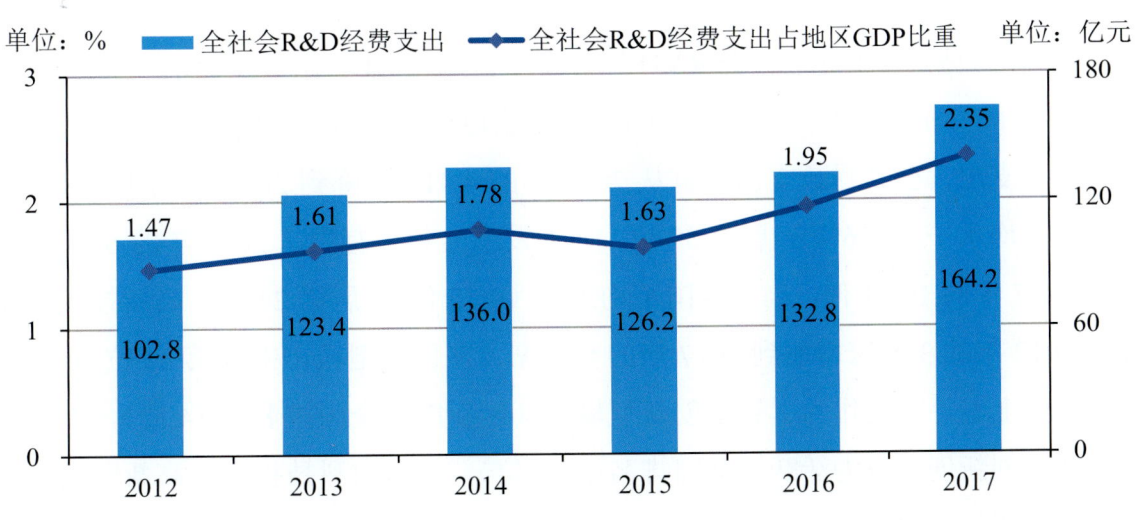

图 2-180　大连全社会 R&D 经费支出及占地区 GDP 比重

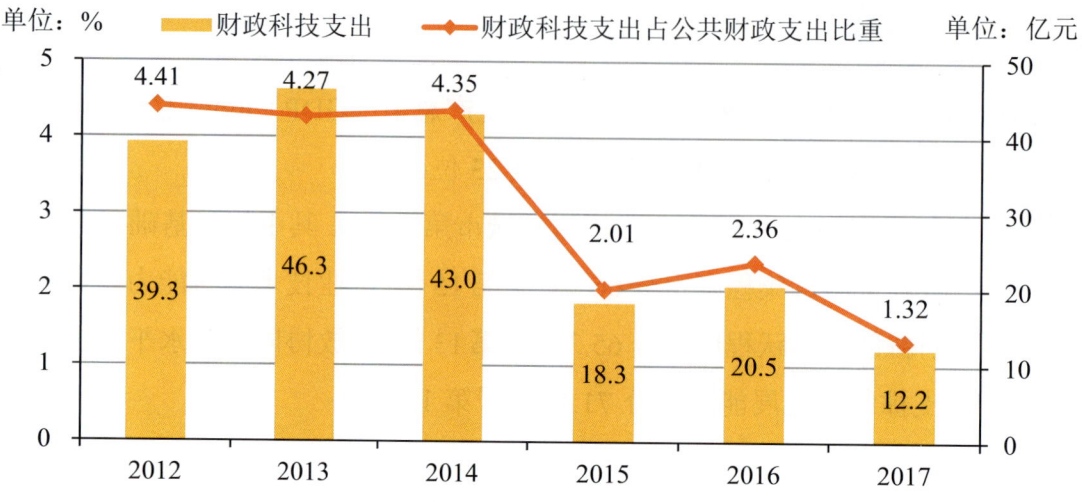

图 2-181　大连财政科技支出及占公共财政支出比重

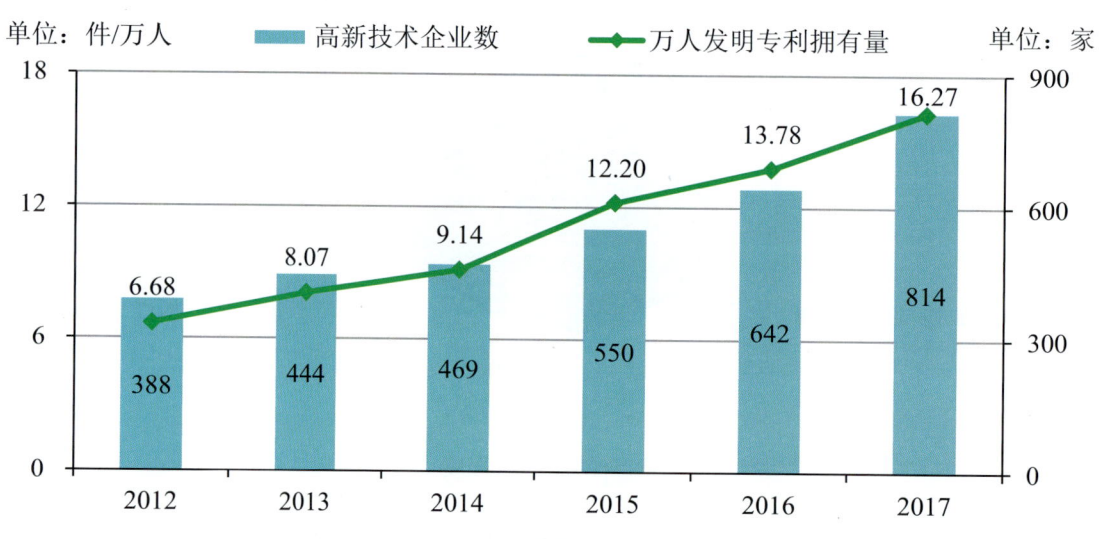

图 2-182　大连高新技术企业数及万人发明专利拥有量

从基础数据看，大连全社会 R&D 经费支出占地区 GDP 比重从 2012 年的 1.47% 上升到 2017 年的 2.35%，高于全国平均水平（2.13%），在创新型城市中居第 29 位；财政科技支出占公共财政支出比重从 2012 年的 4.41% 下降到 2017 年的 1.32%，低于全国平均水平（2.56%），居第 57 位；万人发明专利拥有量从 2012 年的 6.68 件上升到 2017 年的 16.27 件，高于全国平均水平（9.75 件），居第 24 位；高新技术企业数从 2012 年的 388 家增加到 2017 年的 814 家，在创新型城市中居第 22 位。

总体上看，大连作为引领型创新型城市（创新能力全国排名第 14 位），创新基础较强，创新创业较为活跃（全国排名第 13 位），在财政科技投入、高新区发展等方面存在明显的短板。

排名	指标
29	全社会R&D经费支出占地区GDP比重 2.35%
57	财政科技支出占公共财政支出比重 1.32%
11	科创板上市企业数量 0家
24	万人发明专利拥有量 16.27件/万人
9	全员劳动生产率 18.86万元/人
30	居民人均可支配收入 4.06万元/人
22	万名就业人员中R&D人员 82.28人年/万人
28	万人普通高校在校学生数 407.64人/万人
18	基础研究经费占R&D经费比重 8.77%
14	国家重点实验室数量 5个
14	中央级高校和科研院所数量 4个
16	国家工程技术研究中心数量 4个
14	规上工业企业R&D经费支出占主营业务收入比重 1.55%
22	高新技术企业数 814家
27	高新技术企业主营业务收入占规上工业企业主营业务收入比重 33.76%
40	国家高新区营业收入占地区GDP比重 32.22%
11	国家级科技企业孵化器、大学科技园、双创示范基地数量 44个
20	国家级科技企业孵化器、大学科技园当年新增在孵企业数 290家
18	技术合同成交额占地区GDP比重 1.48%
18	科技型中小企业数量 1305家
6	国家国际科技合作基地数量 20个
5	外国人才来华工作数 4921人次
31	高技术产品出口额占商品出口额比重 14.71%
15	实际使用外资金额占地区GDP比重 3.14%
18	空气质量优良率 82.19%
12	单位地区GDP能耗 0.23吨标准煤/万元
47	单位地区GDP水耗 7.09立方米/万元

图 2-183　大连创新能力部分指标数据及排名

（七）济南

2017年济南常住人口732万人；地区生产总值（GDP）7152亿元，居创新型城市第19位；人均GDP 9.77万元，居第24位。

济南创新能力指数为63.78，居创新型城市第17位。其中创新基础得分65.83，居第28位；科教资源富集程度得分67.69，居第14位；产业技术创新能力得分65.98，居第13位；创新创业活跃程度得分65.02，居第15位；开放协同创新水平得分67.80，居第23位；支撑绿色发展能力得分47.99，居第65位。

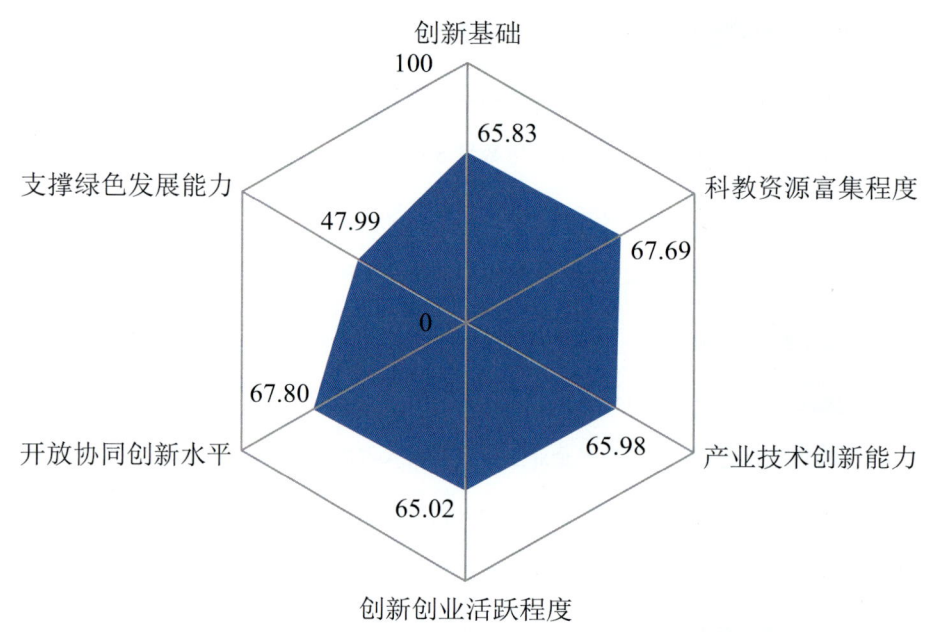

图 2-184　济南创新能力雷达图

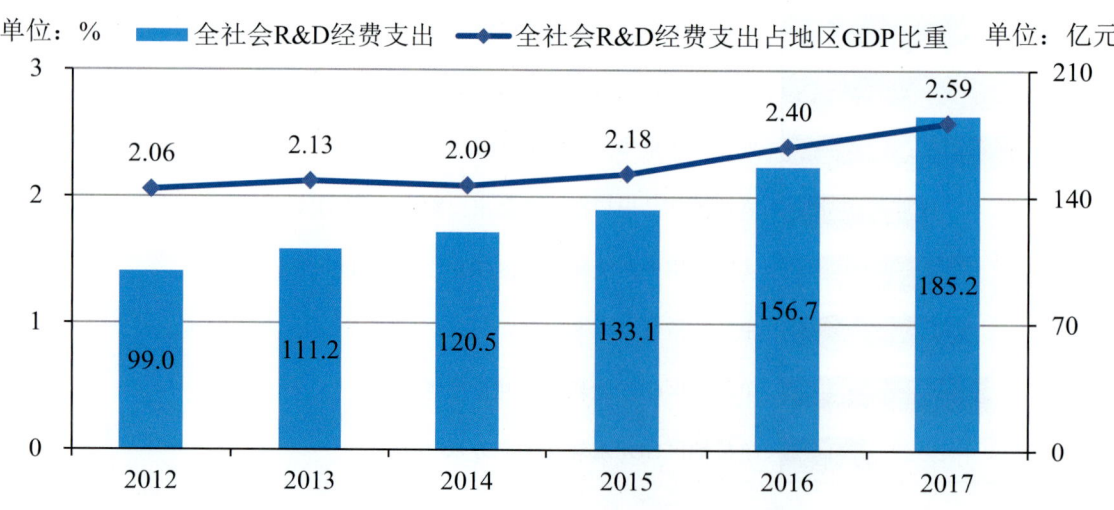

图 2-185　济南全社会 R&D 经费支出及占地区 GDP 比重

图 2-186　济南财政科技支出及占公共财政支出比重

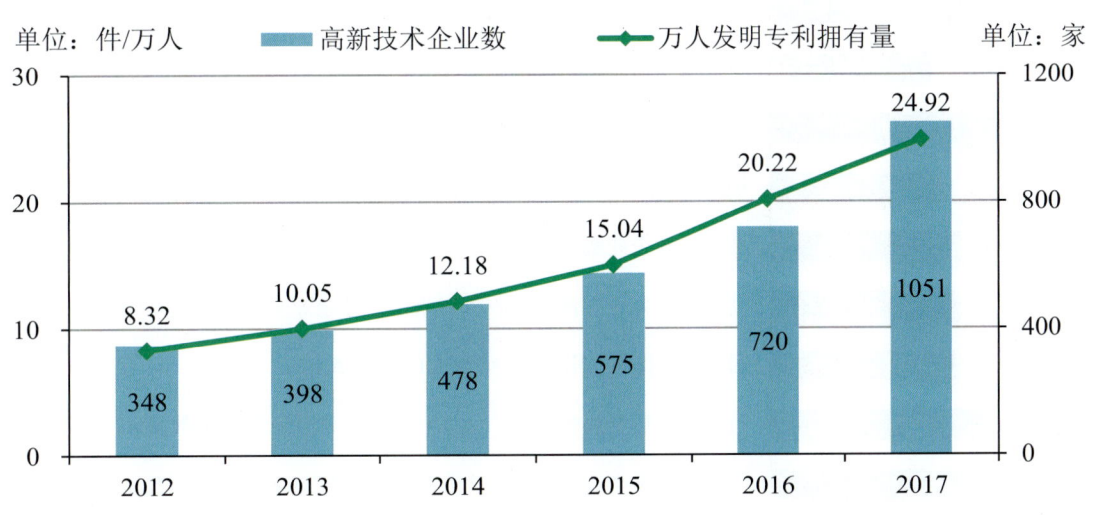

图 2-187　济南高新技术企业数及万人发明专利拥有量

从基础数据看，济南全社会 R&D 经费支出占地区 GDP 比重从 2012 年的 2.06% 上升到 2017 年的 2.59%，高于全国平均水平（2.13%），在创新型城市中居第 16 位；财政科技支出占公共财政支出比重从 2012 年的 2.17% 下降到 2017 年的 1.55%，低于全国平均水平（2.56%），居第 54 位；万人发明专利拥有量从 2012 年的 8.32 件上升到 2017 年的 24.92 件，大幅高于全国平均水平（9.75 件），居第 14 位；高新技术企业数从 2012 年的 348 家增加到 2017 年的 1051 家，在创新型城市中居第 18 位。

总体上看，济南作为成长型创新型城市（创新能力全国排名第 17 位），创新基础较强，创新创业较为活跃（全国排名第 15 位），在财政科技投入、创新支撑绿色发展等方面存在明显的短板。

图 2-188　济南创新能力部分指标数据及排名

（八）沈阳

2017 年沈阳常住人口 829 万人；地区生产总值（GDP）5785 亿元，居创新型城市第 30 位；人均 GDP 6.97 万元，居第 49 位。

沈阳创新能力指数为 63.70，居创新型城市第 18 位。其中创新基础得分 62.81，居第 31 位；科教资源富集程度得分 67.83，居第 13 位；产业技术创新能力得分 57.77，居第 24 位；创新创业活跃程度得分 66.58，居第 12 位；开放协同创新水平得分 64.07，居第 28 位；支撑绿色发展能力得分 64.13，居第 42 位。

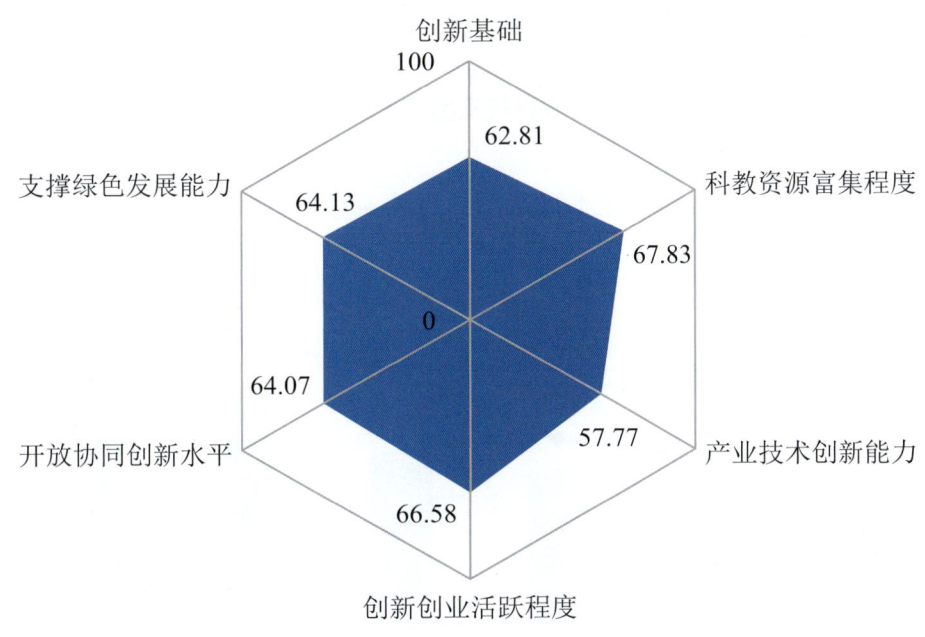

图 2-189　沈阳创新能力雷达图

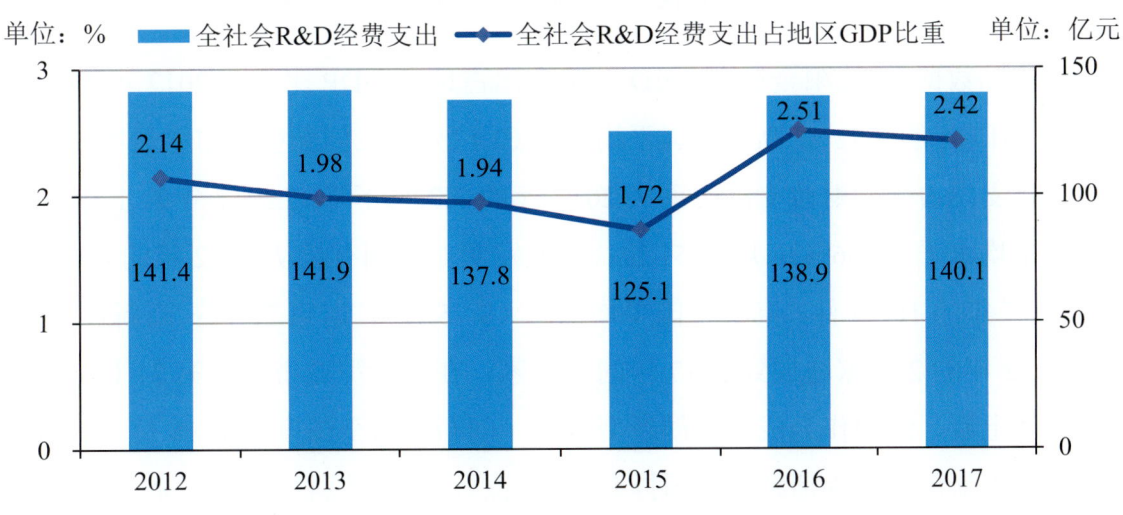

图 2-190　沈阳全社会 R&D 经费支出及占地区 GDP 比重

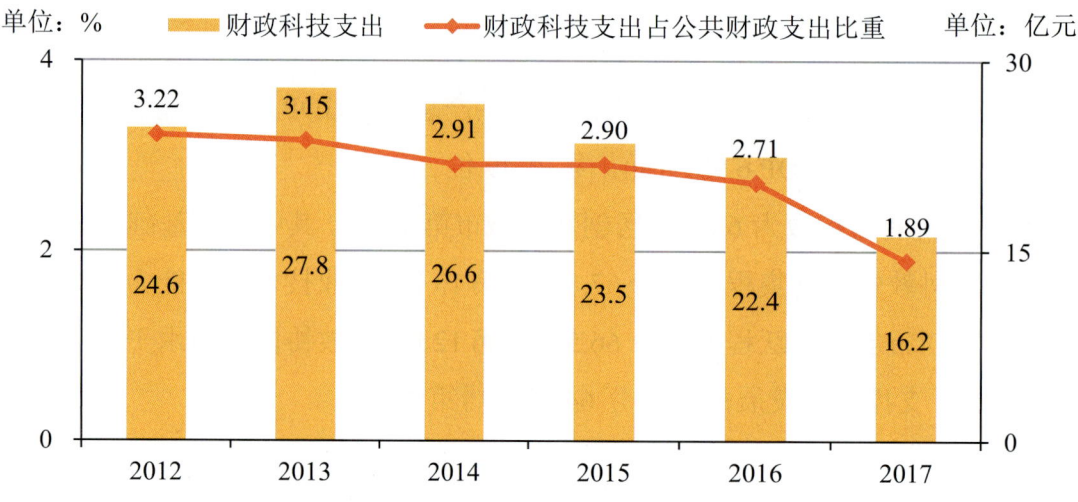

图 2-191 沈阳财政科技支出及占公共财政支出比重

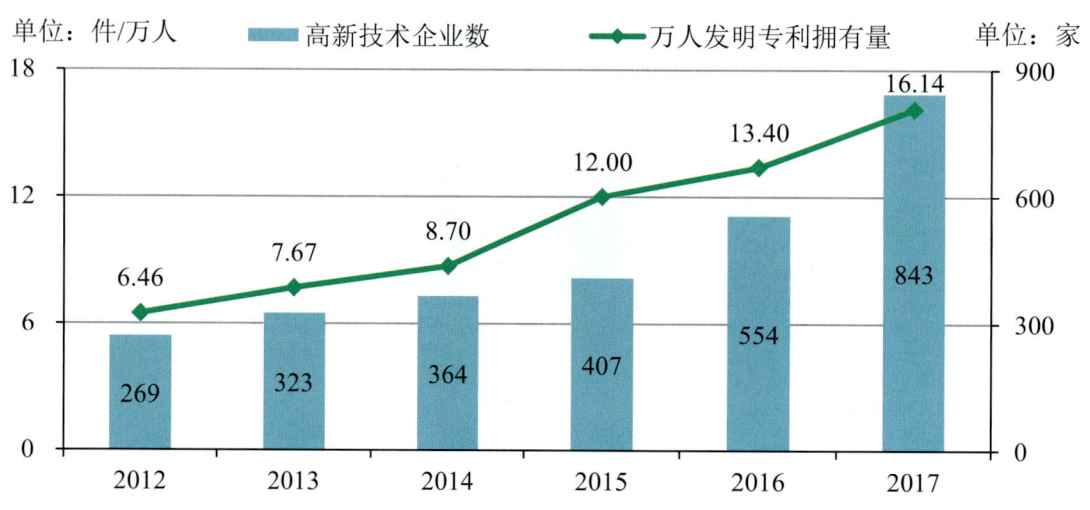

图 2-192 沈阳高新技术企业数及万人发明专利拥有量

从基础数据看,沈阳全社会 R&D 经费支出占地区 GDP 比重从 2012 年的 2.14% 上升到 2017 年的 2.42%,高于全国平均水平(2.13%),在创新型城市中居第 24 位;财政科技支出占公共财政支出比重从 2012 年的 3.22% 下降到 2017 年的 1.89%,低于全国平均水平(2.56%),居第 51 位;万人发明专利拥有量从 2012 年的 6.46 件上升到 2017 年的 16.14 件,高于全国平均水平(9.75 件),居第 25 位;高新技术企业数从 2012 年的 269 家增加到 2017 年的 843 家,在创新型城市中居第 21 位。

总体上看,沈阳作为成长型创新型城市(创新能力全国排名第 18 位),创新基础较强,创新创业较为活跃(全国排名第 12 位),在财政科技投入、企业研发投入等方面存在明显的短板。

排名	指标
24	全社会R&D经费支出占地区GDP比重 2.42%
51	财政科技支出占公共财政支出比重 1.89%
11	科创板上市企业数量 0家
25	万人发明专利拥有量 16.14件/万人
25	全员劳动生产率 13.11万元/人
28	居民人均可支配收入 4.14万元/人
21	万名就业人员中R&D人员 83.5人年/万人
21	万人普通高校在校学生数 479.59人/万人
17	基础研究经费占R&D经费比重 8.79%
7	国家重点实验室数量 10个
17	中央级高校和科研院所数量 3个
8	国家工程技术研究中心数量 6个
44	规上工业企业R&D经费支出占主营业务收入比重 1.05%
21	高新技术企业数 843家
28	高新技术企业主营业务收入占规上工业企业主营业务收入比重 33.25%
48	国家高新区营业收入占地区GDP比重 21.73%
15	国家级科技企业孵化器、大学科技园、双创示范基地数量 38个
25	国家级科技企业孵化器、大学科技园当年新增在孵企业数 279家
4	技术合同成交额占地区GDP比重 3.77%
22	科技型中小企业数量 996家
32	国家国际科技合作基地数量 4个
20	外国人才来华工作数 999人次
20	高技术产品出口额占商品出口额比重 20.54%
49	实际使用外资金额占地区GDP比重 1.18%
44	空气质量优良率 70.14%
4	单位地区GDP能耗 0.14吨标准煤/万元
66	单位地区GDP水耗 11.66立方米/万元

图 2-193　沈阳创新能力部分指标数据及排名

（九）烟台

2017 年烟台常住人口 709 万人；地区生产总值（GDP）7344 亿元，居创新型城市第 18 位；人均 GDP 10.36 万元，居第 20 位。

烟台创新能力指数为 62.49，居创新型城市第 20 位。其中创新基础得分 68.00，居第 25 位；科教资源富集程度得分 54.96，居第 29 位；产业技术创新能力得分 43.46，居第 48 位；创新创业活跃程度得分 61.82，居第 22 位；开放协同创新水平得分 68.15，居第 21 位；支撑绿色发展能力得分 72.24，居第 13 位。

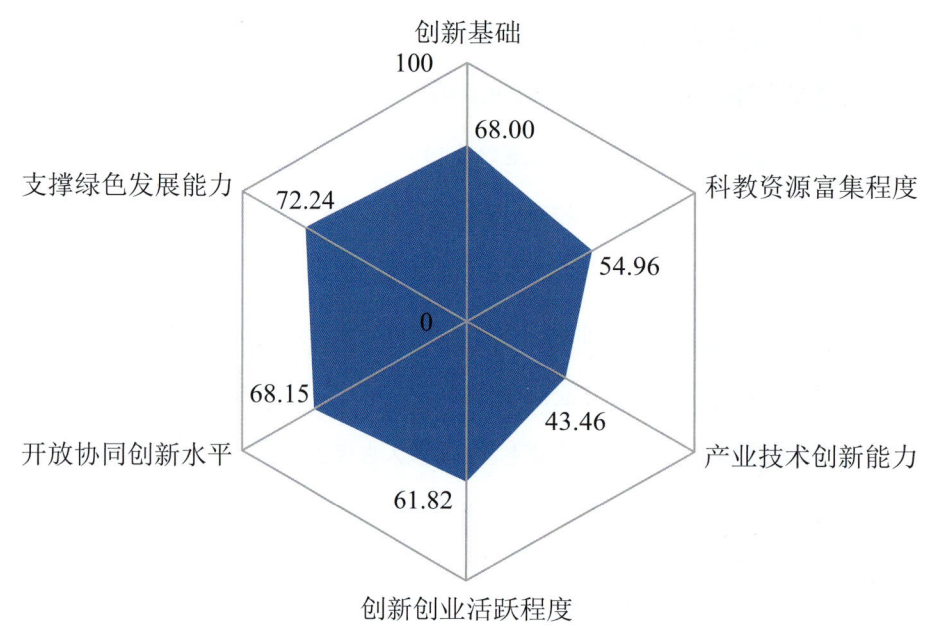

图 2-194　烟台创新能力雷达图

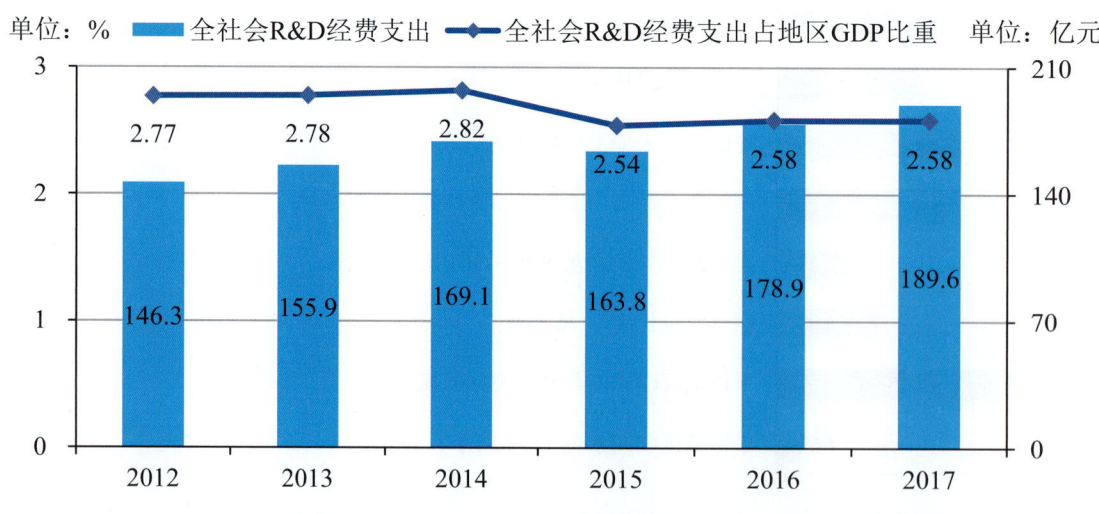

图 2-195　烟台全社会 R&D 经费支出及占地区 GDP 比重

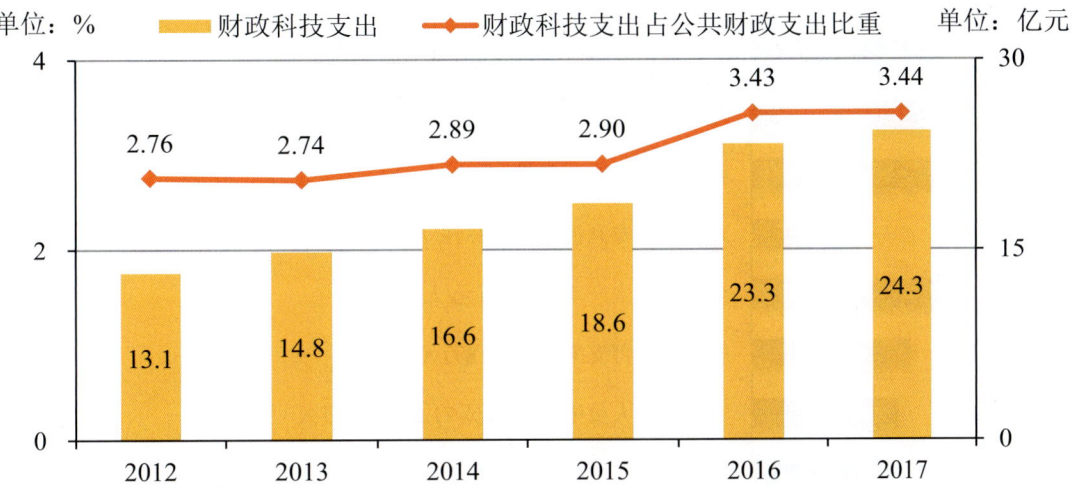

图 2-196　烟台财政科技支出及占公共财政支出比重

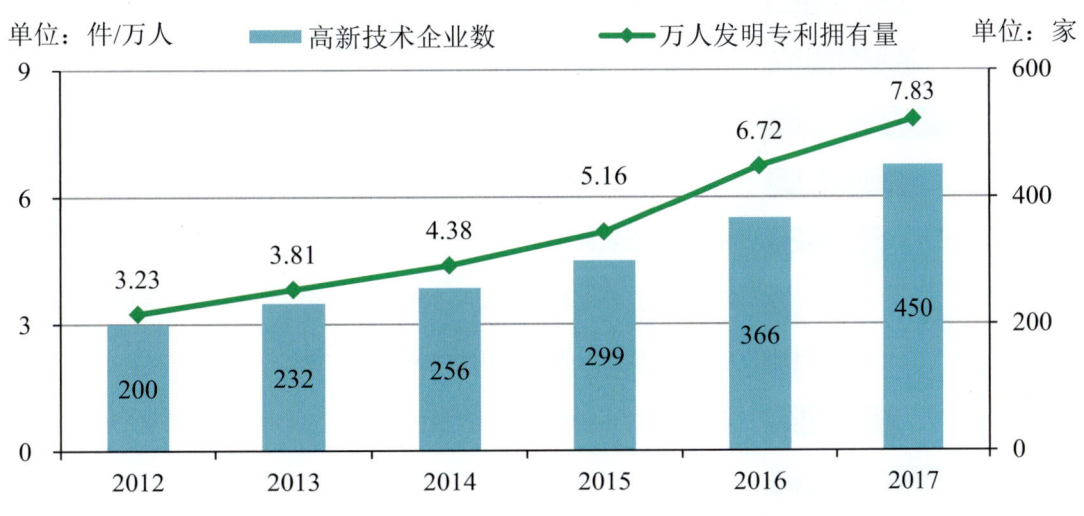

图 2-197　烟台高新技术企业数及万人发明专利拥有量

从基础数据看,烟台全社会 R&D 经费支出占地区 GDP 比重从 2012 年的 2.77% 下降到 2017 年的 2.58%,但仍高于全国平均水平(2.13%),在创新型城市中居第 17 位;财政科技支出占公共财政支出比重从 2012 年的 2.76% 上升到 2017 年的 3.44%,高于全国平均水平(2.56%),居第 22 位;万人发明专利拥有量从 2012 年的 3.23 件上升到 2017 年的 7.83 件,但仍低于全国平均水平(9.75 件),居第 43 位;高新技术企业数从 2012 年的 200 家增加到 2017 年的 450 家,在创新型城市中居第 39 位。

总体上看,烟台作为成长型创新型城市(创新能力全国排名第 20 位),创新基础较强,创新创业较为活跃(全国排名第 22 位),在科技成果产出、高新技术产业发展等方面存在明显的短板。

图 2-198　烟台创新能力部分指标数据及排名

（十）南昌

2017 年南昌常住人口 546 万人；地区生产总值（GDP）5003 亿元，居创新型城市第 34 位；人均 GDP 9.16 万元，居第 29 位。

南昌创新能力指数为 61.95，居创新型城市第 23 位。其中创新基础得分 61.11，居第 33 位；科教资源富集程度得分 50.62，居第 32 位；产业技术创新能力得分 61.60，居第 19 位；创新创业活跃程度得分 62.61，居第 21 位；开放协同创新水平得分 68.79，居第 19 位；支撑绿色发展能力得分 67.95，居第 24 位。

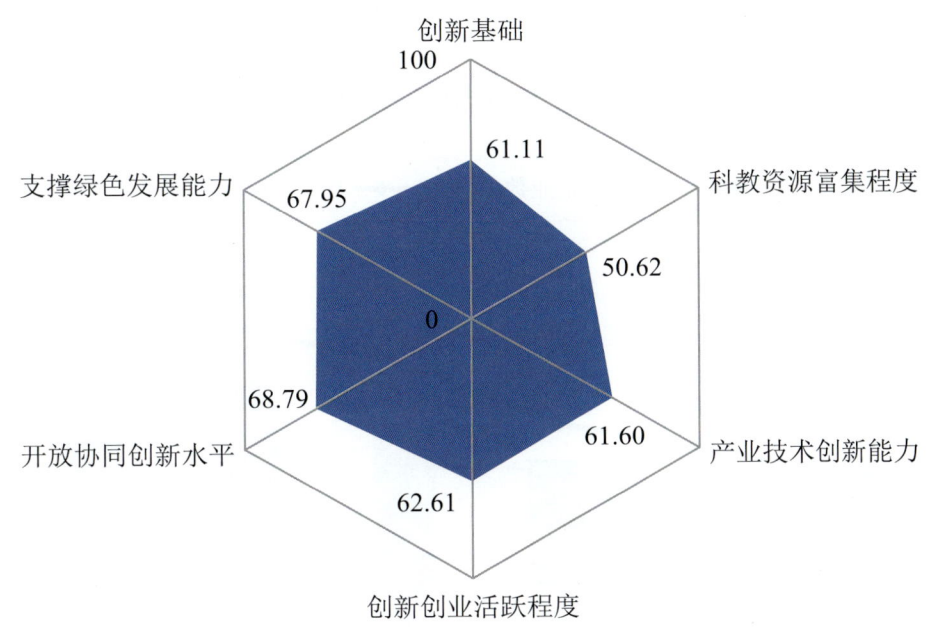

图 2-199　南昌创新能力雷达图

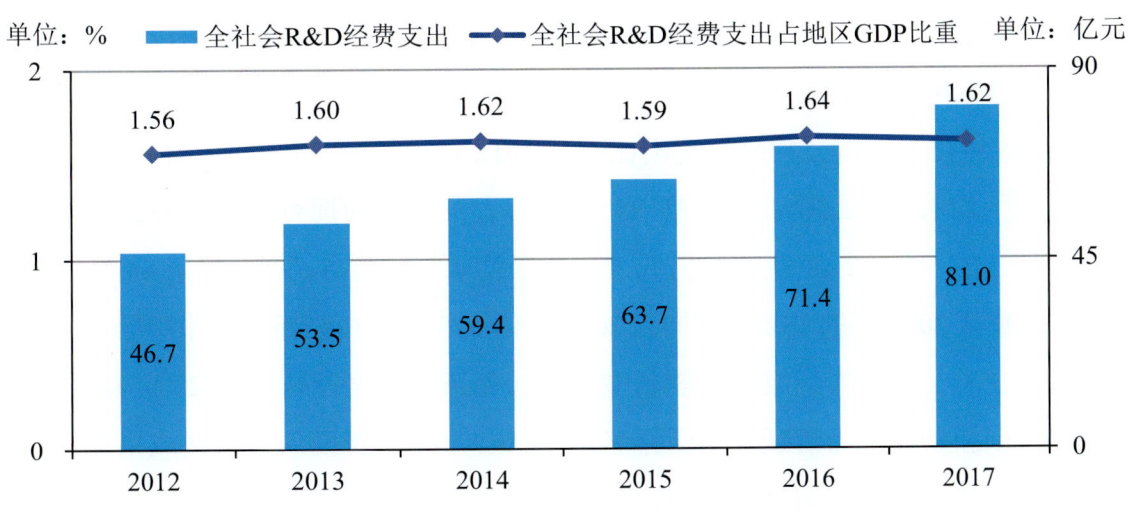

图 2-200　南昌全社会 R&D 经费支出及占地区 GDP 比重

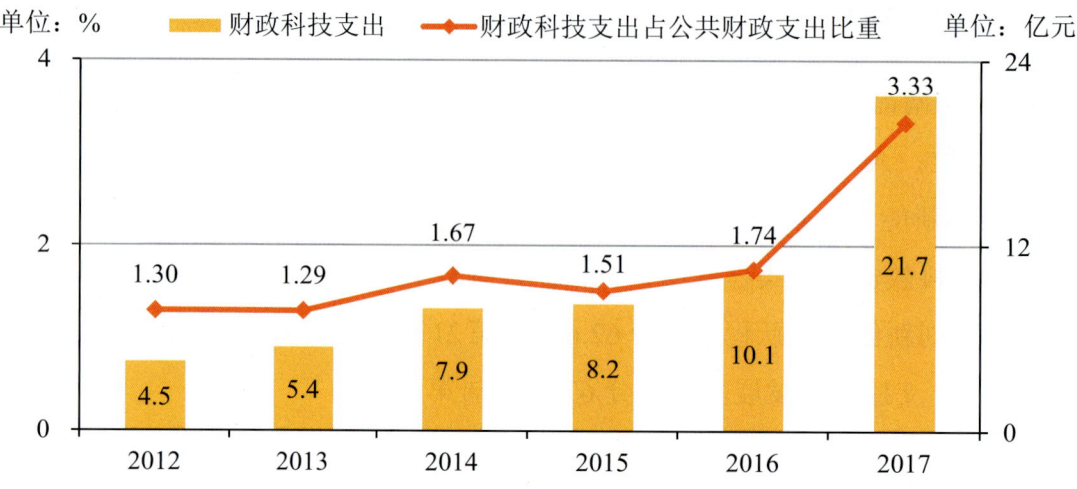

图 2-201　南昌财政科技支出及占公共财政支出比重

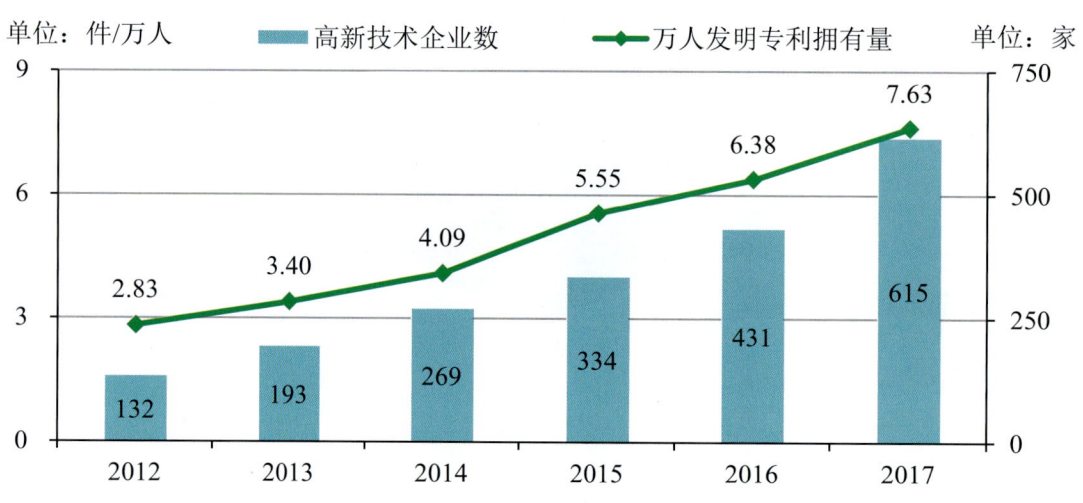

图 2-202　南昌高新技术企业数及万人发明专利拥有量

从基础数据看,南昌全社会 R&D 经费支出占地区 GDP 比重从 2012 年的 1.56% 上升到 2017 年的 1.62%,但仍低于全国平均水平（2.13%）,在创新型城市中居第 47 位;财政科技支出占公共财政支出比重从 2012 年的 1.30% 上升到 2017 年的 3.33%,高于全国平均水平（2.56%）,居第 25 位;万人发明专利拥有量从 2012 年的 2.83 件上升到 2017 年的 7.63 件,但仍低于全国平均水平（9.75 件）,居第 44 位;高新技术企业数从 2012 年的 132 家增加到 2017 年的 615 家,在创新型城市中居第 32 位。

总体上看,南昌作为成长型创新型城市（创新能力全国排名第 23 位）,创新基础较强,创新创业较为活跃（全国排名第 21 位）,在创新投入、科技成果产出、开放协同创新等方面存在明显的短板。

图 2-203　南昌创新能力部分指标数据及排名

（十一）郑州

2017年郑州常住人口988万人；地区生产总值（GDP）9194亿元，居创新型城市第13位；人均GDP 9.30万元，居第27位。

郑州创新能力指数为60.08，居创新型城市第26位。其中创新基础得分59.44，居第37位；科教资源富集程度得分64.03，居第22位；产业技术创新能力得分47.31，居第44位；创新创业活跃程度得分58.61，居第25位；开放协同创新水平得分75.84，居第7位；支撑绿色发展能力得分55.97，居第58位。

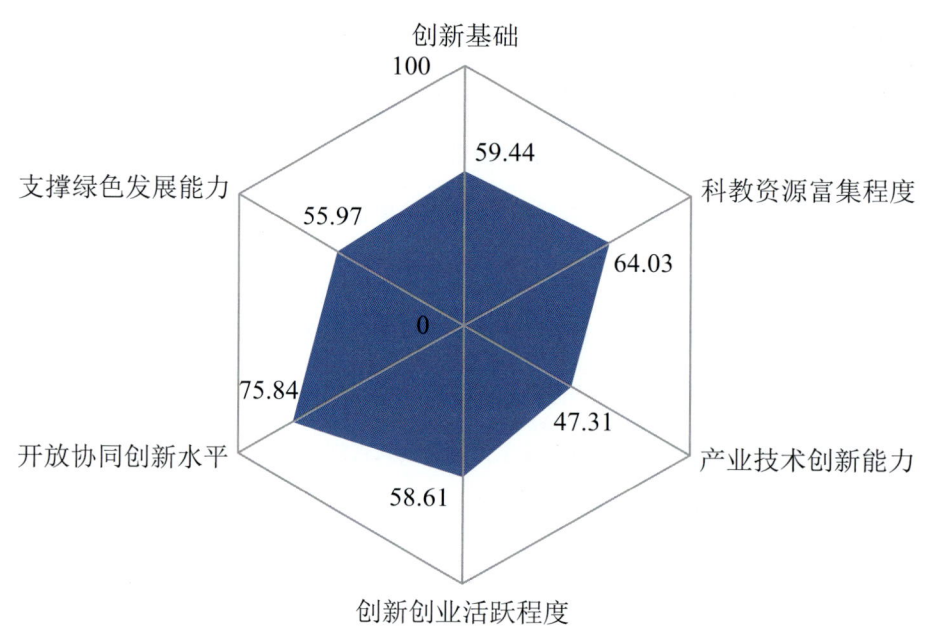

图2-204　郑州创新能力雷达图

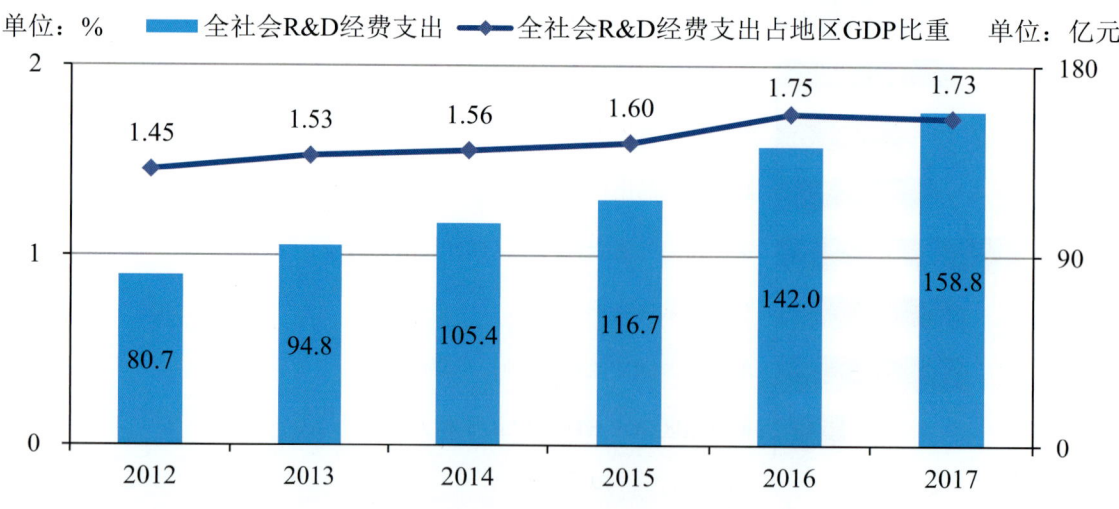

图2-205　郑州全社会R&D经费支出及占地区GDP比重

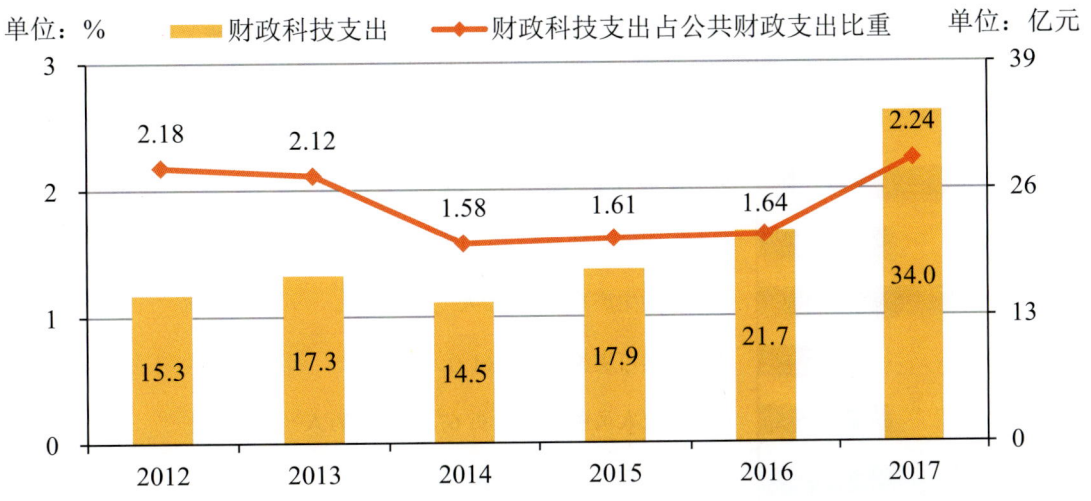

图 2-206 郑州财政科技支出及占公共财政支出比重

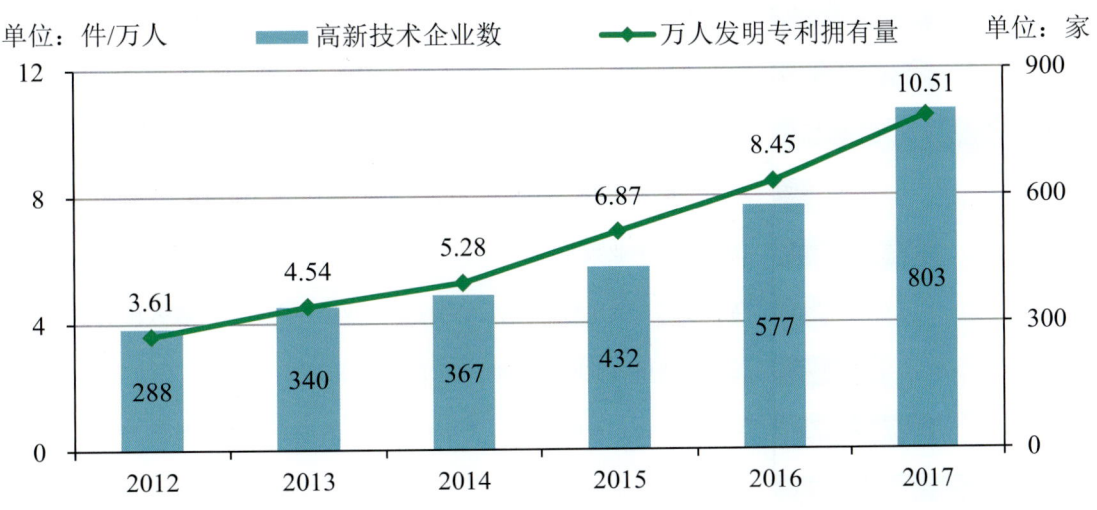

图 2-207 郑州高新技术企业数及万人发明专利拥有量

从基础数据看，郑州全社会 R&D 经费支出占地区 GDP 比重从 2012 年的 1.45%上升到 2017 年的 1.73%，仍大幅低于全国平均水平（2.13%），在创新型城市中居第 46 位；财政科技支出占公共财政支出比重从 2012 年的 2.18%上升到 2017 年的 2.24%，但仍低于全国平均水平（2.56%），居第 45 位；万人发明专利拥有量从 2012 年的 3.61 件上升到 2017 年的 10.51 件，高于全国平均水平（9.75 件），居第 35 位；高新技术企业数从 2012 年的 288 家增加到 2017 年的 803 家，在创新型城市中居第 25 位。

总体上看，郑州作为成长型创新型城市（创新能力全国排名第 26 位），创新基础较强，创新创业较为活跃（全国排名第 25 位），在创新投入、高新技术产业发展等方面存在明显的短板。

图 2-208　郑州创新能力部分指标数据及排名

（十二）福州

2017年福州常住人口766万人；地区生产总值（GDP）7086亿元，居创新型城市第20位；人均GDP 9.25万元，居第28位。

福州创新能力指数为60.52，居创新型城市第24位。其中创新基础得分63.96，居第30位；科教资源富集程度得分63.43，居第23位；产业技术创新能力得分47.89，居第43位；创新创业活跃程度得分42.74，居第45位；开放协同创新水平得分70.01，居第16位；支撑绿色发展能力得分71.19，居第14位。

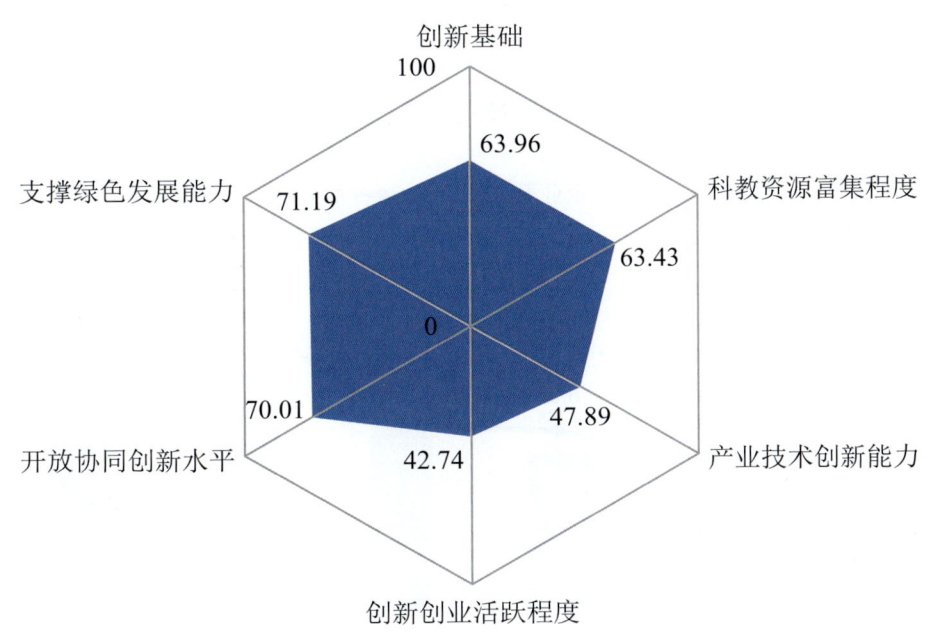

图2-209　福州创新能力雷达图

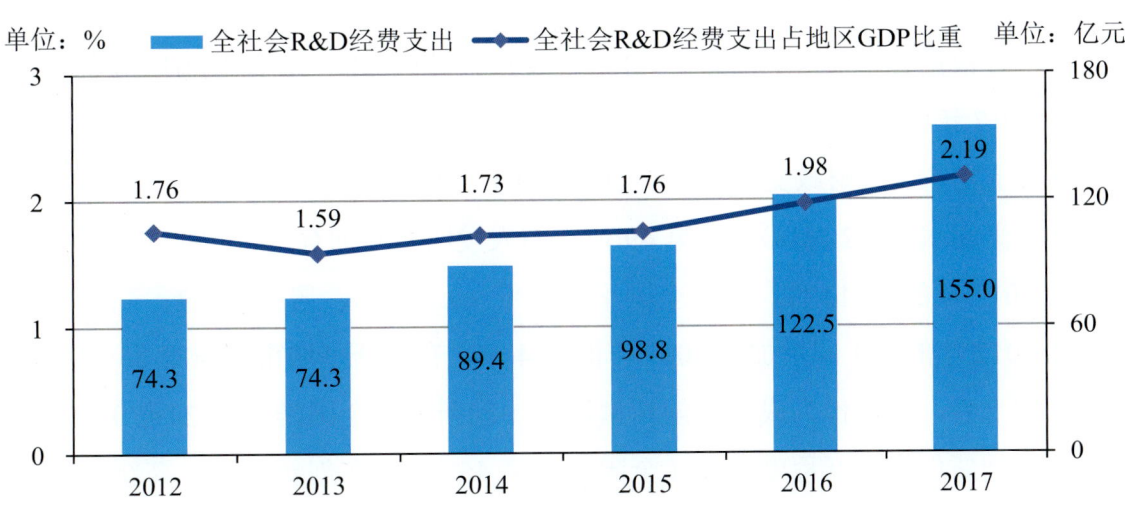

图2-210　福州全社会R&D经费支出及占地区GDP比重

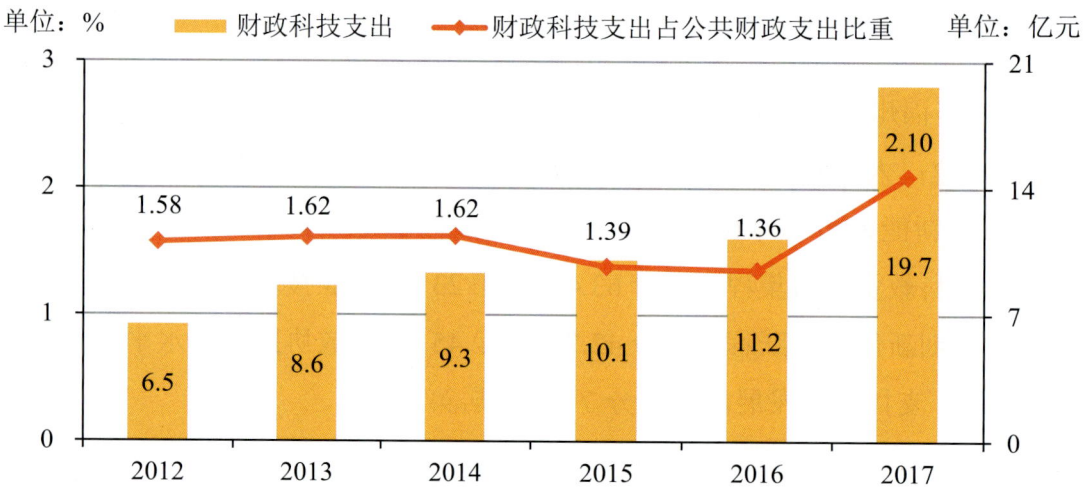

图 2-211　福州财政科技支出及占公共财政支出比重

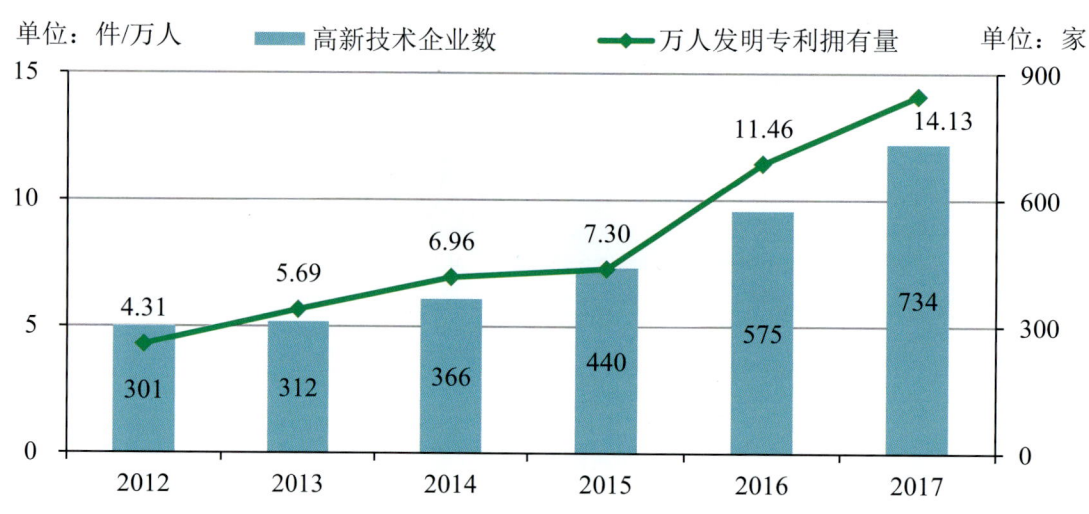

图 2-212　福州高新技术企业数及万人发明专利拥有量

从基础数据看，福州全社会 R&D 经费支出占地区 GDP 比重从 2012 年的 1.76% 上升到 2017 年的 2.19%，高于全国平均水平（2.13%），在创新型城市中居第 33 位；财政科技支出占公共财政支出比重从 2012 年的 1.58% 上升到 2017 年的 2.10%，但仍低于全国平均水平（2.56%），居第 49 位；万人发明专利拥有量从 2012 年的 4.31 件上升到 2017 年的 14.13 件，高于全国平均水平（9.75 件），居第 28 位；高新技术企业数从 2012 年的 301 家增加到 2017 年的 734 家，在创新型城市中居第 26 位。

总体上看，福州作为成长型创新型城市（创新能力全国排名第 24 位），创新基础较强，创新创业活跃程度不高（全国排名第 45 位），在创新投入、高新技术企业发展等方面存在明显的短板。

图 2-213 福州创新能力部分指标数据及排名

(十三) 石家庄

2017年石家庄常住人口1088万人；地区生产总值（GDP）6177亿元，居创新型城市第28位；人均GDP 5.68万元，居第62位。

石家庄创新能力指数为53.16，居创新型城市第38位。其中创新基础得分48.34，居第55位；科教资源富集程度得分57.71，居第27位；产业技术创新能力得分52.69，居第32位；创新创业活跃程度得分57.45，居第28位；开放协同创新水平得分62.47，居第31位；支撑绿色发展能力得分45.82，居第67位。

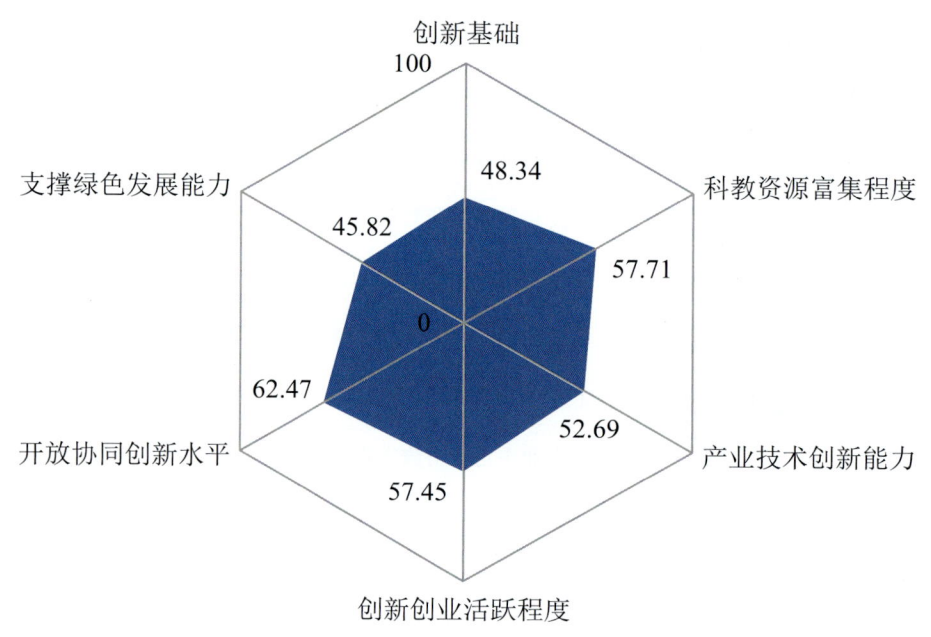

图 2-214 石家庄创新能力雷达图

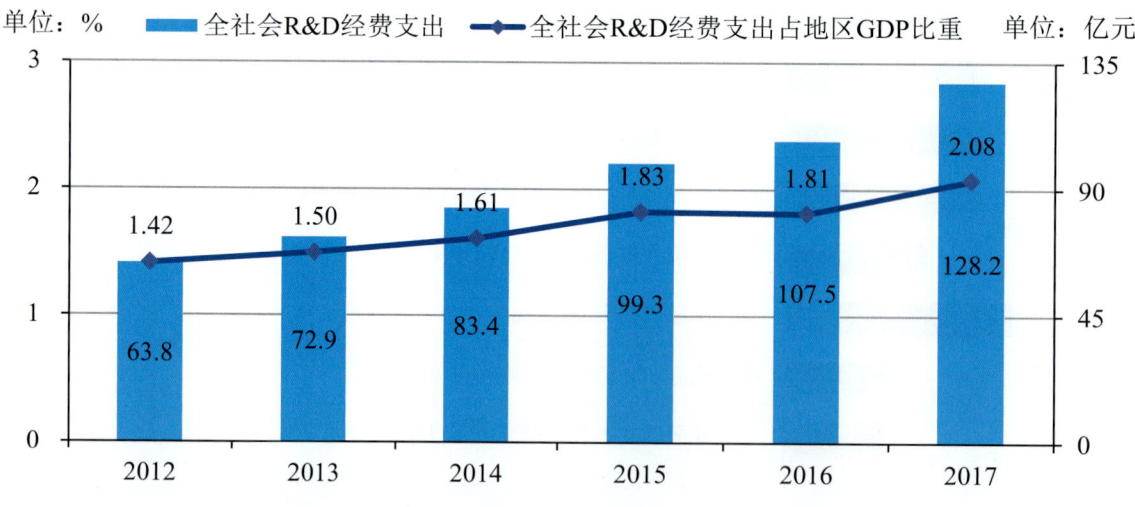

图 2-215 石家庄全社会 R&D 经费支出及占地区 GDP 比重

图 2-216　石家庄财政科技支出及占公共财政支出比重

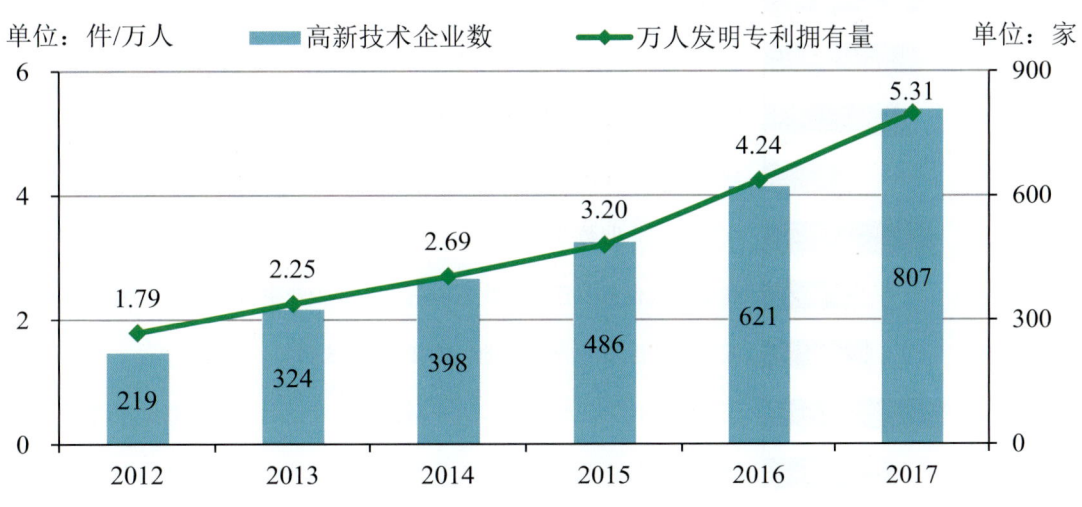

图 2-217　石家庄高新技术企业数及万人发明专利拥有量

从基础数据看，石家庄全社会 R&D 经费支出占地区 GDP 比重从 2012 年的 1.42% 上升到 2017 年的 2.08%，但仍低于全国平均水平（2.13%），在创新型城市中居第 36 位；财政科技支出占公共财政支出比重从 2012 年的 1.62% 降低到 2017 年的 1.25%，大幅低于全国平均水平（2.56%），居第 60 位；万人发明专利拥有量从 2012 年的 1.79 件上升到 2017 年的 5.31 件，但仍大幅低于全国平均水平（9.75 件），居第 57 位；高新技术企业数从 2012 年的 219 家增加到 2017 年的 807 家，在创新型城市中居第 23 位。

总体上看，石家庄作为成长型创新型城市（创新能力全国排名第 38 位），创新基础有待加强，创新创业较为活跃（全国排名 28 位），在创新投入、高新技术产业发展、创新支撑绿色发展等方面存在明显的短板。

图 2-218　石家庄创新能力部分指标数据及排名

四、开放协同创新型

10个开放协同创新型城市创新能力指数排序见图2-219。从图中可以看出,苏州的创新能力指数超过75,位列第1位,属于开放协同创新型城市的第一梯队。昆明、贵阳的创新能力指数在60~65之间,分列第2和第3位,属于开放协同创新型城市的第二梯队。南宁、乌鲁木齐、海口等7个城市的创新能力指数在60以下,属于开放协同创新型城市的第三梯队。

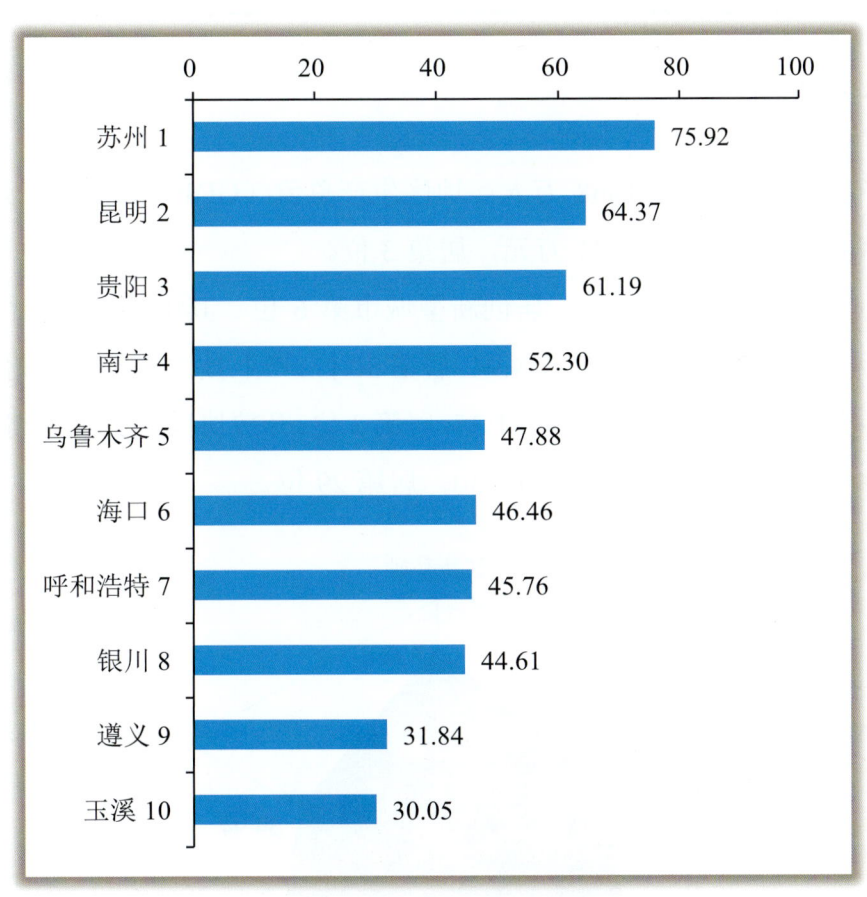

图2-219 开放协同创新型城市创新能力指数排序

这类城市科教优势相对欠缺,具有一定区位优势,通过东西科技合作、国际科技合作等手段集聚创新资源,开放协同创新水平较高。如苏州拥有10个国家级国际科技合作基地,中新合作苏州工业园区、昆山深化两岸产业合作试验区成效显著;贵阳与北京中关村合作,大力发展大数据产业,得到了习近平总书记的肯定。12个开放协同创新型城市国家国际科技合作基地(简称国合基地)数量和高技术产品出口额占商品出口额比重(简称高技术产品出口占比)见表2-4。

表 2-4　开放协同创新型城市国合基地数量和高技术产品出口占比

城市	国合基地数量（个）	高技术产品出口占比（%）	城市	国合基地数量（个）	高技术产品出口占比（%）
苏州	10	51.97	海口	5	9.92
昆明	16	9.83	呼和浩特	3	19.88
贵阳	5	44.08	银川	4	4.69
南宁	11	57.05	遵义	0	91.38
乌鲁木齐	12	3.04	玉溪	0	0.86

（一）苏州

2017 年苏州常住人口 1068 万人；地区生产总值（GDP）17320 亿元，居创新型城市第 3 位；人均 GDP 16.21 万元，居第 3 位。

苏州创新能力指数为 73.96，居创新型城市第 6 位。其中创新基础得分 83.60，居第 3 位；科教资源富集程度得分 54.94，居第 30 位；产业技术创新能力得分 65.43，居第 14 位；创新创业活跃程度得分 81.35，居第 3 位；开放协同创新水平得分 80.09，居第 3 位；支撑绿色发展能力得分 67.30，居第 29 位。

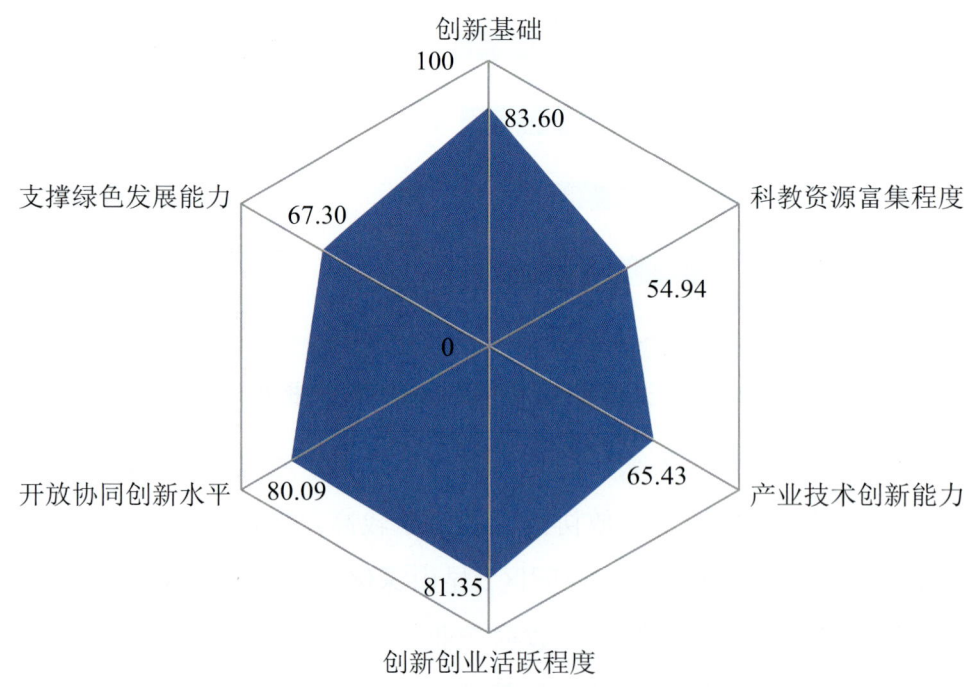

图 2-220　苏州创新能力雷达图

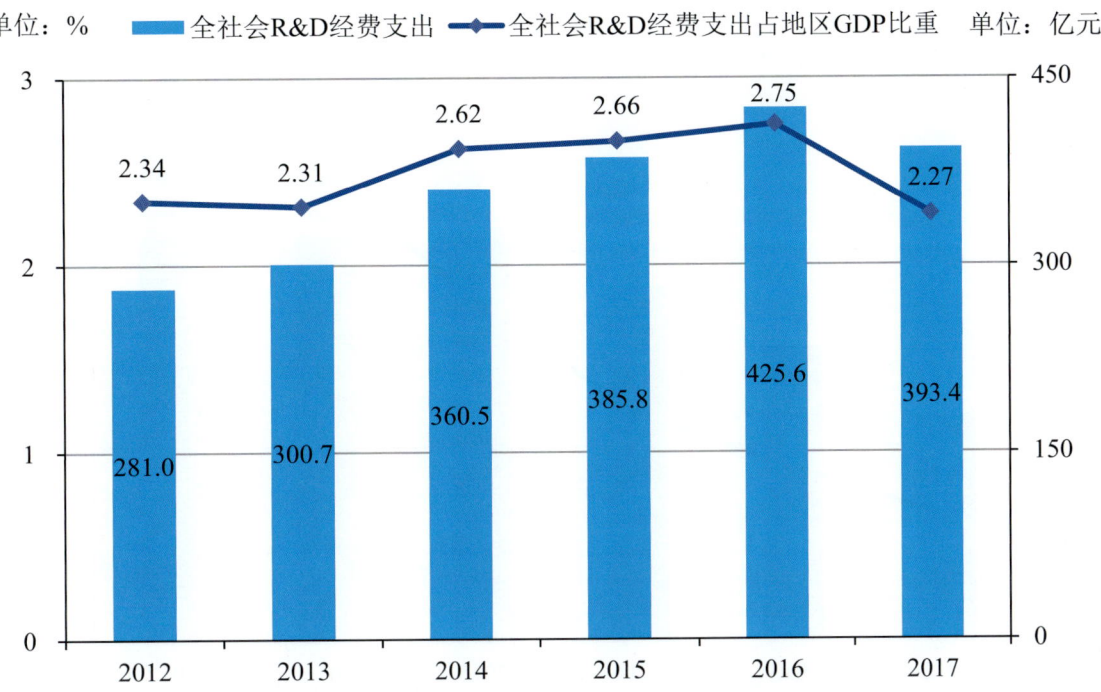

图 2-221　苏州全社会 R&D 经费支出及占地区 GDP 比重

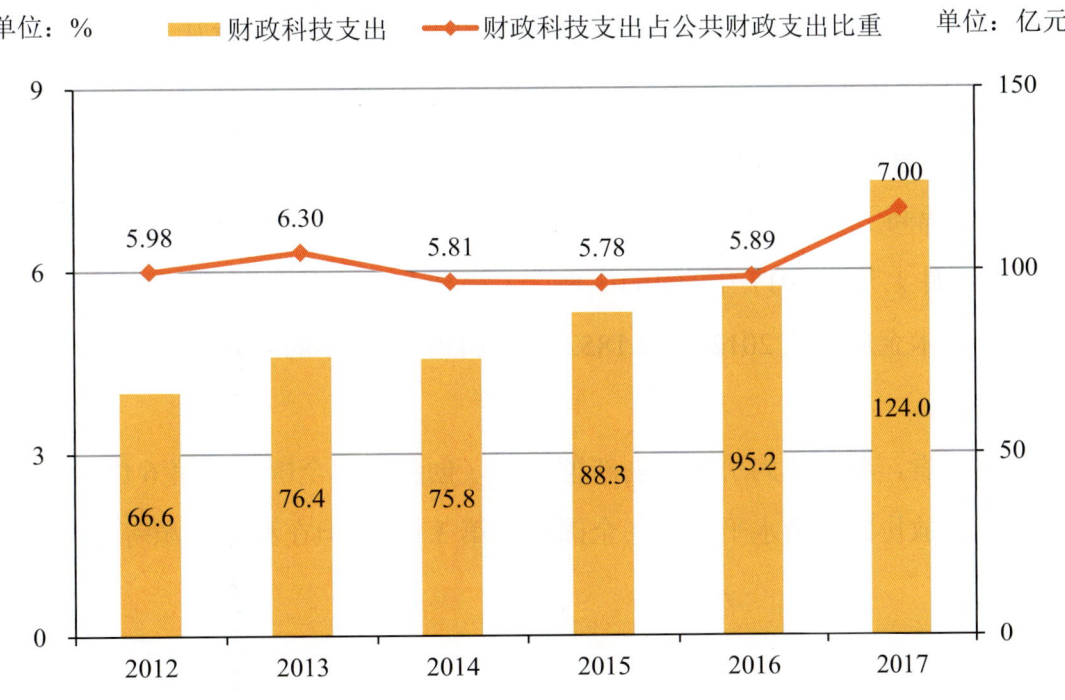

图 2-222　苏州财政科技支出及占公共财政支出比重

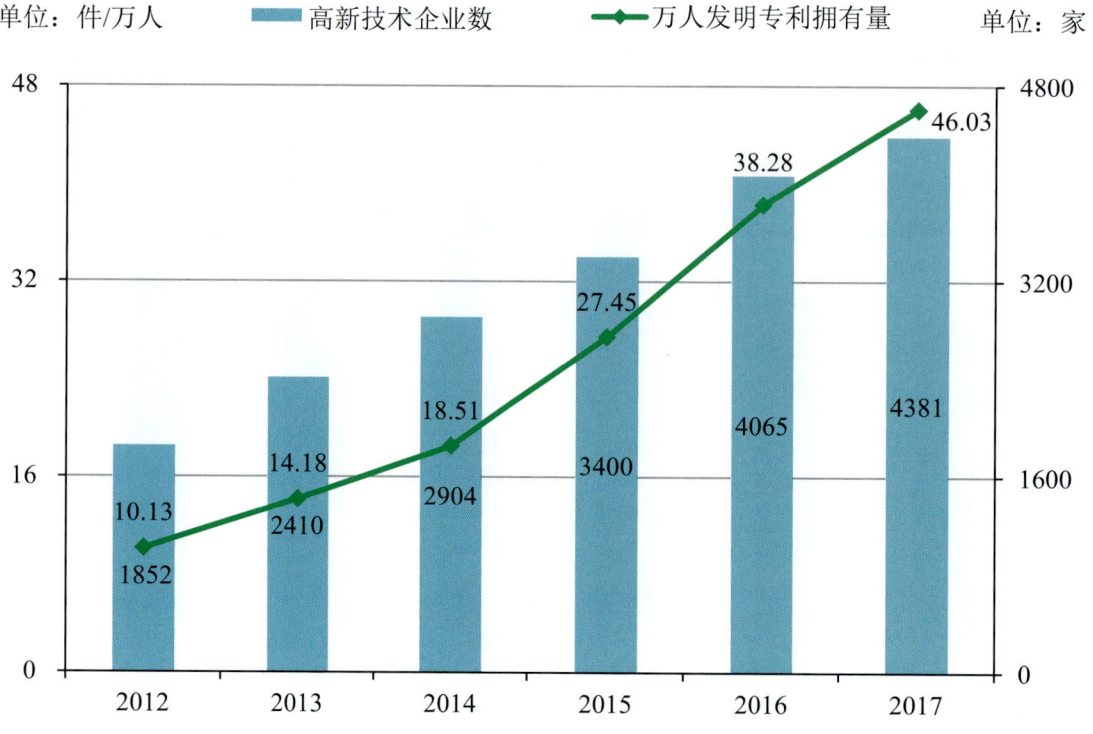

图 2-223　苏州高新技术企业数及万人发明专利拥有量

从基础数据看，苏州全社会 R&D 经费支出占地区 GDP 比重从 2012 年的 2.34% 下降到 2017 年的 2.27%，但仍高于全国平均水平（2.13%），在创新型城市中居第 31 位；财政科技支出占公共财政支出比重从 2012 年的 5.98% 上升到 2017 年的 7.00%，大幅高于全国平均水平（2.56%），居第 5 位；万人发明专利拥有量从 2012 年的 10.13 件上升到 2017 年的 46.03 件，大幅高于全国平均水平（9.75 件），居第 4 位；高新技术企业数从 2012 年的 1852 家增加到 2017 年的 4381 家，在创新型城市中居第 3 位。

总体上看，苏州作为引领型创新型城市（创新能力全国排名第 6 位），创新基础雄厚，开放协同创新水平突出（全国排名第 3 位），但在科教资源等方面存在明显的短板。

图 2-224 苏州创新能力部分指标数据及排名

（二）昆明

2017年昆明常住人口678万人；地区生产总值（GDP）4858亿元，居创新型城市第35位；人均GDP 7.16万元，居第47位。

昆明创新能力指数为64.53，居创新型城市第15位。其中创新基础得分59.07，居第38位；科教资源富集程度得分68.28，居第12位；产业技术创新能力得分66.05，居第12位；创新创业活跃程度得分64.55，居第19位；开放协同创新水平得分65.98，居第26位；支撑绿色发展能力得分69.48，居第20位。

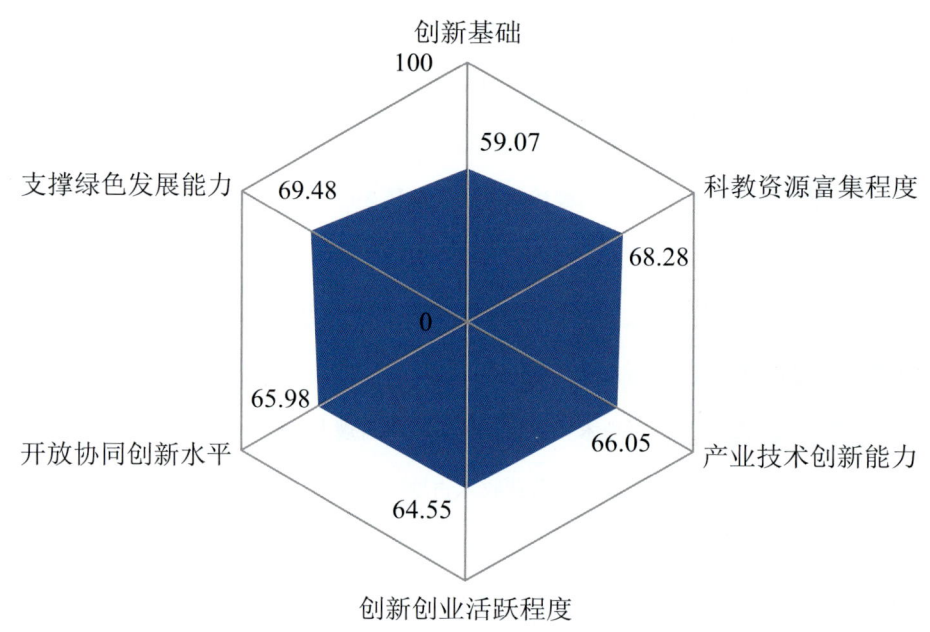

图2-225 昆明创新能力雷达图

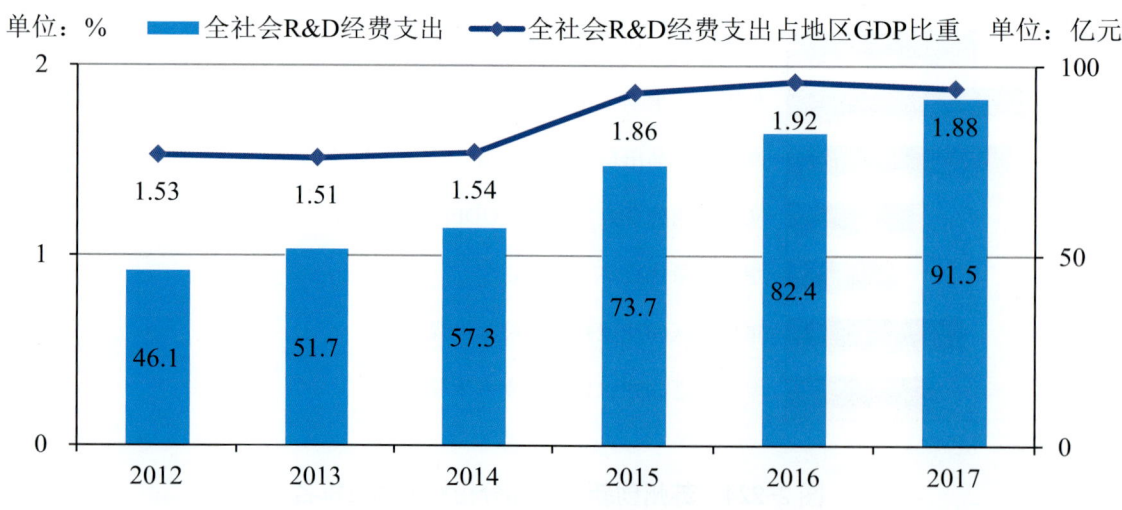

图2-226 昆明全社会R&D经费支出及占地区GDP比重

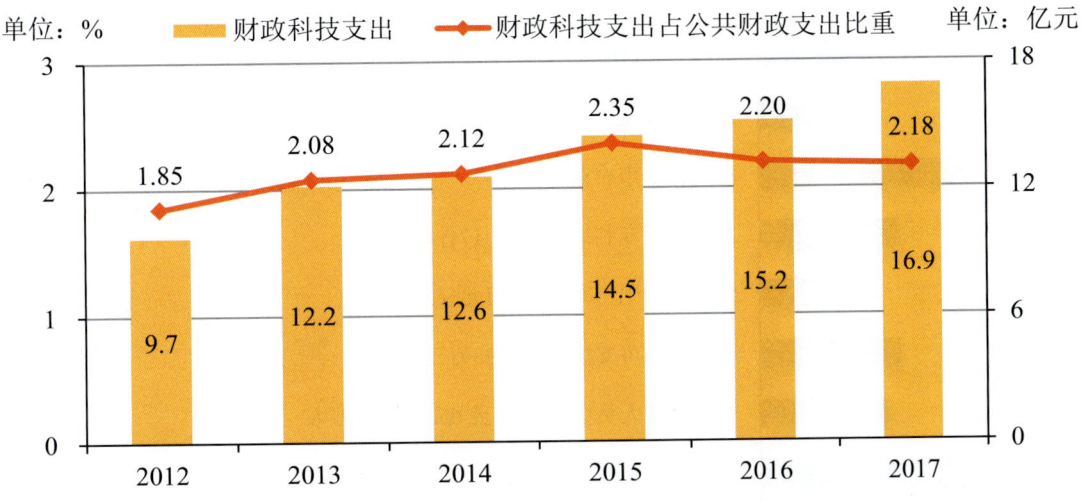

图 2-227　昆明财政科技支出及占公共财政支出比重

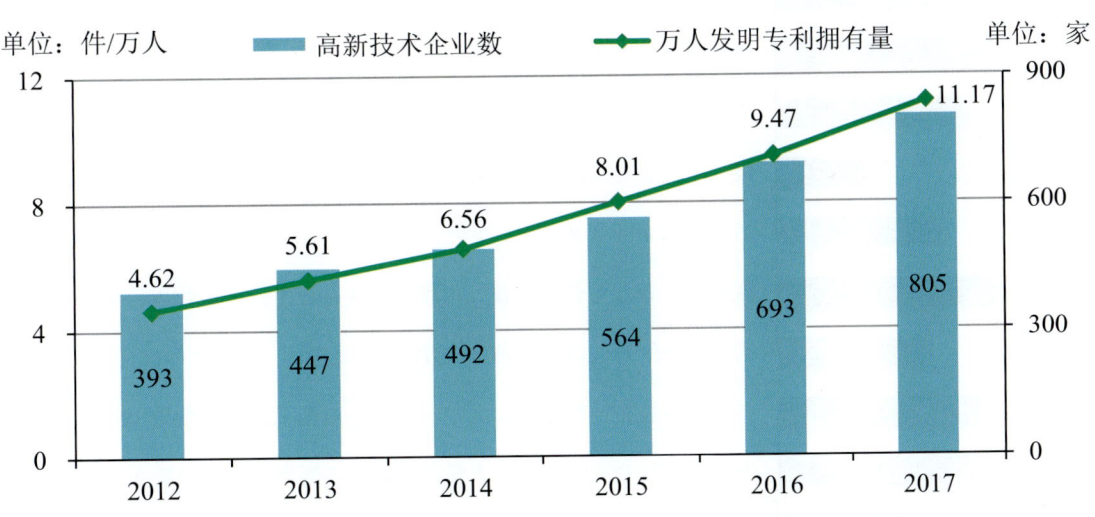

图 2-228　昆明高新技术企业数及万人发明专利拥有量

从基础数据看,昆明全社会R&D经费支出占地区GDP比重从2012年的1.53%上升到2017年的1.88%,但仍低于全国平均水平(2.13%),在创新型城市中居第43位;财政科技支出占公共财政支出比重从2012年的1.85%上升到2017年的2.18%,但仍低于全国平均水平(2.56%),居第48位;万人发明专利拥有量从2012年的4.62件上升到2017年的11.17件,高于全国平均水平(9.75件),居第32位;高新技术企业数从2012年的393家增加到2017年的805家,在创新型城市中居第24位。

总体上看,昆明作为引领型创新型城市(创新能力全国排名第15位),创新基础较强,开放协同创新水平较高(全国排名第26位),在创新投入等方面存在明显的短板。

图 2-229　昆明创新能力部分指标数据及排名

（三）贵阳

2017年贵阳常住人口480万人；地区生产总值（GDP）3538亿元，居创新型城市第48位；人均GDP 7.37万元，居第45位。

贵阳创新能力指数为60.19，居创新型城市第25位。其中创新基础得分57.69，居第39位；科教资源富集程度得分64.60，居第20位；产业技术创新能力得分57.79，居第23位；创新创业活跃程度得分51.23，居第35位；开放协同创新水平得分66.88，居第24位；支撑绿色发展能力得分65.78，居第35位。

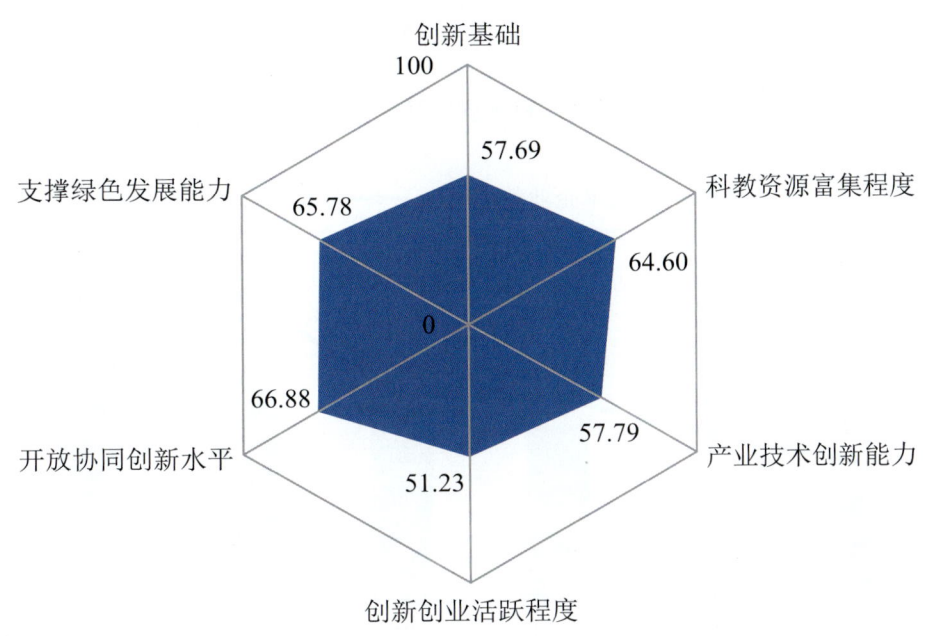

图2-230 贵阳创新能力雷达图

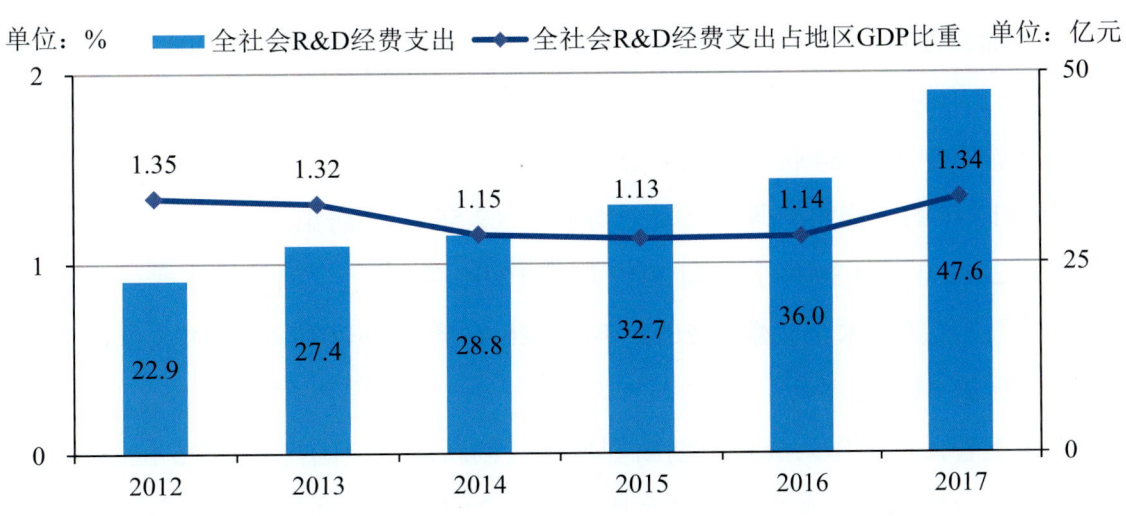

图2-231 贵阳全社会R&D经费支出及占地区GDP比重

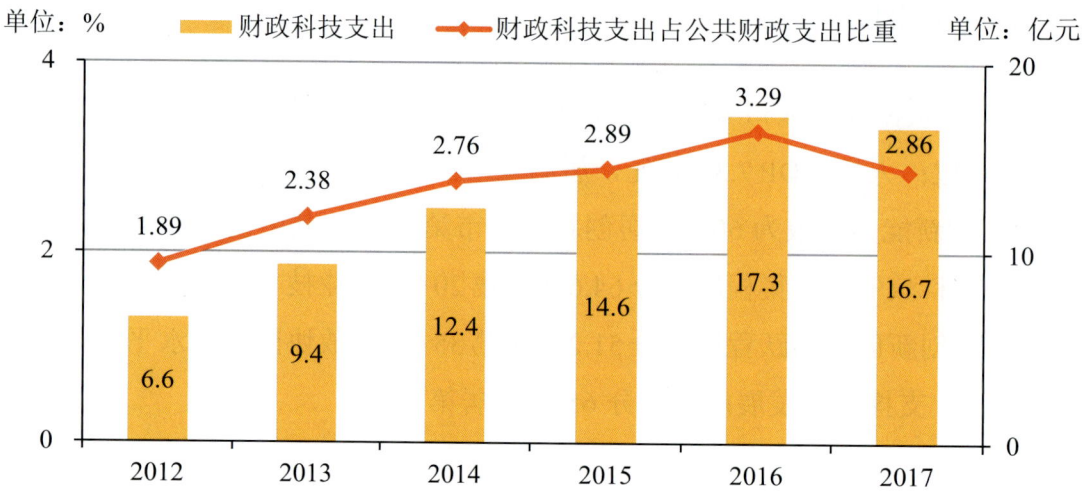

图 2-232　贵阳财政科技支出及占公共财政支出比重

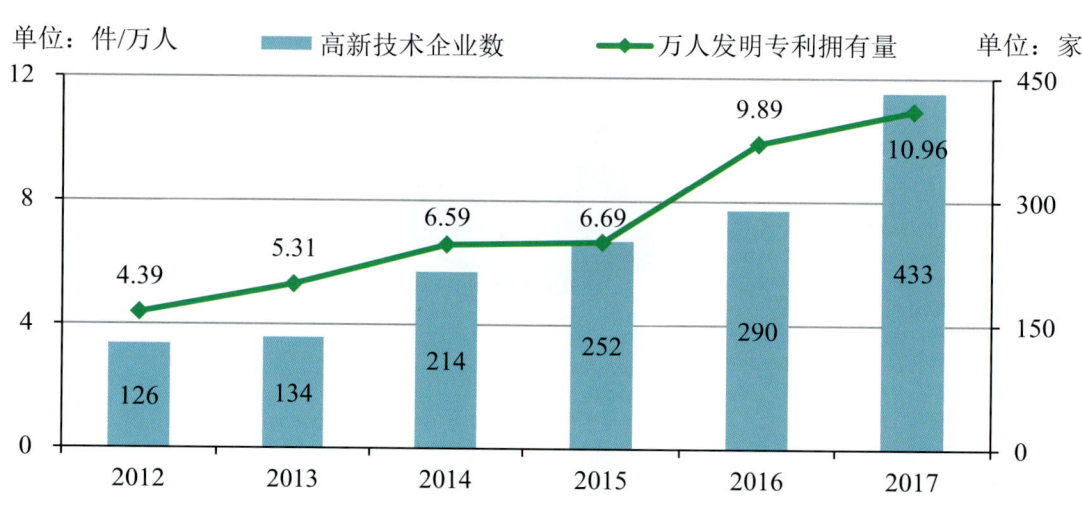

图 2-233　贵阳高新技术企业数及万人发明专利拥有量

从基础数据看，贵阳全社会R&D经费支出占地区GDP比重从2012年的1.35%下降到2015年的1.13%，2017年回升至1.34%，但仍大幅低于全国平均水平（2.13%），在创新型城市中居第54位；财政科技支出占公共财政支出比重从2012年的1.89%上升到2017年的2.86%，高于全国平均水平（2.56%），居第32位；万人发明专利拥有量从2012年的4.39件上升到2017年的10.96件，高于全国平均水平（9.75件），居第33位；高新技术企业数从2012年的126家增加到2017年的433家，在创新型城市中居第41位。

总体上看，贵阳作为成长型创新型城市（创新能力全国排名第25位），创新基础较强，开放协同创新水平较高（全国排名第24位），在创新投入、高新技术企业培育等方面存在明显的短板。

图 2-234　贵阳创新能力部分指标数据及排名

（四）南宁

2017 年南宁常住人口 715 万人；地区生产总值（GDP）4119 亿元，居创新型城市第 41 位；人均 GDP 5.76 万元，居第 60 位。

南宁创新能力指数为 50.59，居创新型城市第 41 位。其中创新基础得分 44.29，居第 61 位；科教资源富集程度得分 41.73，居第 37 位；产业技术创新能力得分 48.65，居第 42 位；创新创业活跃程度得分 46.09，居第 41 位；开放协同创新水平得分 62.35，居第 32 位；支撑绿色发展能力得分 67.63，居第 25 位。

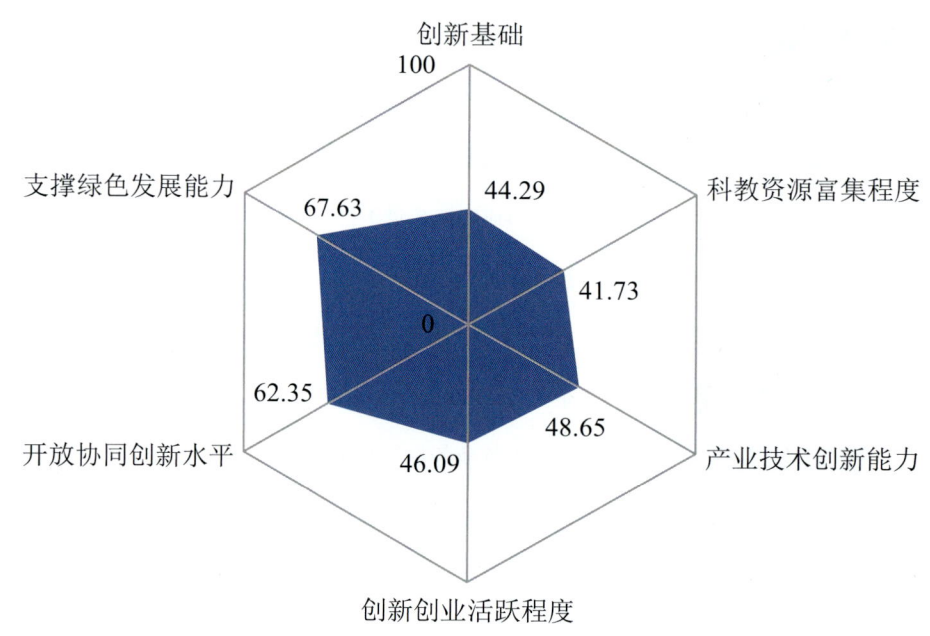

图 2-235　南宁创新能力雷达图

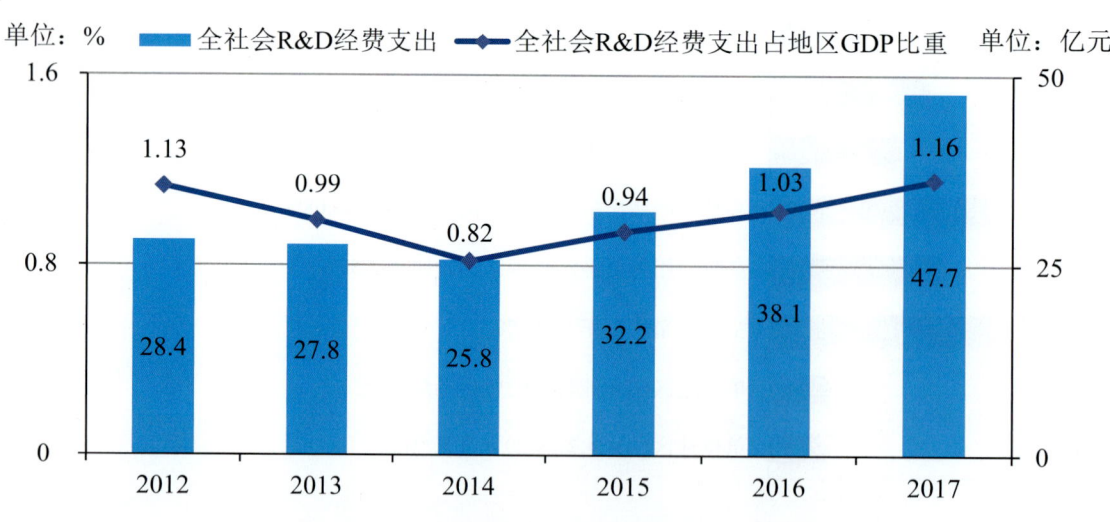

图 2-236　南宁全社会 R&D 经费支出及占地区 GDP 比重

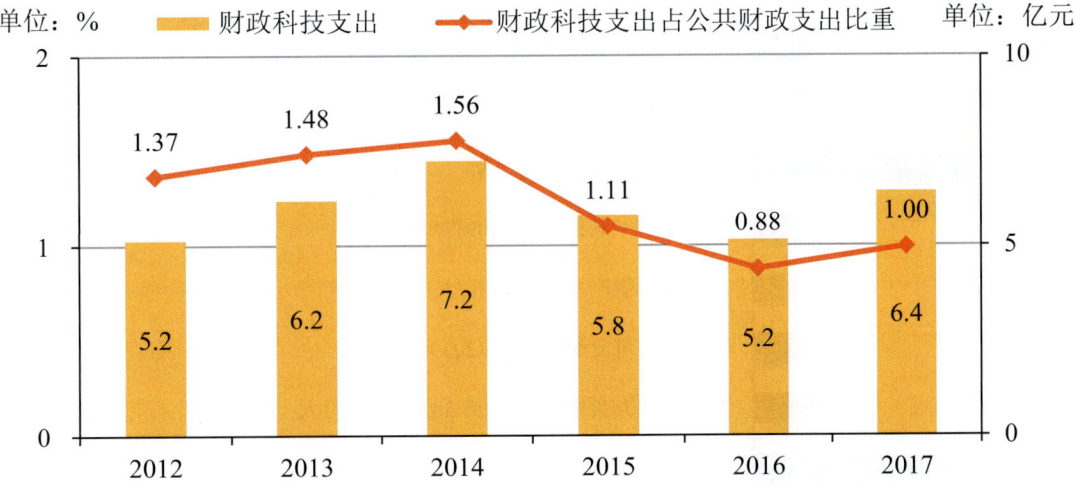

图 2-237　南宁财政科技支出及占公共财政支出比重

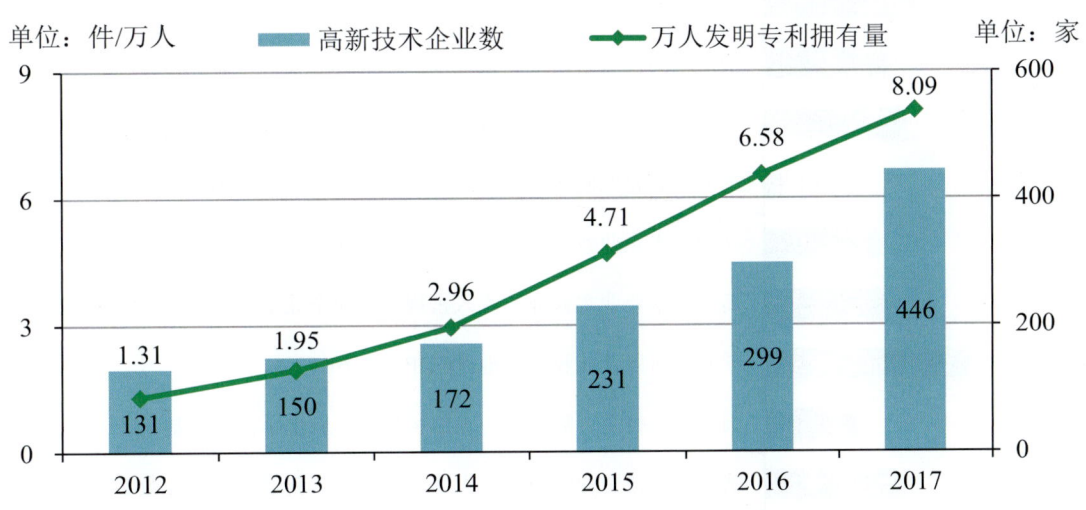

图 2-238　南宁高新技术企业数及万人发明专利拥有量

从基础数据看,南宁全社会 R&D 经费支出占地区 GDP 比重从 2012 年的 1.13% 上升到 2017 年的 1.16%,低于全国平均水平(2.13%),在创新型城市中居第 58 位;财政科技支出占公共财政支出比重从 2012 年的 1.37% 下降到 2017 年的 1.00%,低于全国平均水平(2.56%),居第 65 位;万人发明专利拥有量从 2012 年的 1.31 件上升到 2017 年的 8.09 件,低于全国平均水平(9.75 件),居第 41 位;高新技术企业数从 2012 年的 131 家增加到 2017 年的 466 家,在创新型城市中居第 40 位。

总体上看,南宁作为成长型创新型城市(创新能力全国排名第 41 位),创新基础有待增强,开放协同创新水平较高(全国排名第 32 位),在创新投入、高新技术企业培育等方面存在明显的短板。

图 2-239 南宁创新能力部分指标数据及排名

（五）乌鲁木齐

2017 年乌鲁木齐常住人口 350 万人；地区生产总值（GDP）2731 亿元，居创新型城市第 55 位；人均 GDP 7.79 万元，居第 40 位。

乌鲁木齐创新能力指数为 49.10，居创新型城市第 47 位。其中创新基础得分 50.70，居第 51 位；科教资源富集程度得分 64.48，居第 21 位；产业技术创新能力得分 49.64，居第 38 位；创新创业活跃程度得分 34.40，居第 49 位；开放协同创新水平得分 42.82，居第 54 位；支撑绿色发展能力得分 50.73，居第 63 位。

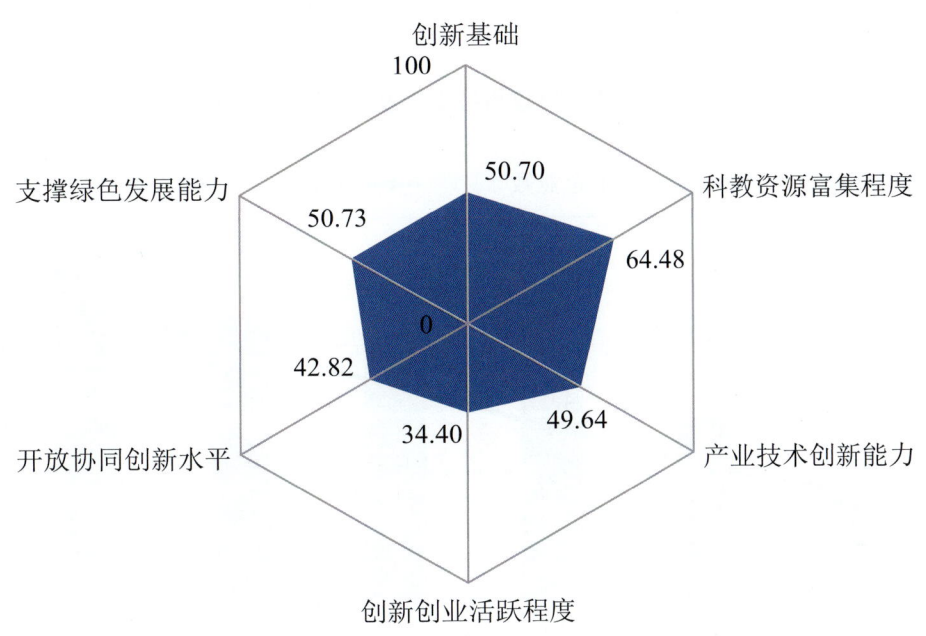

图 2-240　乌鲁木齐创新能力雷达图

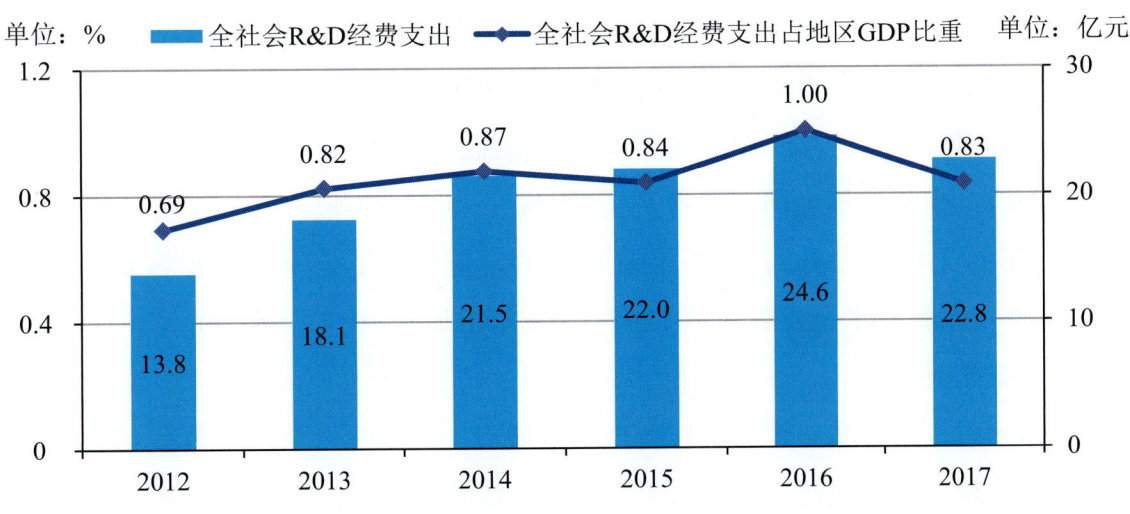

图 2-241　乌鲁木齐全社会 R&D 经费支出及占地区 GDP 比重

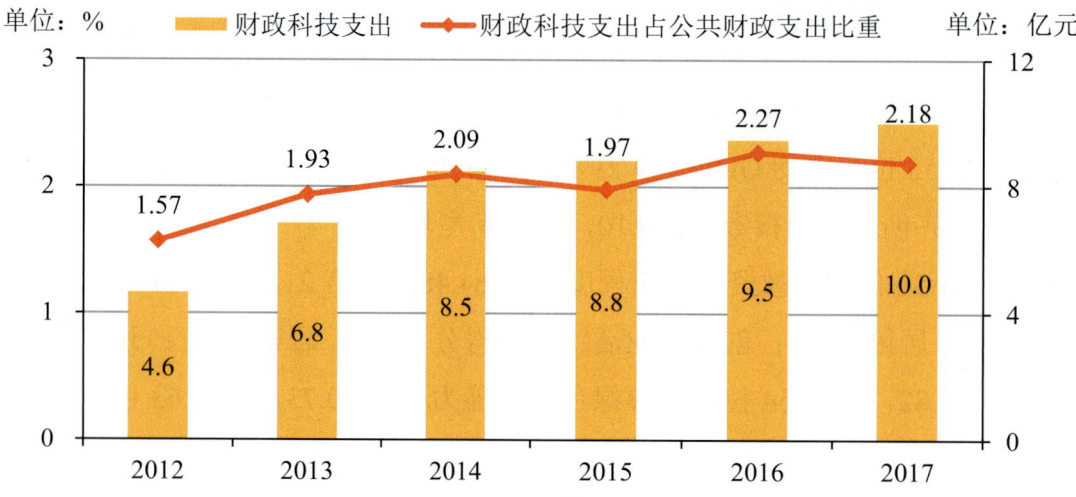

图 2-242　乌鲁木齐财政科技支出及占公共财政支出比重

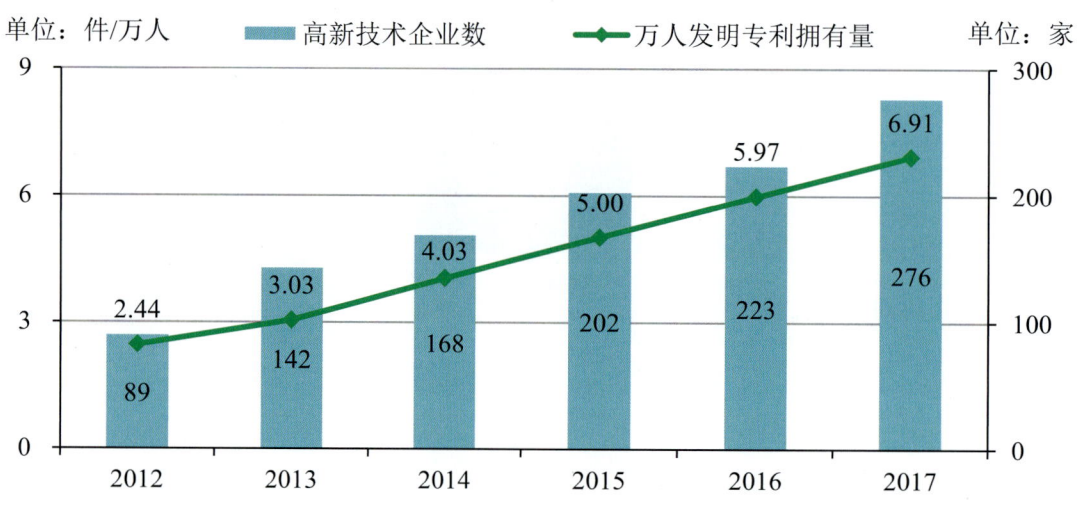

图 2-243　乌鲁木齐高新技术企业数及万人发明专利拥有量

从基础数据看，乌鲁木齐全社会 R&D 经费支出占地区 GDP 比重从 2012 年的 0.69%上升到 2017 年的 0.83%，但仍大幅低于全国平均水平（2.13%），在创新型城市中居第 66 位；财政科技支出占公共财政支出比重从 2012 年的 1.57%上升到 2017 年的 2.18%，但仍低于全国平均水平（2.56%），居第 47 位；万人发明专利拥有量从 2012 年的 2.44 件上升到 2017 年的 6.91 件，但仍低于全国平均水平（9.75 件），居第 48 位；高新技术企业数从 2012 年的 89 家增加到 2017 年的 276 家，在创新型城市中居第 53 位。

总体上看，乌鲁木齐作为成长型创新型城市（创新能力全国排名第 47 位），创新基础有待增强，开放协同创新水平较低（全国排名第 54 位），在创新投入、高新技术企业培育、创新支撑绿色发展等方面存在明显的短板。

图 2-244　乌鲁木齐创新能力部分指标数据及排名

（六）海口

2017年海口常住人口227万人；地区生产总值（GDP）1391亿元，居创新型城市第67位；人均GDP 6.12万元，居第56位。

海口创新能力指数为46.33，居创新型城市第49位。其中创新基础得分41.35，居第65位；科教资源富集程度得分47.53，居第35位；产业技术创新能力得分57.41，居第25位；创新创业活跃程度得分20.98，居第58位；开放协同创新水平得分50.97，居第44位；支撑绿色发展能力得分65.43，居第36位。

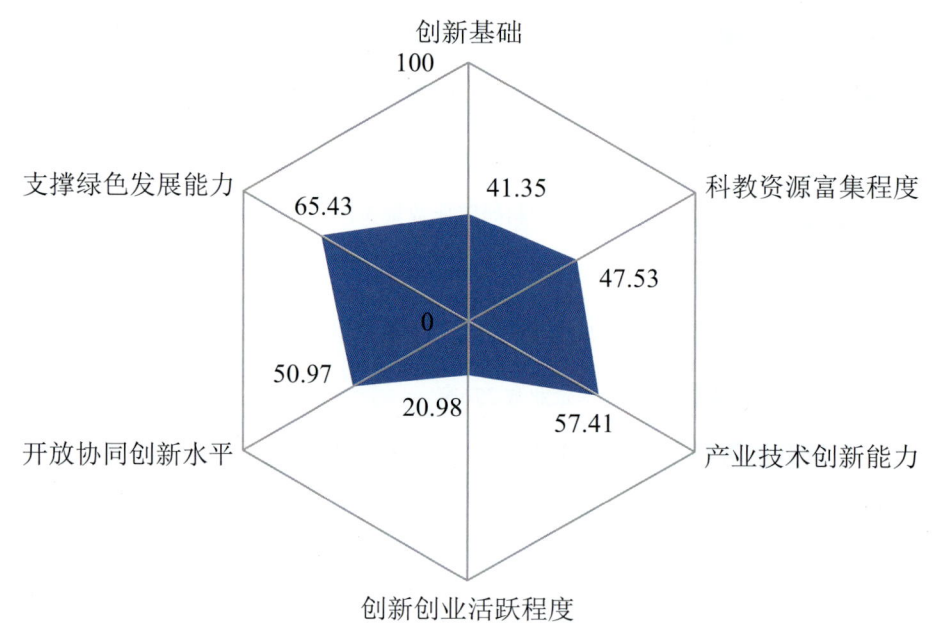

图 2-245　海口创新能力雷达图

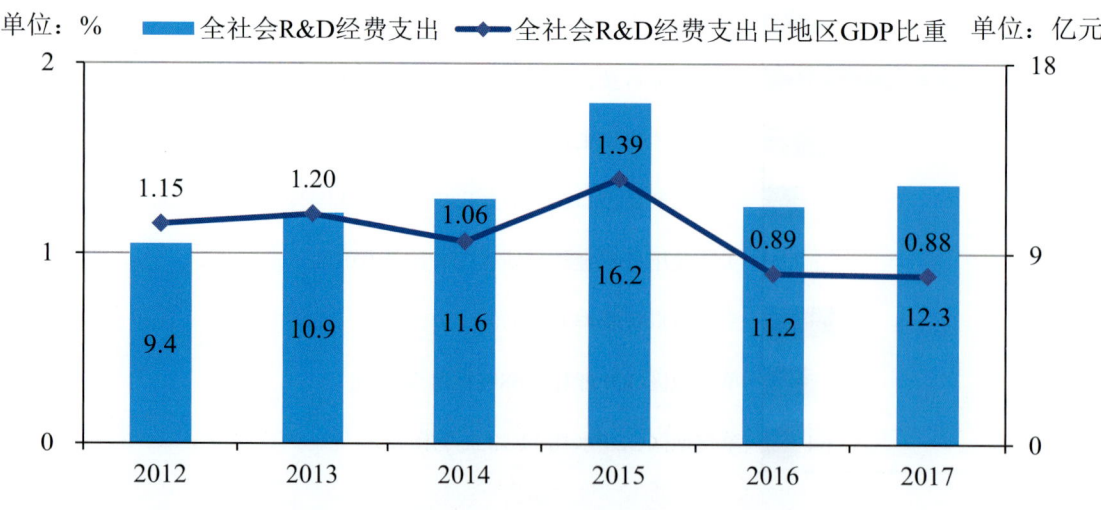

图 2-246　海口全社会 R&D 经费支出及占地区 GDP 比重

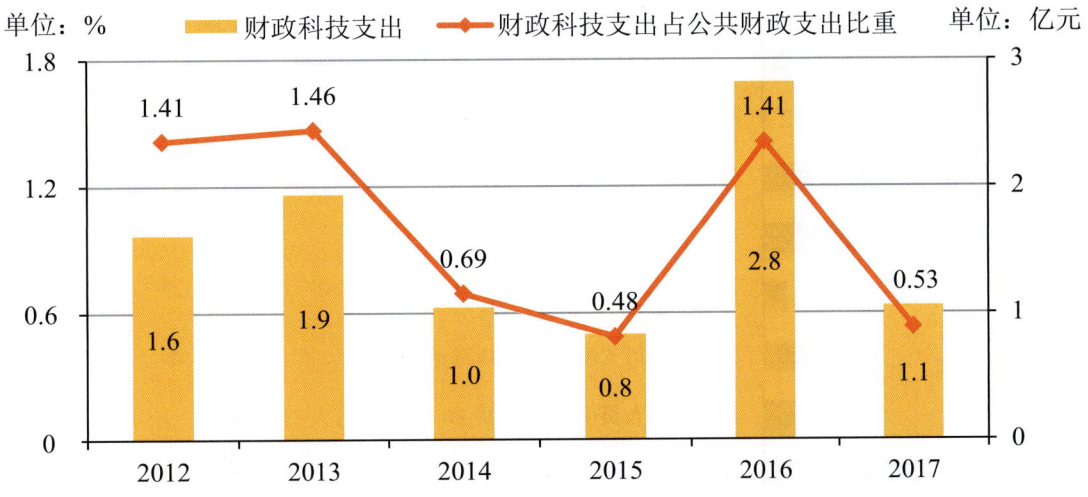

图 2-247 海口财政科技支出及占公共财政支出比重

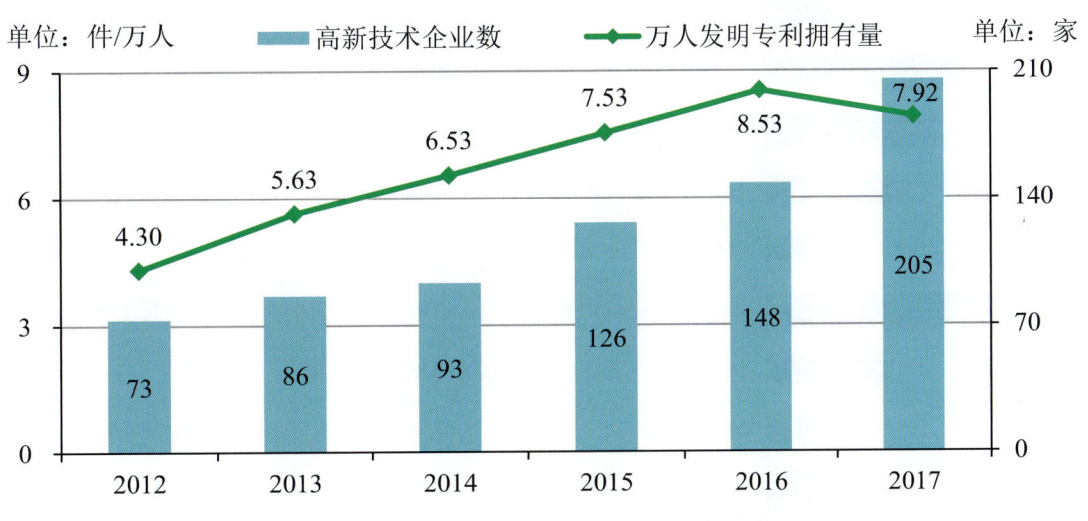

图 2-248 海口高新技术企业数及万人发明专利拥有量

从基础数据看,海口全社会 R&D 经费支出占地区 GDP 比重从 2012 年的 1.15% 下降到 2017 年的 0.88%,大幅低于全国平均水平(2.13%),在创新型城市中居第 65 位;财政科技支出占公共财政支出比重波动较大,从 2012 年的 1.41% 下降到 2017 年的 0.53%,大幅低于全国平均水平(2.56%),居第 72 位;万人发明专利拥有量从 2012 年的 4.30 件上升到 2017 年的 7.92 件,但仍低于全国平均水平(9.75 件),居第 42 位;高新技术企业数从 2012 年的 73 家增加到 2017 年的 205 家,在创新型城市中居第 55 位。

总体上看,海口作为成长型创新型城市(创新能力全国排名第 49 位),创新基础有待增强,开放协同创新水平较低(全国排名第 44 位),在创新投入、创新创业、高新技术企业培育等诸多方面存在明显的短板。

图 2-249　海口创新能力部分指标数据及排名

（七）呼和浩特

2017 年呼和浩特常住人口 311 万人；地区生产总值（GDP）3332 亿元，居创新型城市第 51 位；人均 GDP 10.70 万元，居第 18 位。

呼和浩特创新能力指数为 45.86，居创新型城市第 50 位。其中创新基础得分 49.32，居第 54 位；科教资源富集程度得分 57.97，居第 25 位；产业技术创新能力得分 35.58，居第 57 位；创新创业活跃程度得分 21.83，居第 56 位；开放协同创新水平得分 45.24，居第 50 位；支撑绿色发展能力得分 61.24，居第 46 位。

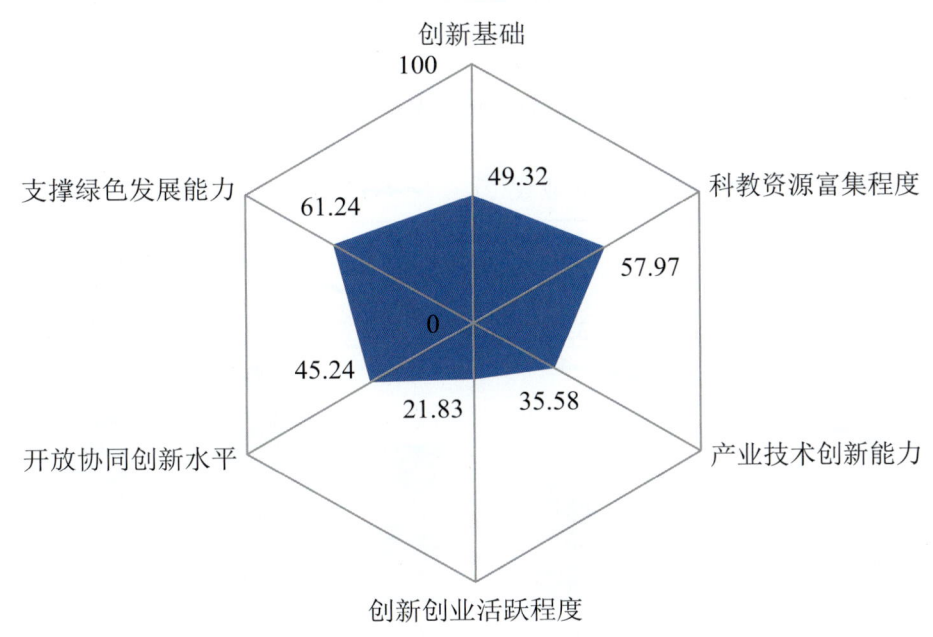

图 2-250　呼和浩特创新能力雷达图

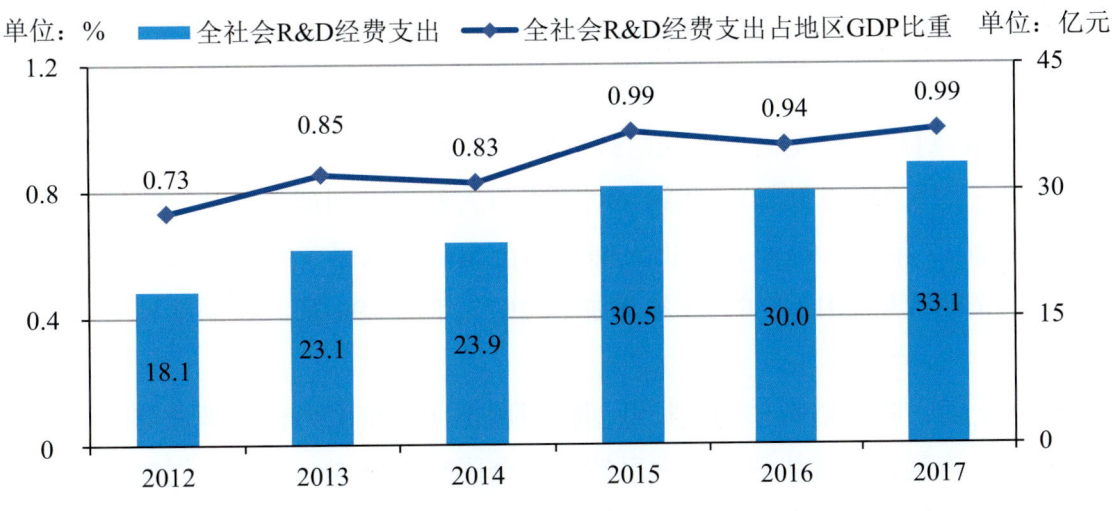

图 2-251　呼和浩特全社会 R&D 经费支出及占地区 GDP 比重

第二章　创新型城市创新能力分类评价　167

图 2-252 呼和浩特财政科技支出及占公共财政支出比重

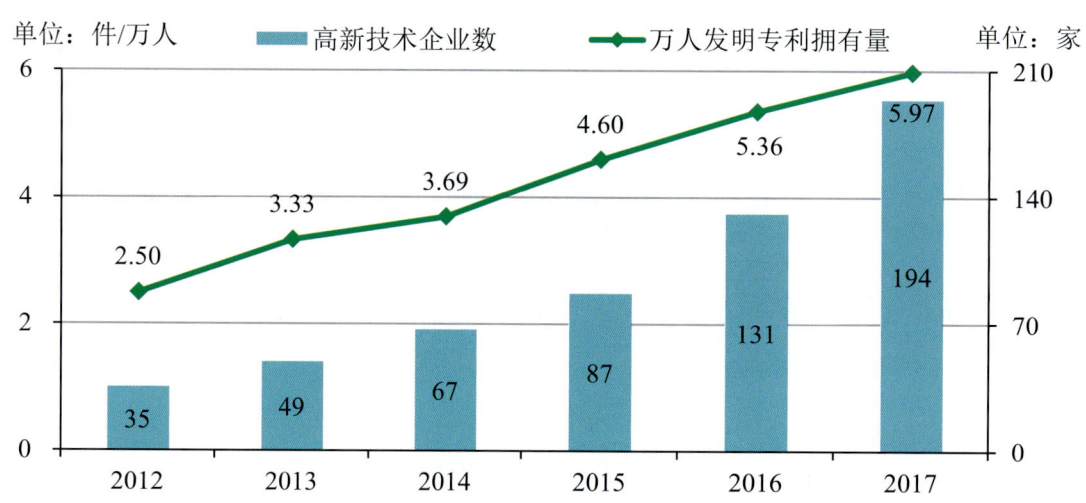

图 2-253 呼和浩特高新技术企业数及万人发明专利拥有量

从基础数据看，呼和浩特全社会 R&D 经费支出占地区 GDP 比重从 2012 年的 0.73%上升到 2017 年的 0.99%，但仍低于全国平均水平（2.13%），在创新型城市中居第 63 位；财政科技支出占公共财政支出比重波动较大，2017 年为 0.91%，大幅低于全国平均水平（2.56%），居第 68 位；万人发明专利拥有量从 2012 年的 2.50 件上升到 2017 年的 5.97 件，但仍大幅低于全国平均水平（9.75 件），居第 53 位；高新技术企业数从 2012 年的 35 家增加到 2017 年的 194 家，在创新型城市中居第 56 位。

总体上看，呼和浩特作为成长型创新型城市（创新能力全国排名第 50 位），创新基础有待增强，开放协同创新水平较低（全国排名第 50 位），在创新投入、高新技术产业发展等诸多方面存在明显的短板。

图 2-254 呼和浩特创新能力部分指标数据及排名

（八）银川

2017年银川常住人口223万人；地区生产总值（GDP）1803亿元，居创新型城市第63位；人均GDP 8.10万元，居第38位。

银川创新能力指数为42.38，居创新型城市第58位。其中创新基础得分51.21，居第50位；科教资源富集程度得分65.25，居第18位；产业技术创新能力得分23.87，居第63位；创新创业活跃程度得分16.47，居第63位；开放协同创新水平得分49.36，居第47位；支撑绿色发展能力得分38.02，居第72位。

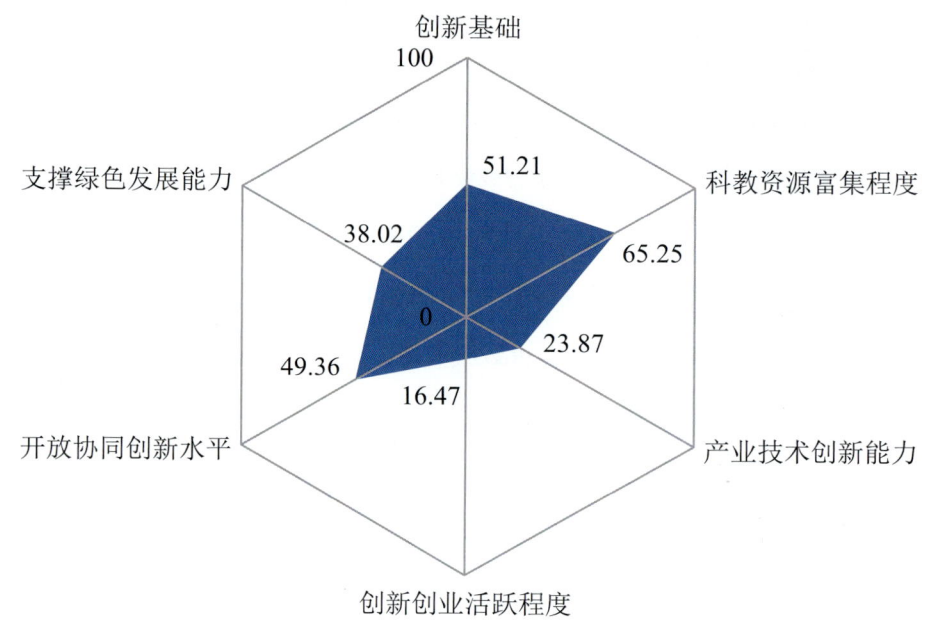

图 2-255　银川创新能力雷达图

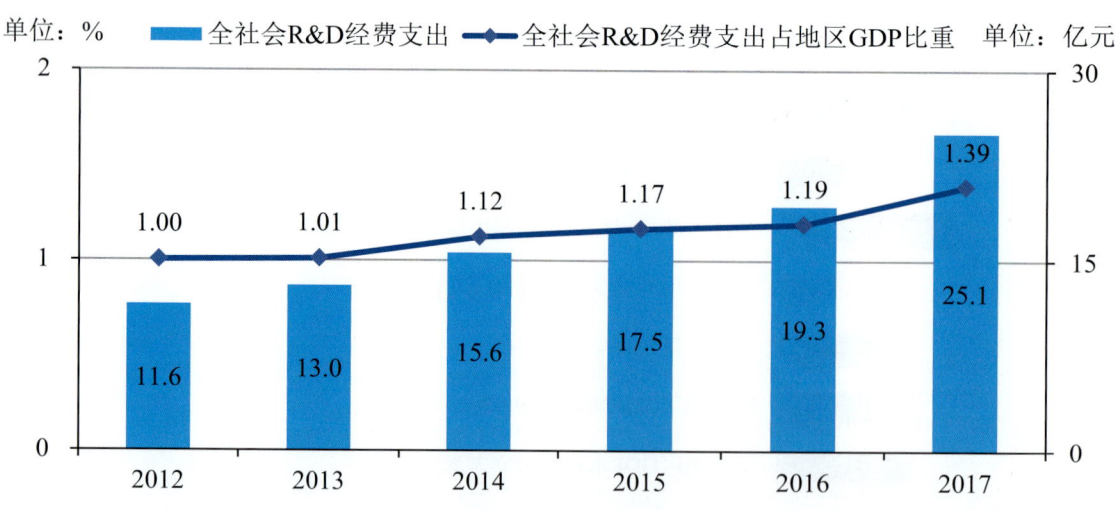

图 2-256　银川全社会 R&D 经费支出及占地区 GDP 比重

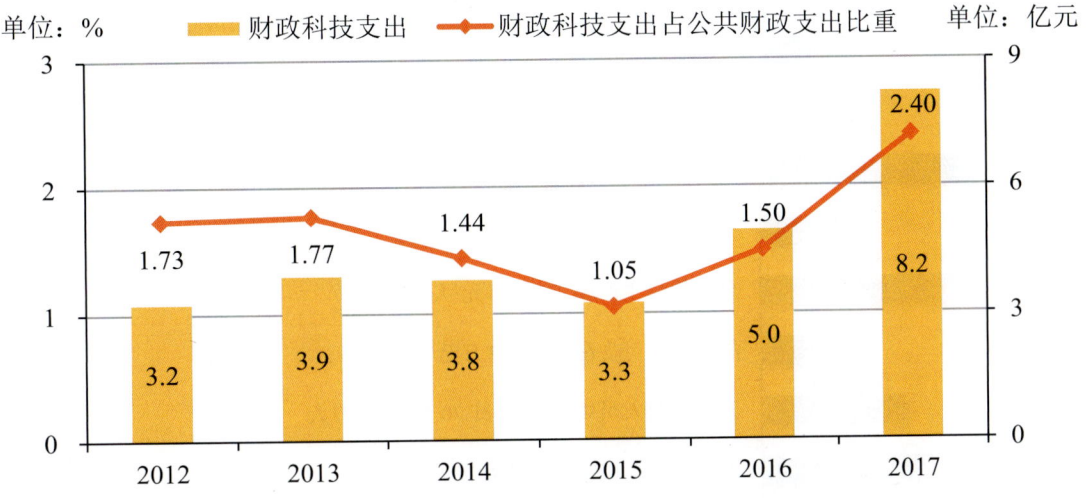

图 2-257 银川财政科技支出及占公共财政支出比重

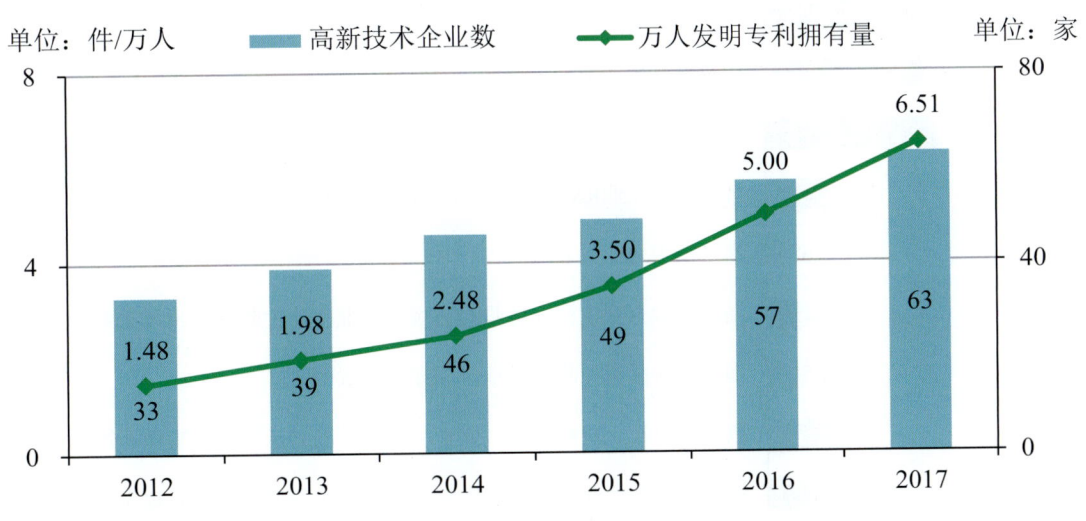

图 2-258 银川高新技术企业数及万人发明专利拥有量

从基础数据看,银川全社会 R&D 经费支出占地区 GDP 比重从 2012 年的 1.00% 上升到 2017 年的 1.39%,但仍大幅低于全国平均水平(2.13%),在创新型城市中居第 53 位;财政科技支出占公共财政支出比重从 2012 年的 1.73% 上升到 2017 年的 2.40%,但仍低于全国平均水平(2.56%),居第 41 位;万人发明专利拥有量从 2012 年的 1.48 件上升到 2017 年的 6.51 件,但仍低于全国平均水平(9.75 件),居第 50 位;高新技术企业数从 2012 年的 33 家增加到 2017 年的 63 家,在创新型城市中居第 68 位。

总体上看,银川作为成长型创新型城市(创新能力全国排名第 58 位),创新基础较强,开放协同创新水平较低(全国排名第 47 位),在创新投入、高新技术产业发展、创新支撑绿色发展等诸多方面存在明显的短板。

图 2-259　银川创新能力部分指标数据及排名

（九）遵义

2017年遵义常住人口625万人；地区生产总值（GDP）2749亿元，居创新型城市第54位；人均GDP 4.40万元，居第69位。

遵义创新能力指数为30.69，居创新型城市第69位。其中创新基础得分32.58，居第72位；科教资源富集程度得分12.70，居第67位；产业技术创新能力得分9.31，居第71位；创新创业活跃程度得分15.12，居第65位；开放协同创新水平得分37.40，居第59位；支撑绿色发展能力得分74.89，居第9位。

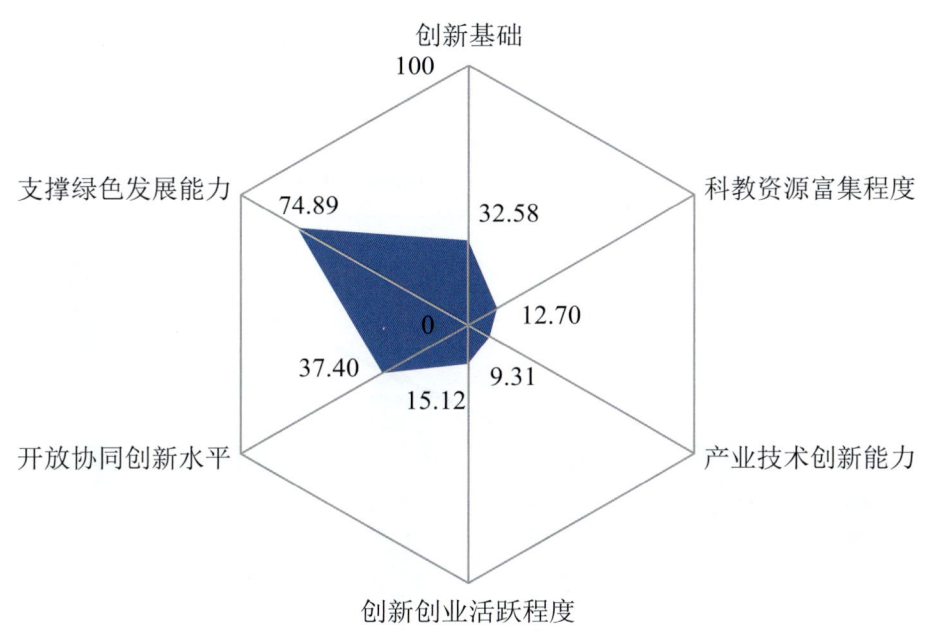

图 2-260　遵义创新能力雷达图

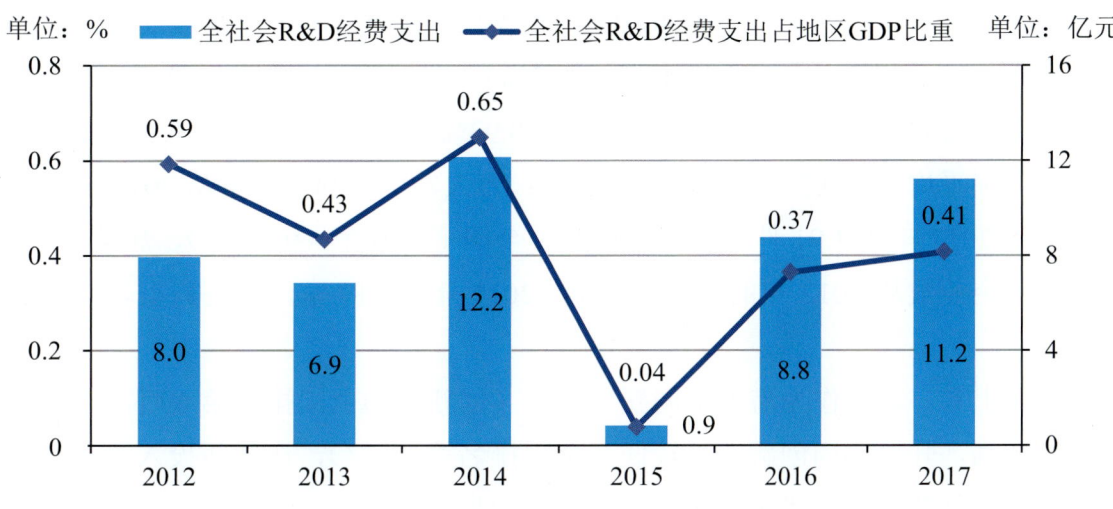

图 2-261　遵义全社会R&D经费支出及占地区GDP比重

图 2-262　遵义财政科技支出及占公共财政支出比重

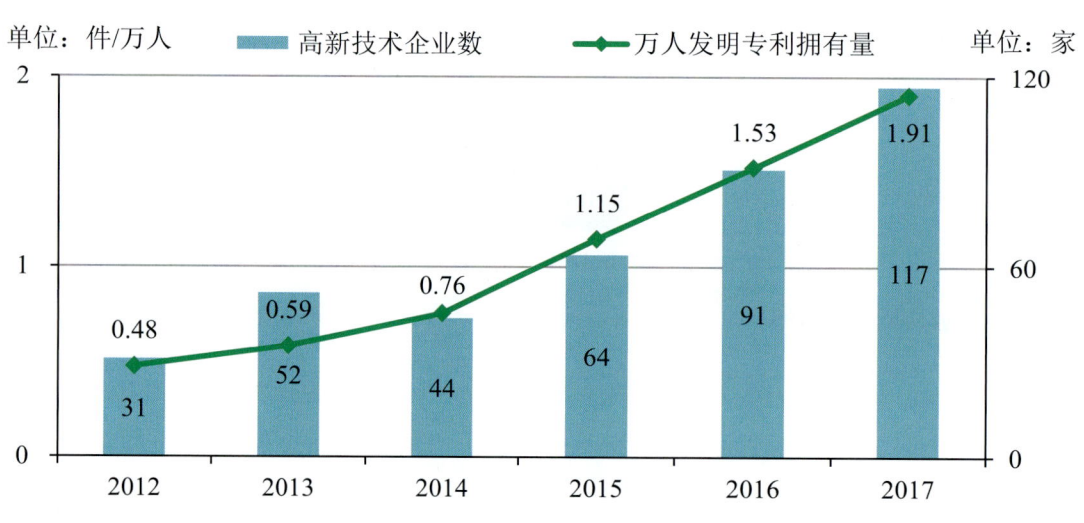

图 2-263　遵义高新技术企业数及万人发明专利拥有量

从基础数据看，遵义全社会 R&D 经费支出占地区 GDP 比重波动较大，2017 年为 0.41%，大幅低于全国平均水平（2.13%），在创新型城市中居第 71 位；财政科技支出占公共财政支出比重从 2012 年的 0.93%上升到 2017 年的 1.22%，但仍大幅低于全国平均水平（2.56%），居第 61 位；万人发明专利拥有量从 2012 年的 0.48 件上升到 2017 年的 1.91 件，但仍大幅低于全国平均水平（9.75 件），居第 68 位；高新技术企业数从 2012 年的 31 家增加到 2017 年的 117 家，在创新型城市中居第 62 位。

总体上看，遵义作为潜力型创新型城市（创新能力全国排名第 69 位），创新基础有待增强，开放协同创新水平较低（全国排名第 59 位），在创新投入、高新技术产业发展、创新创业等诸多方面存在明显的短板。

图 2-264 遵义创新能力部分指标数据及排名

（十）玉溪

2017 年玉溪常住人口 238 万人；地区生产总值（GDP）1415 亿元，居创新型城市第 66 位；人均 GDP 5.94 万元，居第 57 位。

玉溪创新能力指数为 30.66，居创新型城市第 70 位。其中创新基础得分 42.25，居第 63 位；科教资源富集程度得分 3.88，居第 72 位；产业技术创新能力得分 22.80，居第 65 位；创新创业活跃程度得分 4.53，居第 71 位；开放协同创新水平得分 20.85，居第 72 位；支撑绿色发展能力得分 76.41，居第 7 位。

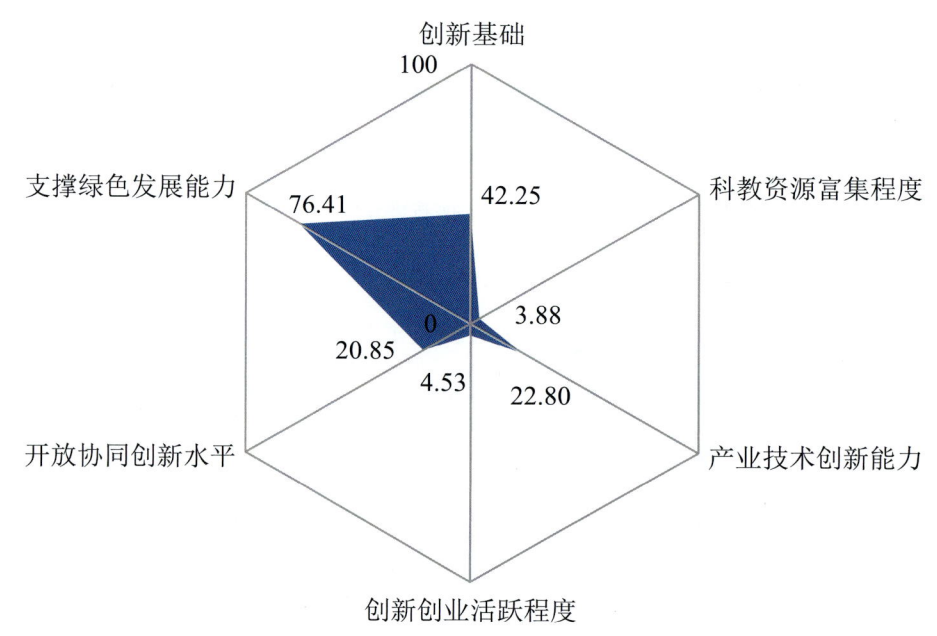

图 2-265　玉溪创新能力雷达图

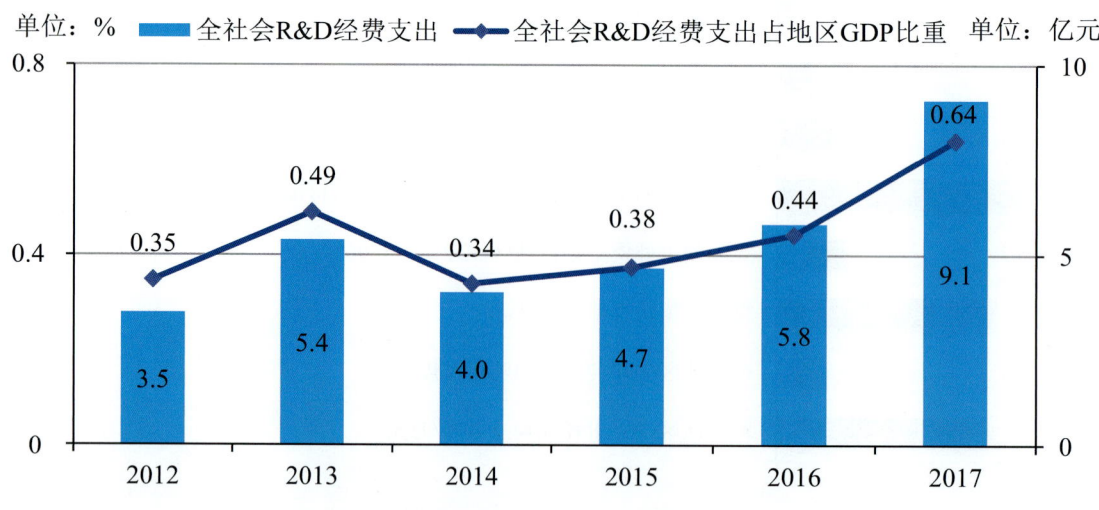

图 2-266　玉溪全社会 R&D 经费支出及占地区 GDP 比重

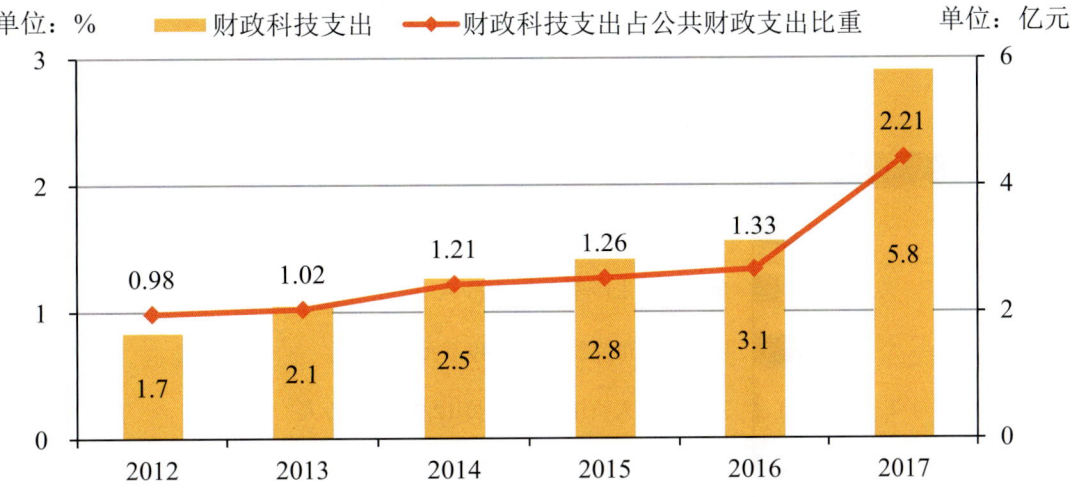

图 2-267　玉溪财政科技支出及占公共财政支出比重

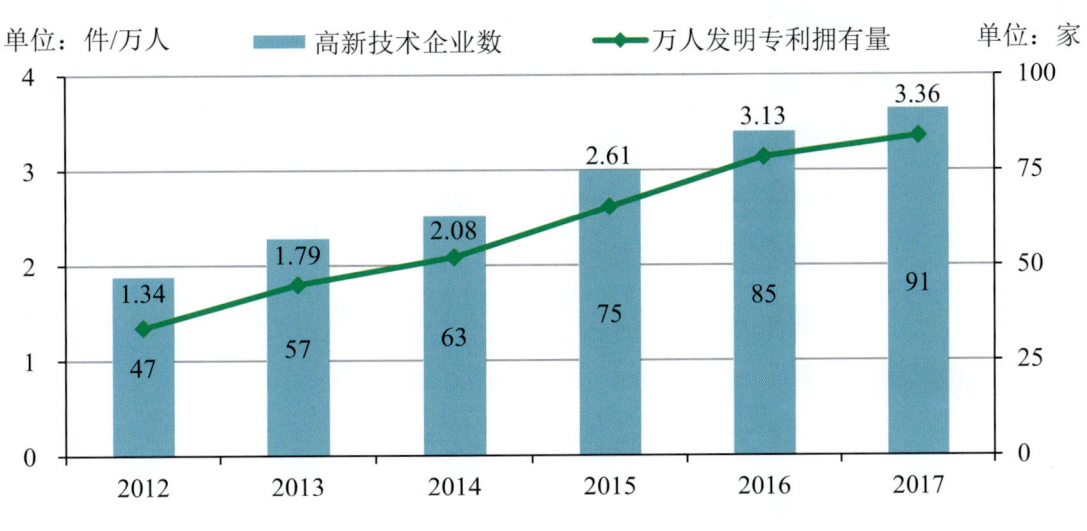

图 2-268　玉溪高新技术企业数及万人发明专利拥有量

从基础数据看,玉溪全社会 R&D 经费支出占地区 GDP 比重从 2012 年的 0.35% 上升到 2017 年的 0.64%,但仍大幅低于全国平均水平（2.13%）,在创新型城市中居第 70 位;财政科技支出占公共财政支出比重从 2012 年的 0.98% 上升到 2017 年的 2.21%,但仍低于全国平均水平（2.56%）,居第 46 位;万人发明专利拥有量从 2012 年的 1.34 件上升到 2017 年的 3.36 件,但仍大幅低于全国平均水平（9.75 件）,居第 62 位;高新技术企业数从 2012 年的 47 家增加到 2017 年的 91 家,在创新型城市中居第 65 位。

总体上看,玉溪作为潜力型创新型城市（创新能力全国排名第 70 位）,创新基础有待增强,开放协同创新水平较低（全国排名第 72 位）,在创新投入、科技成果产出、高新技术产业发展等诸多方面存在明显的短板。

图 2-269　玉溪创新能力部分指标数据及排名

五、支撑绿色发展型

19个支撑绿色发展型城市创新能力指数排序见图2-270。从图中可以看出，湖州和太原的创新能力指数超过55，分列第1和第2名，属于支撑绿色发展型城市的第一梯队。马鞍山、徐州、洛阳、东营、景德镇、龙岩和济宁创新能力指数在45~55之间，分列第3至第9位，属于支撑绿色发展型城市的第二梯队。宝鸡、包头、拉萨等10个城市的创新能力指数在45以下，属于支撑绿色发展型城市的第三梯队。

图2-270　支撑绿色发展型创新能力指数排序

这一类城市多为老工业城市和资源型城市,其中一些城市以科技创新破解可持续发展瓶颈问题,经济、社会和生态环境协调发展初见成效。如作为"两山"理念诞生地的湖州,充分发挥科技创新的引领作用,改造提升冶金、家居、纺织等传统优势产业,培育壮大信息技术、高端装备、生物医药等新兴产业,持续推进企业智能化水平,绿色转型成效显著。19个支撑绿色发展型城市空气质量优良率和单位地区GDP能耗见表2-5。

表2-5 支撑绿色发展型城市空气质量优良率和单位GDP能耗

城市	空气质量优良率(%)	单位地区GDP能耗(吨标准煤/万元)	城市	空气质量优良率(%)	单位地区GDP能耗(吨标准煤/万元)
湖州	68.49	0.31	包头	75.89	1.03
太原	48.22	0.82	拉萨	98.90	0.12
马鞍山	65.21	1.13	衡阳	79.00	0.15
徐州	48.22	0.34	西宁	80.55	1.66
洛阳	45.48	0.44	萍乡	78.90	0.85
东营	55.34	0.61	汉中	87.95	0.69
景德镇	90.96	0.47	唐山	56.16	1.34
龙岩	100.00	0.60	南阳	56.00	0.29
济宁	59.45	0.63	吉林	70.96	0.92
宝鸡	67.67	0.47			

(一)湖州

2017年湖州常住人口300万人;地区生产总值(GDP)2476亿元,居创新型城市第59位;人均GDP 8.27万元,居第36位。

湖州创新能力指数为55.74,居创新型城市第35位。其中创新基础得分71.68,居第19位;科教资源富集程度得分19.29,居第57位;产业技术创新能力得分50.55,居第35位;创新创业活跃程度得分54.46,居第30位;开放协同创新水平得分52.57,居第39位;支撑绿色发展能力得分67.63,居第26位。

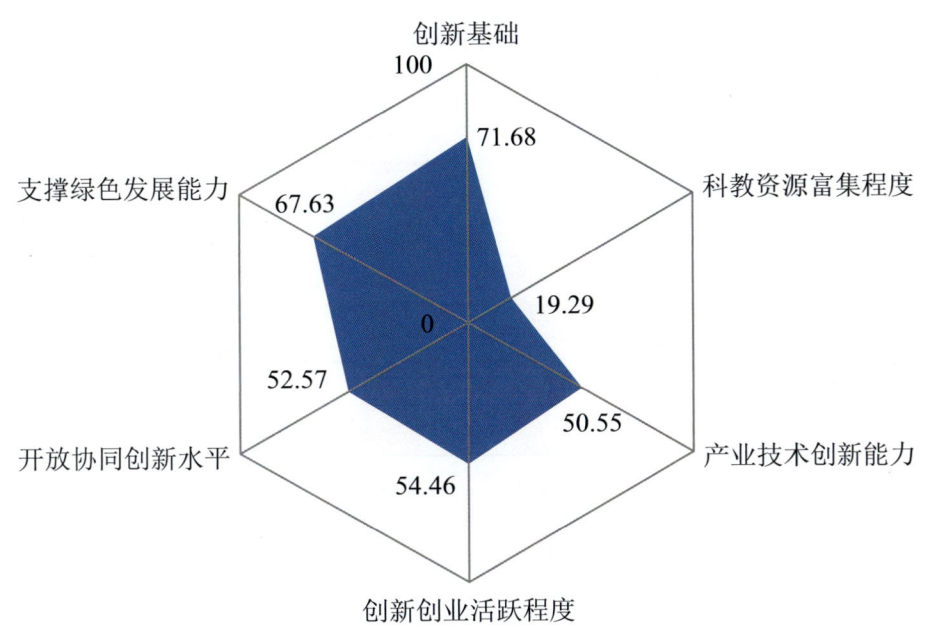

图 2-271　湖州创新能力雷达图

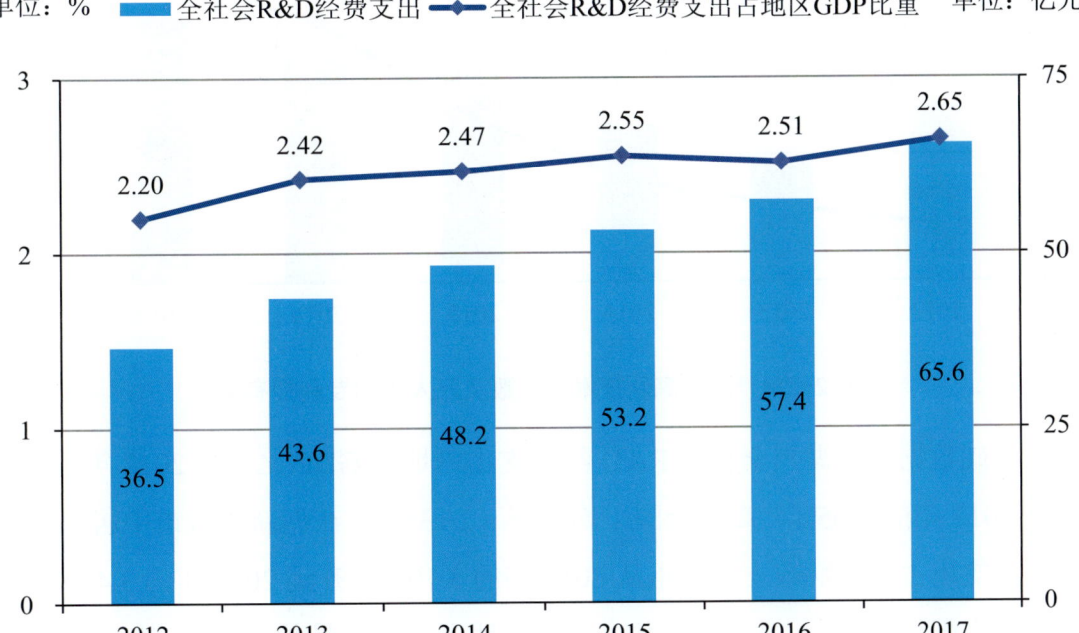

图 2-272　湖州全社会 R&D 经费支出及占地区 GDP 比重

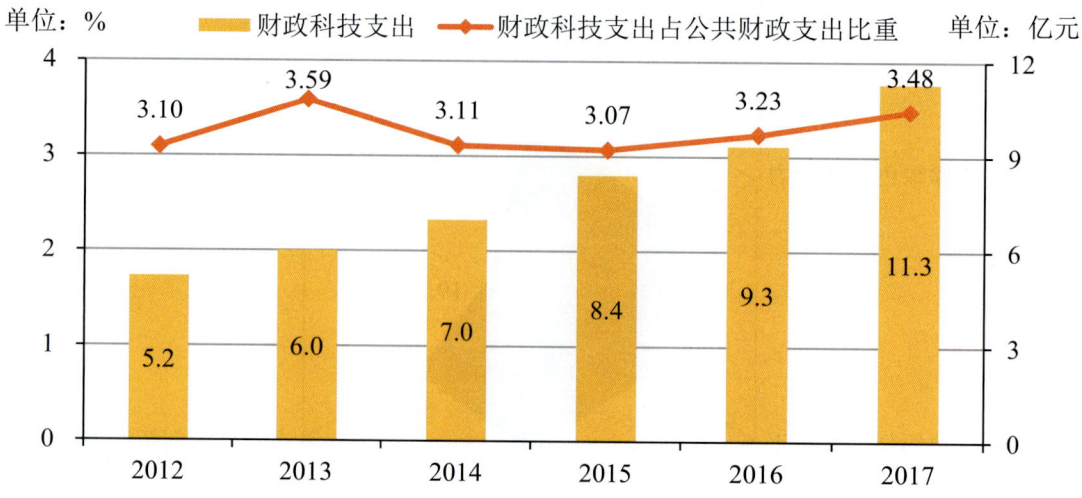

图 2-273　湖州财政科技支出及占公共财政支出比重

图 2-274　湖州高新技术企业数及万人发明专利拥有量

从基础数据看，湖州全社会 R&D 经费支出占地区 GDP 比重从 2012 年的 2.20% 上升到 2017 年的 2.65%，高于全国平均水平（2.13%），在创新型城市中居第 13 位；财政科技支出占公共财政支出比重从 2012 年的 3.10% 上升到 2017 年的 3.48%，高于全国平均水平（2.56%），居第 20 位；万人发明专利拥有量从 2012 年的 4.38 件上升到 2017 年的 24.67 件，大幅高于全国平均水平（9.75 件），居第 15 位；高新技术企业数从 2012 年的 231 家增加到 2017 年的 628 家，在创新型城市中居第 29 位。

总体上看，湖州作为成长型创新型城市（创新能力全国排名第 35 位），创新基础较强，创新对绿色发展支撑作用较强（全国排名第 26 位），在科教资源、开放协同创新等方面存在明显的短板。

排名	指标
13	全社会R&D经费支出占地区GDP比重 2.65%
20	财政科技支出占公共财政支出比重 3.48%
11	科创板上市企业数量 0家
15	万人发明专利拥有量 24.67件/万人
62	全员劳动生产率 8.92万元/人
13	居民人均可支配收入 4.99万元/人
32	万名就业人员中R&D人员 68.31人年/万人
67	万人普通高校在校学生数 88.09人/万人
68	基础研究经费占R&D经费比重 0.24%
47	国家重点实验室数量 0个
37	中央级高校和科研院所数量 0个
48	国家工程技术研究中心数量 0个
15	规上工业企业R&D经费支出占主营业务收入比重 1.51%
29	高新技术企业数 628家
22	高新技术企业主营业务收入占规上工业企业主营业务收入比重 34.83%
50	国家高新区营业收入占地区GDP比重 19.2%
41	国家级科技企业孵化器、大学科技园、双创示范基地数量 14个
40	国家级科技企业孵化器、大学科技园当年新增在孵企业数 164家
17	技术合同成交额占地区GDP比重 1.52%
39	科技型中小企业数量 502家
49	国家国际科技合作基地数量 1个
31	外国人才来华工作数 391人次
62	高技术产品出口额占商品出口额比重 3.24%
20	实际使用外资金额占地区GDP比重 2.87%
47	空气质量优良率 68.49%
21	单位地区GDP能耗 0.31吨标准煤/万元
20	单位地区GDP水耗 3.93立方米/万元

图 2-275 湖州创新能力部分指标数据及排名

（二）太原

2017年太原常住人口438万人；地区生产总值（GDP）3382亿元，居创新型城市第49位；人均GDP 7.72万元，居第42位。

太原创新能力指数为59.38，居创新型城市第27位。其中创新基础得分62.69，居第32位；科教资源富集程度得分70.00，居第10位；产业技术创新能力得分61.69，居第18位；创新创业活跃程度得分59.01，居第24位；开放协同创新水平得分55.57，居第37位；支撑绿色发展能力得分43.58，居第71位。

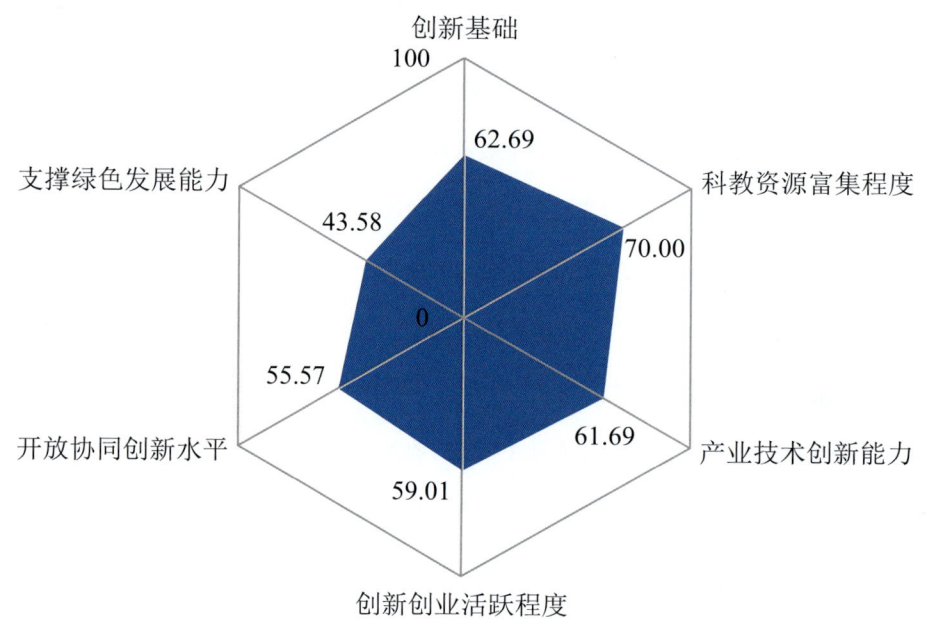

图2-276　太原创新能力雷达图

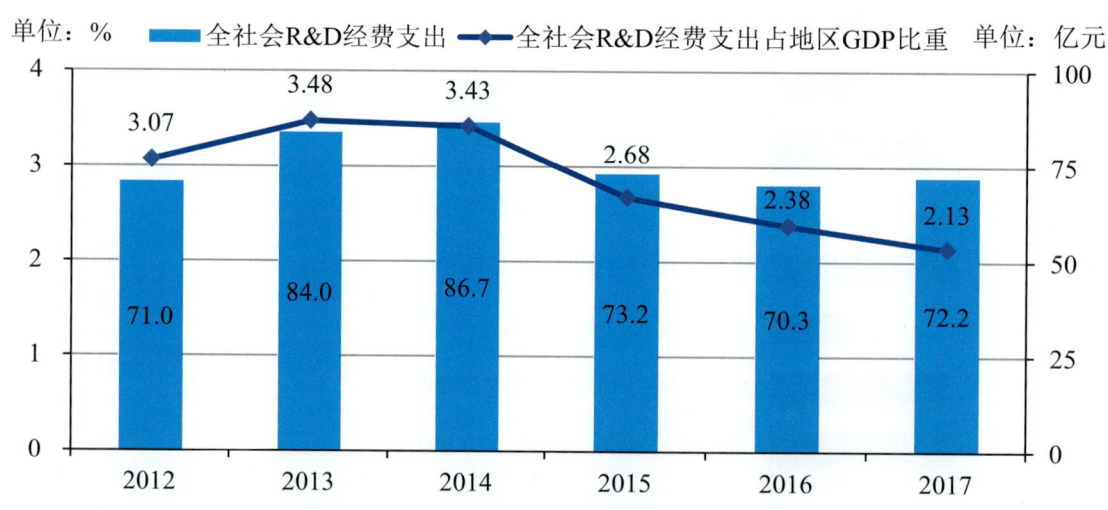

图2-277　太原全社会R&D经费支出及占地区GDP比重

图 2-278 太原财政科技支出及占公共财政支出比重

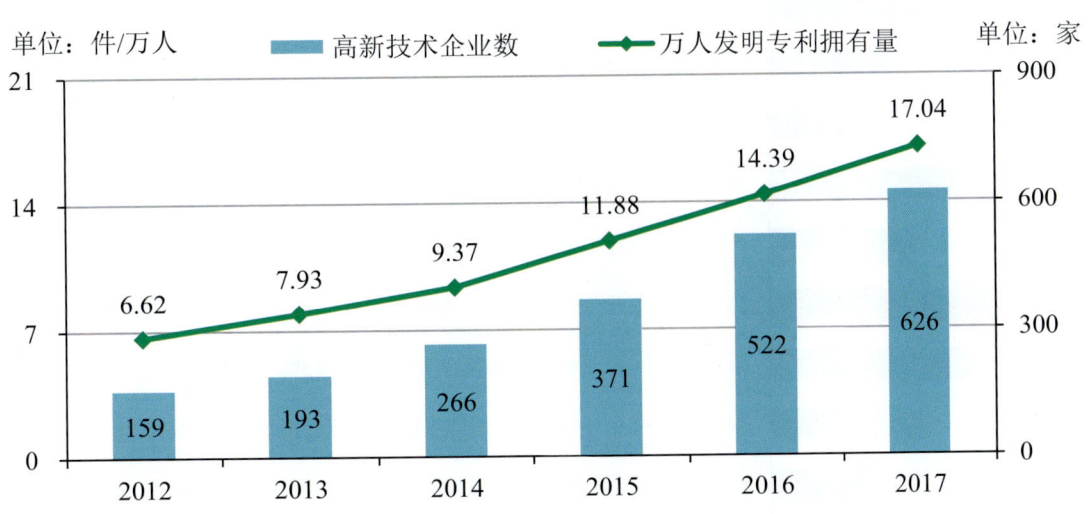

图 2-279 太原高新技术企业数及万人发明专利拥有量

从基础数据看，太原全社会 R&D 经费支出占地区 GDP 比重从 2012 年的 3.07% 下降到 2017 年的 2.13%，与全国平均水平（2.13%）相同，在创新型城市中居第 35 位；财政科技支出占公共财政支出比重从 2012 年的 3.45% 上升到 2017 年的 3.87%，高于全国平均水平（2.56%），居第 18 位；万人发明专利拥有量从 2012 年的 6.62 件上升到 2017 年的 17.04 件，高于全国平均水平（9.75 件），居第 23 位；高新技术企业数从 2012 年的 159 家增加到 2017 年的 626 家，在创新型城市中居第 30 位。

总体上看，太原作为成长型创新型城市（创新能力全国排名第 27 位），创新基础较强，创新对绿色发展支撑作用有待增强（全国排名第 71 位），在高新技术企业培育、创新投入等方面存在明显的短板。

图 2-280　太原创新能力部分指标数据及排名

（三）马鞍山

2017年马鞍山常住人口230万人；地区生产总值（GDP）1710亿元，居创新型城市第64位；人均GDP 7.43万元，居第44位。

马鞍山创新能力指数为53.15，居创新型城市第39位。其中创新基础得分72.79，居第17位；科教资源富集程度得分33.46，居第43位；产业技术创新能力得分51.92，居第34位；创新创业活跃程度得分38.53，居第46位；开放协同创新水平得分52.12，居第41位；支撑绿色发展能力得分47.62，居第66位。

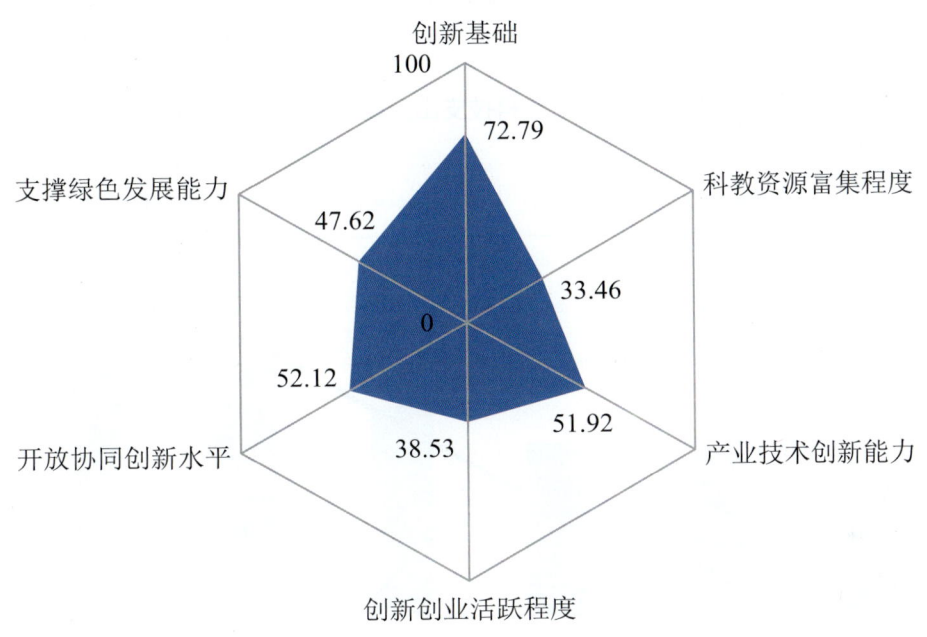

图 2-281 马鞍山创新能力雷达图

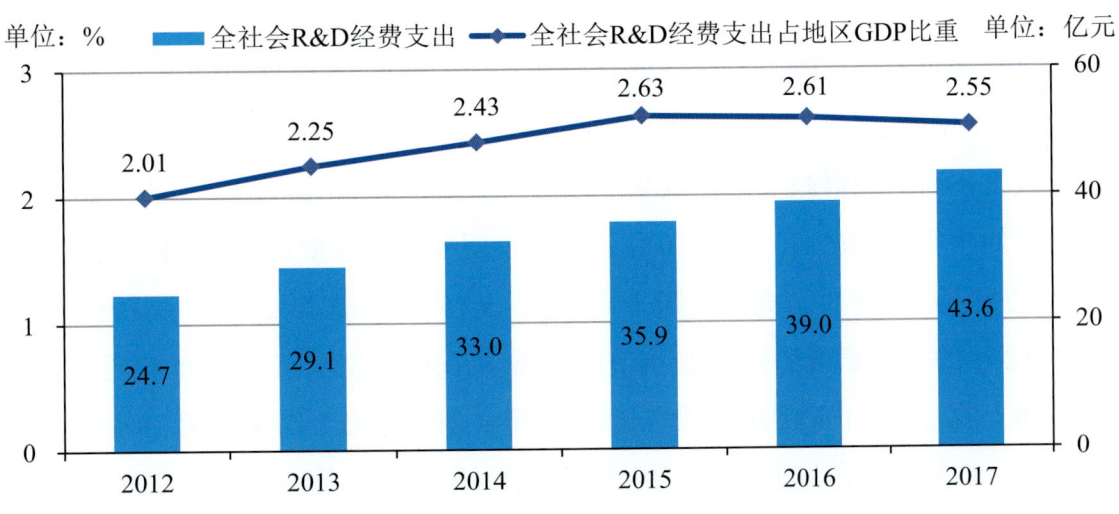

图 2-282 马鞍山全社会 R&D 经费支出及占地区 GDP 比重

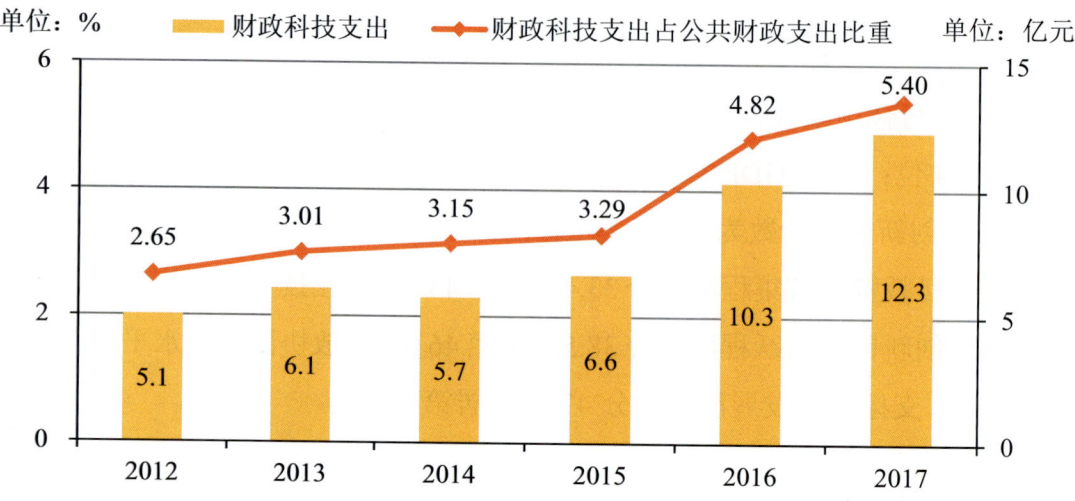

图 2-283 马鞍山财政科技支出及占公共财政支出比重

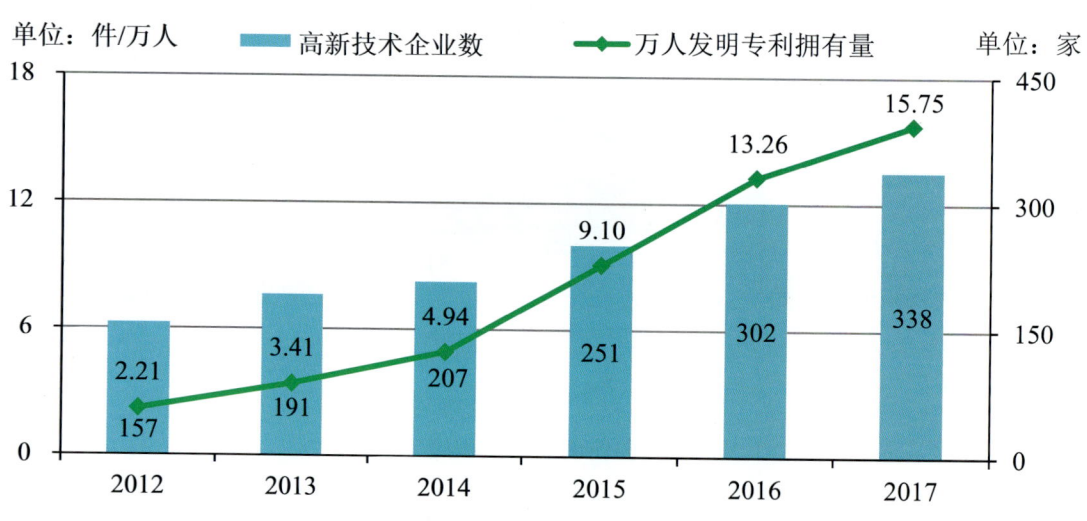

图 2-284 马鞍山高新技术企业数及万人发明专利拥有量

从基础数据看,马鞍山全社会 R&D 经费支出占地区 GDP 比重从 2012 年的 2.01% 上升到 2017 年的 2.55%,高于全国平均水平(2.13%),在创新型城市中居第 18 位;财政科技支出占公共财政支出比重从 2012 年的 2.65% 上升到 2017 年的 5.40%,高于全国平均水平(2.56%),居第 10 位;万人发明专利拥有量从 2012 年的 2.21 件上升到 2017 年的 15.75 件,高于全国平均水平(9.75 件),居第 26 位;高新技术企业数从 2012 年的 157 家增加到 2017 年的 338 家,在创新型城市中居第 47 位。

总体上看,马鞍山作为成长型创新型城市(创新能力全国排名第 39 位),创新基础较强,创新对绿色发展支撑作用有待增强(全国排名第 66 位),在高新技术企业培育、创新创业等方面存在明显的短板。

排名	指标
18	全社会R&D经费支出占地区GDP比重 2.55%
10	财政科技支出占公共财政支出比重 5.4%
11	科创板上市企业数量 0家
26	万人发明专利拥有量 15.75件/万人
34	全员劳动生产率 12.14万元/人
27	居民人均可支配收入 4.14万元/人
41	万名就业人员中R&D人员 57.01人年/万人
37	万人普通高校在校学生数 232.99人/万人
55	基础研究经费占R&D经费比重 0.62%
30	国家重点实验室数量 1个
37	中央级高校和科研院所数量 0个
33	国家工程技术研究中心数量 1个
30	规上工业企业R&D经费支出占主营业务收入比重 1.31%
47	高新技术企业数 338家
46	高新技术企业主营业务收入占规上工业企业主营业务收入比重 23.45%
17	国家高新区营业收入占地区GDP比重 57.28%
60	国家级科技企业孵化器、大学科技园、双创示范基地数量 4个
50	国家级科技企业孵化器、大学科技园当年新增在孵企业数 81家
34	技术合同成交额占地区GDP比重 0.72%
41	科技型中小企业数量 432家
40	国家国际科技合作基地数量 2个
54	外国人才来华工作数 79人次
42	高技术产品出口额占商品出口额比重 9.05%
1	实际使用外资金额占地区GDP比重 8.99%
54	空气质量优良率 65.21%
69	单位地区GDP能耗 1.13吨标准煤/万元
49	单位地区GDP水耗 7.73立方米/万元

图 2-285 马鞍山创新能力部分指标数据及排名

（四）徐州

2017年徐州常住人口876万人；地区生产总值（GDP）6606亿元，居创新型城市第24位；人均GDP 7.54万元，居第43位。

徐州创新能力指数为50.60，居创新型城市第40位。其中创新基础得分52.32，居第46位；科教资源富集程度得分50.37，居第33位；产业技术创新能力得分38.89，居第52位；创新创业活跃程度得分52.84，居第32位；开放协同创新水平得分51.95，居第42位；支撑绿色发展能力得分55.25，居第59位。

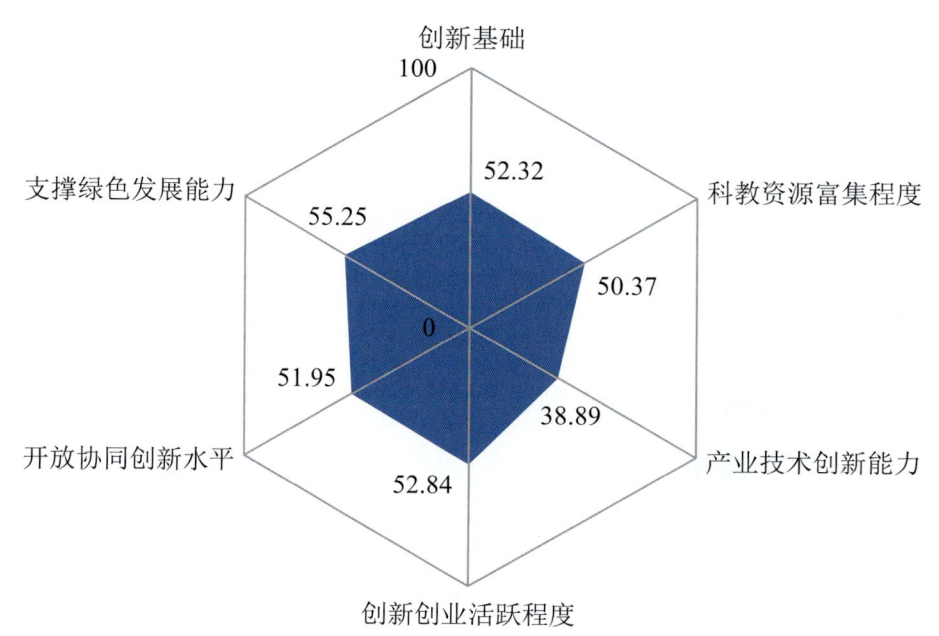

图2-286 徐州创新能力雷达图

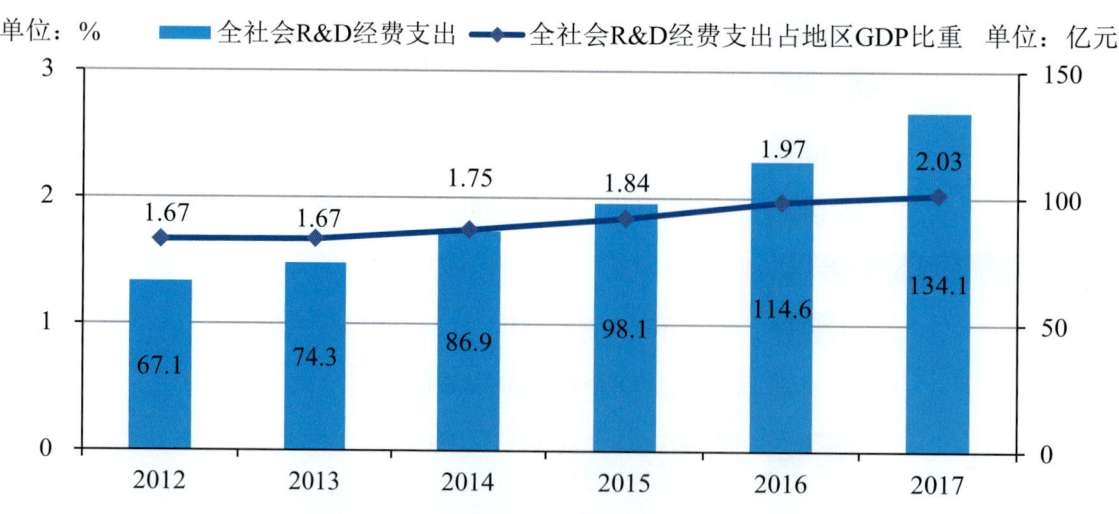

图2-287 徐州全社会R&D经费支出及占地区GDP比重

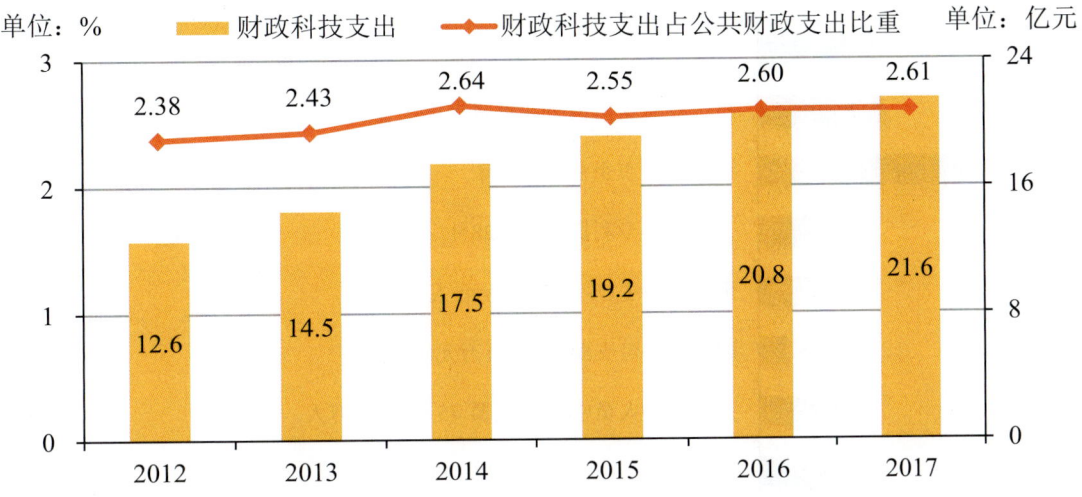

图 2-288　徐州财政科技支出及占公共财政支出比重

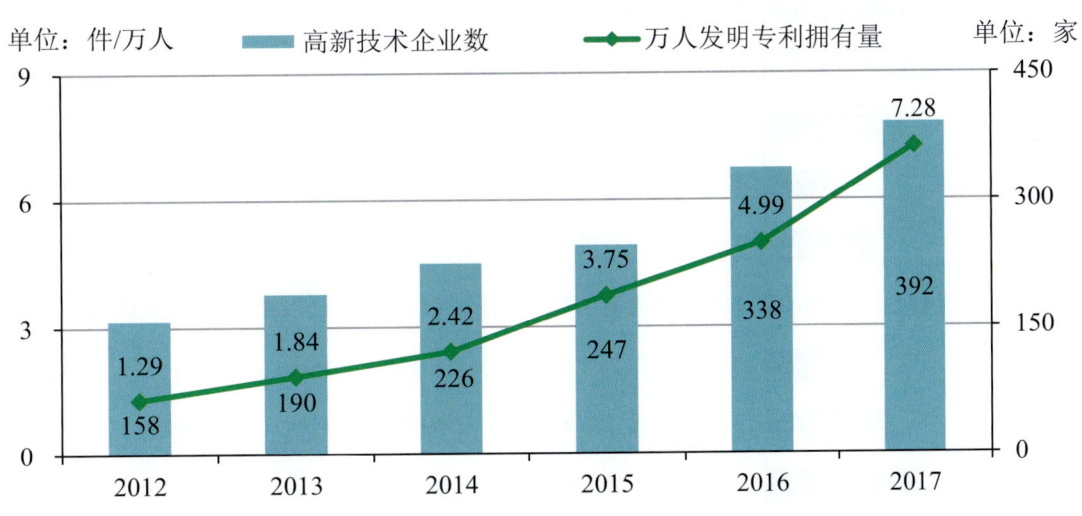

图 2-289　徐州高新技术企业数及万人发明专利拥有量

从基础数据看,徐州全社会 R&D 经费支出占地区 GDP 比重从 2012 年的 1.67% 上升到 2017 年的 2.03%,但仍低于全国平均水平(2.13%),在创新型城市中居第 38 位;财政科技支出占公共财政支出比重从 2012 年的 2.38% 上升到 2017 年的 2.61%,高于全国平均水平(2.56%),居第 37 位;万人发明专利拥有量从 2012 年的 1.29 件上升到 2017 年的 7.28 件,但仍低于全国平均水平(9.75 件),居第 46 位;高新技术企业数从 2012 年的 158 家增加到 2017 年的 392 家,在创新型城市中居第 43 位。

总体上看,徐州作为成长型创新型城市(创新能力全国排名第 40 位),创新基础较强,创新对绿色发展支撑作用有待增强(全国排名第 59 位),在高新技术企业培育、开放协同创新等方面存在明显的短板。

图 2-290　徐州创新能力部分指标数据及排名

（五）洛阳

2017年洛阳常住人口682万人；地区生产总值（GDP）4290亿元，居创新型城市第40位；人均GDP 6.29万元，居第54位。

洛阳创新能力指数为50.31，居创新型城市第44位。其中创新基础得分53.51，居第44位；科教资源富集程度得分28.38，居第48位；产业技术创新能力得分40.23，居第50位；创新创业活跃程度得分57.91，居第27位；开放协同创新水平得分66.57，居第25位；支撑绿色发展能力得分51.63，居第62位。

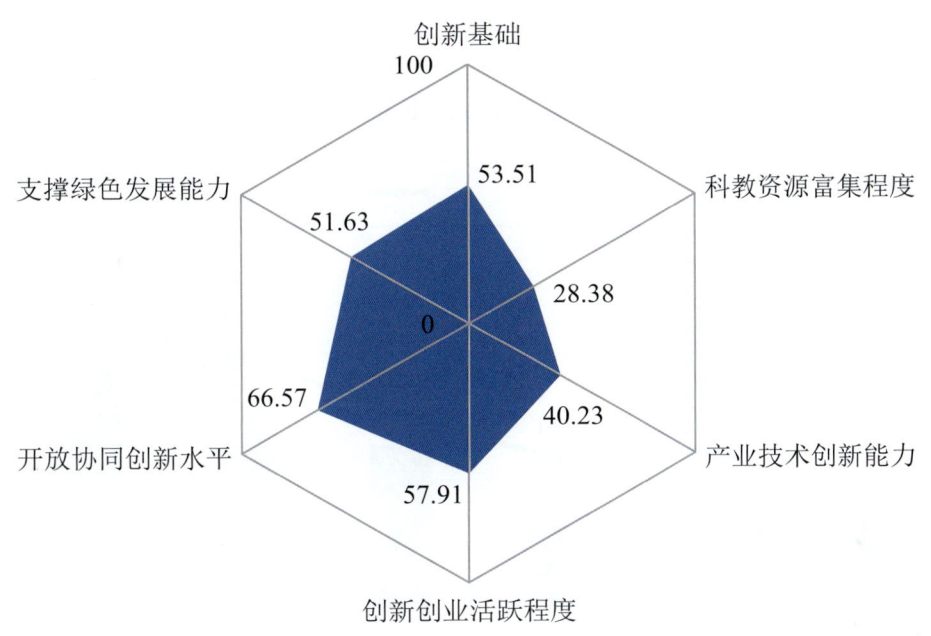

图2-291　洛阳创新能力雷达图

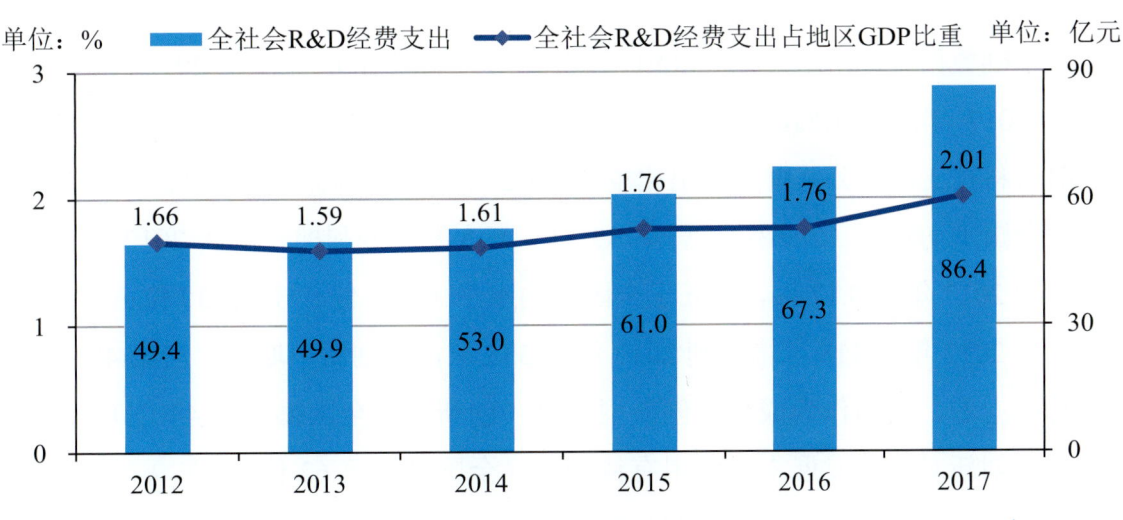

图2-292　洛阳全社会R&D经费支出及占地区GDP比重

图 2-293 洛阳财政科技支出及占公共财政支出比重

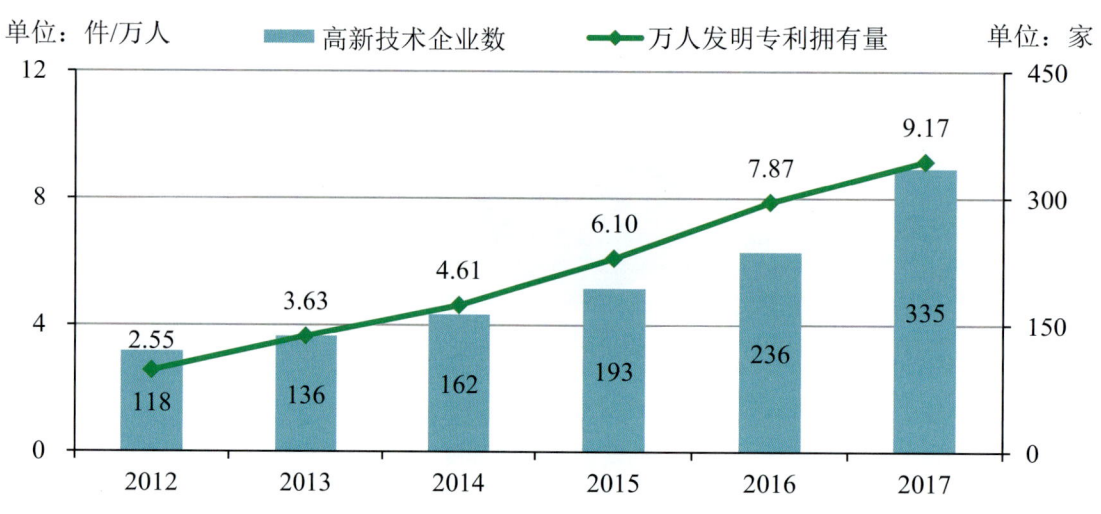

图 2-294 洛阳高新技术企业数及万人发明专利拥有量

从基础数据看，洛阳全社会 R&D 经费支出占地区 GDP 比重从 2012 年的 1.66%上升到 2017 年的 2.01%，略低于全国平均水平（2.13%），在创新型城市中居第 39 位；财政科技支出占公共财政支出比重从 2012 年的 2.00%上升到 2017 年的 2.47%，略低于全国平均水平（2.56%），居第 39 位；万人发明专利拥有量从 2012 年的 2.55 件上升到 2017 年的 9.17 件，仍低于全国平均水平（9.75 件），居第 39 位；高新技术企业数从 2012 年的 118 家增加到 2017 年的 335 家，在创新型城市中居第 48 位。

总体上看，洛阳作为成长型创新型城市（创新能力全国排名第 44 位），创新基础较强，创新对绿色发展支撑作用有待增强（全国排名第 62 位），在高新技术产业发展、开放协同创新等方面存在明显的短板。

图 2-295 洛阳创新能力部分指标数据及排名

（六）东营

2017 年东营常住人口 215 万人；地区生产总值（GDP）3814 亿元，居创新型城市第 47 位；人均 GDP 17.70 万元，居第 2 位。

东营创新能力指数为 44.95，居创新型城市第 52 位。其中创新基础得分 65.36，居第 29 位；科教资源富集程度得分 27.45，居第 50 位；产业技术创新能力得分 23.66，居第 64 位；创新创业活跃程度得分 32.37，居第 50 位；开放协同创新水平得分 42.82，居第 53 位；支撑绿色发展能力得分 54.72，居第 60 位。

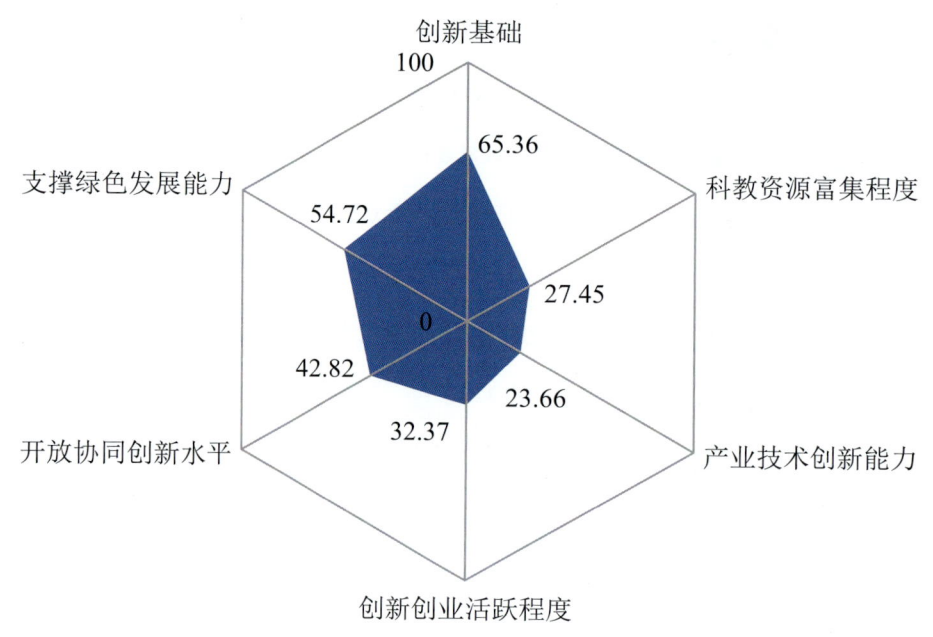

图 2-296　东营创新能力雷达图

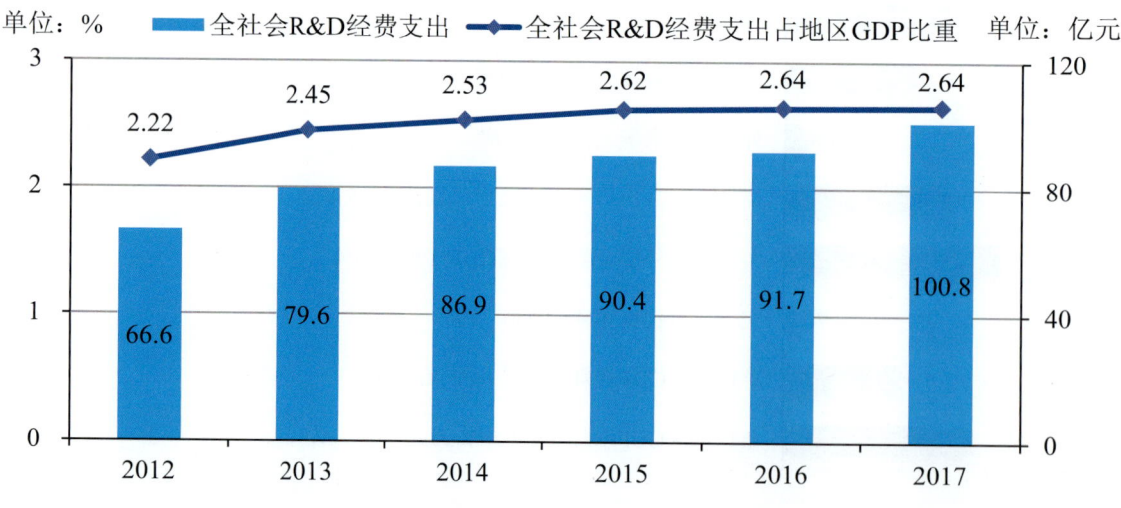

图 2-297　东营全社会 R&D 经费支出及占地区 GDP 比重

图 2-298　东营财政科技支出及占公共财政支出比重

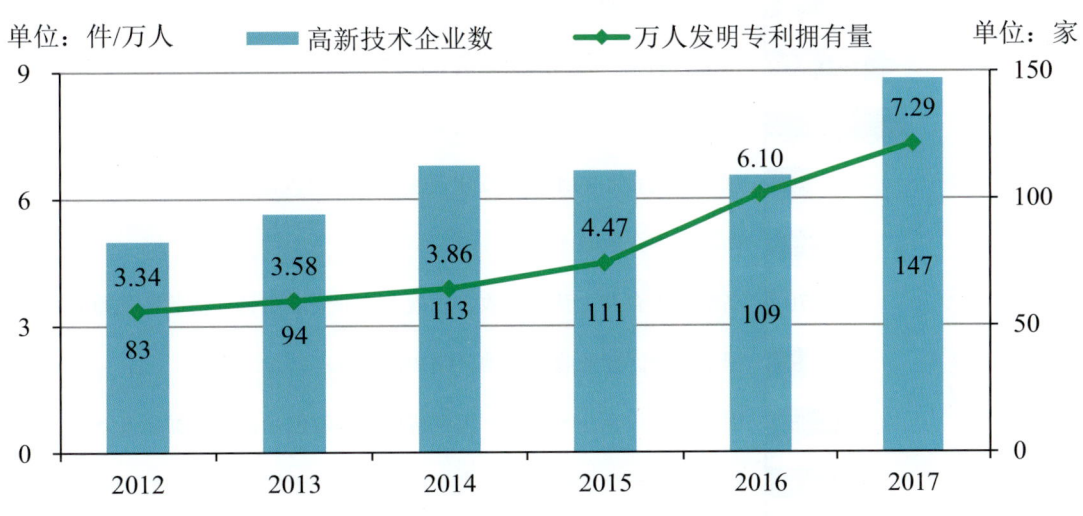

图 2-299　东营高新技术企业数及万人发明专利拥有量

从基础数据看，东营全社会 R&D 经费支出占地区 GDP 比重从 2012 年的 2.22% 上升到 2017 年的 2.64%，高于全国平均水平（2.13%），在创新型城市中居第 14 位；财政科技支出占公共财政支出比重波动较大，2017 年的 2.32%，略低于全国平均水平（2.56%），居第 43 位；万人发明专利拥有量从 2012 年的 3.34 件上升到 2017 年的 7.29 件，但仍低于全国平均水平（9.75 件），居第 45 位；高新技术企业数从 2012 年的 83 家增加到 2017 年的 147 家，在创新型城市中居第 57 位。

总体上看，东营作为成长型创新型城市（创新能力全国排名第 52 位），创新基础较强，创新对绿色发展支撑作用有待增强（全国排名第 60 位），在高新技术企业发展、创新创业等方面存在明显的短板。

图 2-300　东营创新能力部分指标数据及排名

（七）景德镇

2017年景德镇常住人口166万人；地区生产总值（GDP）878亿元，居创新型城市第71位；人均GDP 5.28万元，居第67位。

景德镇创新能力指数为42.59，居创新型城市第57位。其中创新基础得分48.00，居第56位；科教资源富集程度得分28.08，居第49位；产业技术创新能力得分48.85，居第41位；创新创业活跃程度得分18.71，居第59位；开放协同创新水平得分37.13，居第60位；支撑绿色发展能力得分68.58，居第23位。

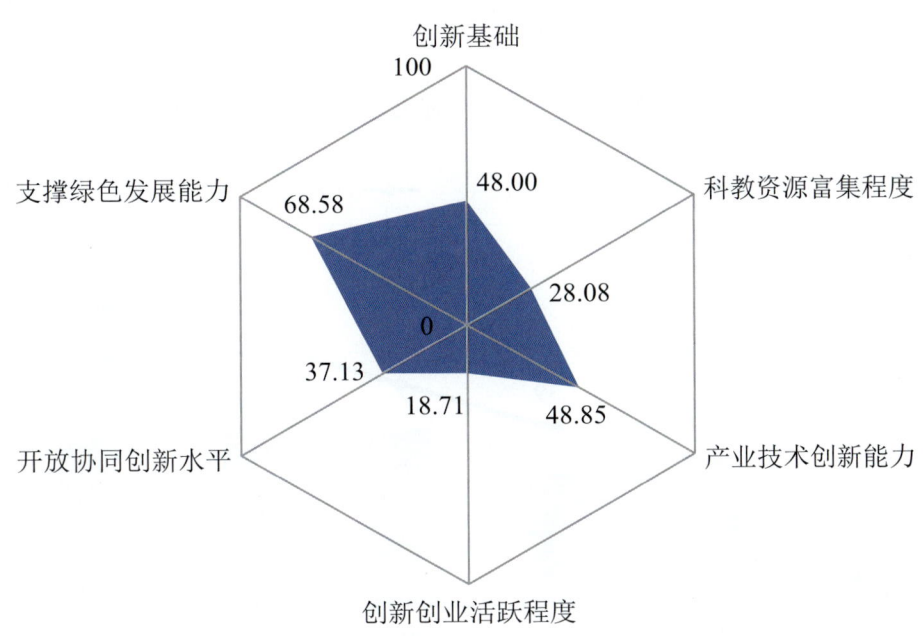

图2-301　景德镇创新能力雷达图

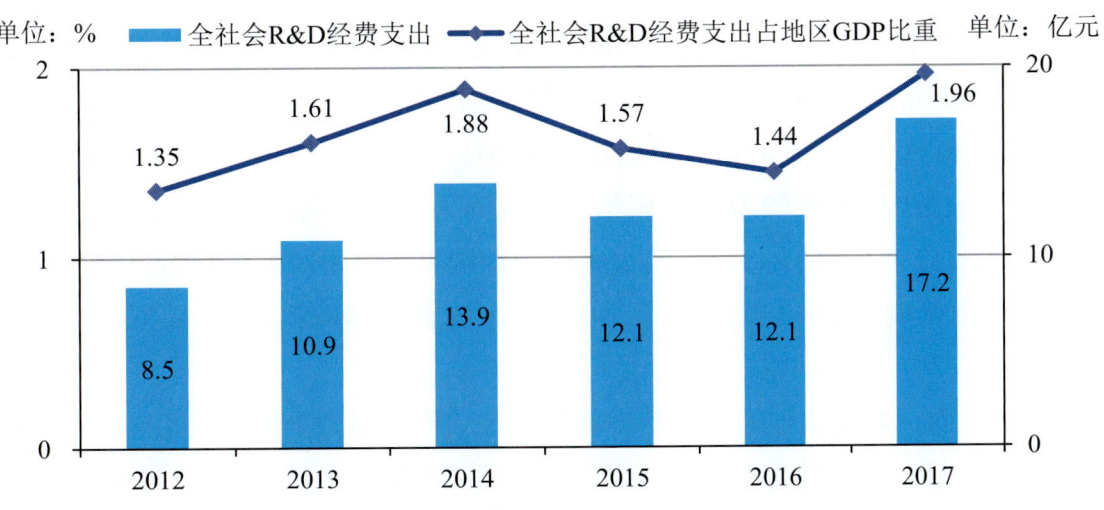

图2-302　景德镇全社会R&D经费支出及占地区GDP比重

图 2-303　景德镇财政科技支出及占公共财政支出比重

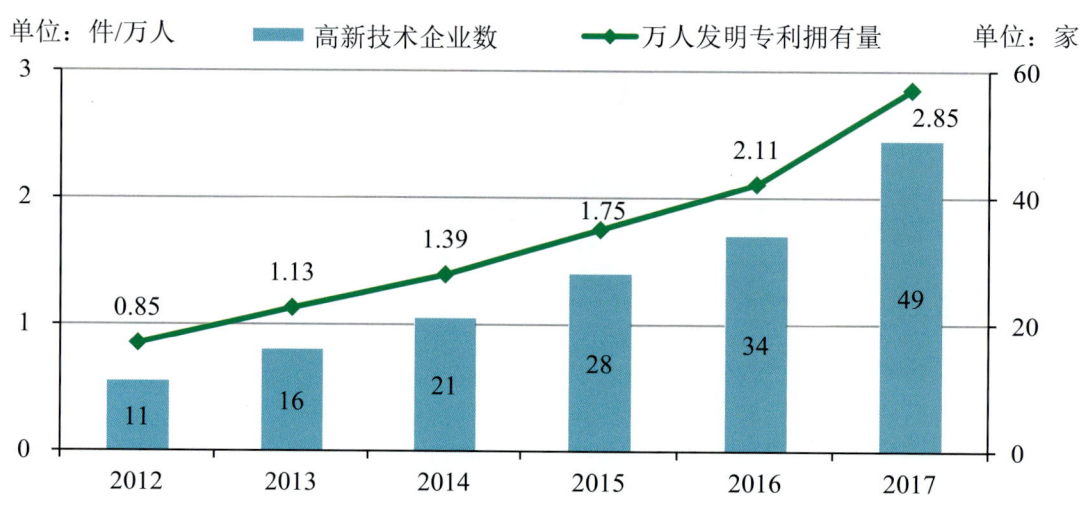

图 2-304　景德镇高新技术企业数及万人发明专利拥有量

从基础数据看，景德镇全社会 R&D 经费支出占地区 GDP 比重从 2012 年的 1.35% 上升到 2017 年的 1.96%，但仍低于全国平均水平（2.13%），在创新型城市中居第 41 位；财政科技支出占公共财政支出比重从 2012 年的 0.79% 上升到 2017 年的 2.06%，但仍低于全国平均水平（2.56%），居第 50 位；万人发明专利拥有量从 2012 年的 0.85 件上升到 2017 年的 2.85 件，但仍大幅低于全国平均水平（9.75 件），居第 64 位；高新技术企业数从 2012 年的 11 家增加到 2017 年的 49 家，在创新型城市中居第 70 位。

总体上看，景德镇作为成长型创新型城市（创新能力全国排名第 57 位），创新基础有待增强，创新对绿色发展支撑作用较强（全国排名第 23 位），在创新投入、高新技术企业培育、创新创业等方面存在明显的短板。

图 2-305　景德镇创新能力部分指标数据及排名

（八）龙岩

2017 年龙岩常住人口 264 万人；地区生产总值（GDP）2153 亿元，居创新型城市第 62 位；人均 GDP 8.16 万元，居第 37 位。

龙岩创新能力指数为 38.11，居创新型城市第 63 位。其中创新基础得分 51.79，居第 49 位；科教资源富集程度得分 15.11，居第 65 位；产业技术创新能力得分 25.49，居第 61 位；创新创业活跃程度得分 13.14，居第 67 位；开放协同创新水平得分 30.20，居第 69 位；支撑绿色发展能力得分 77.28，居第 5 位。

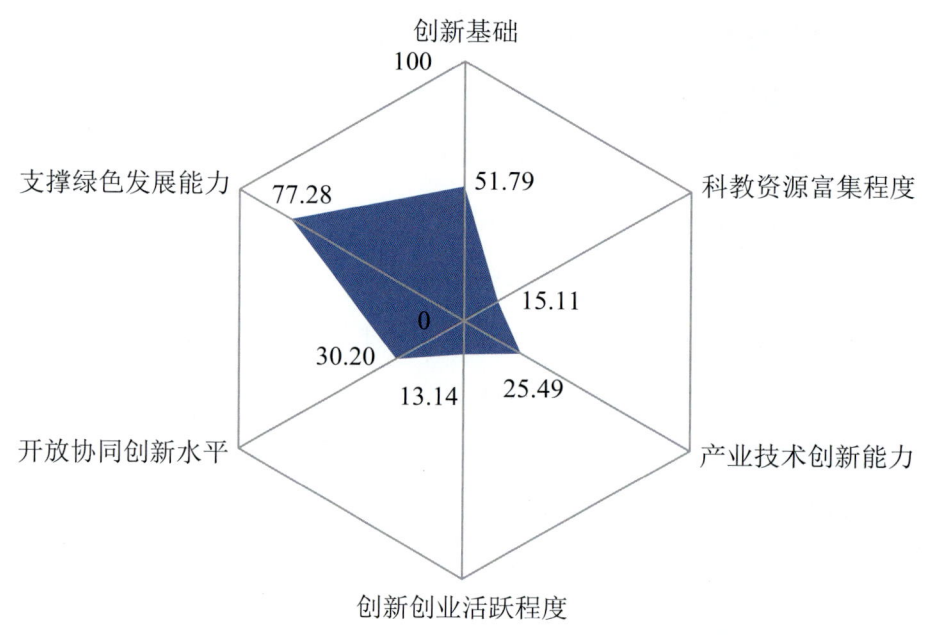

图 2-306　龙岩创新能力雷达图

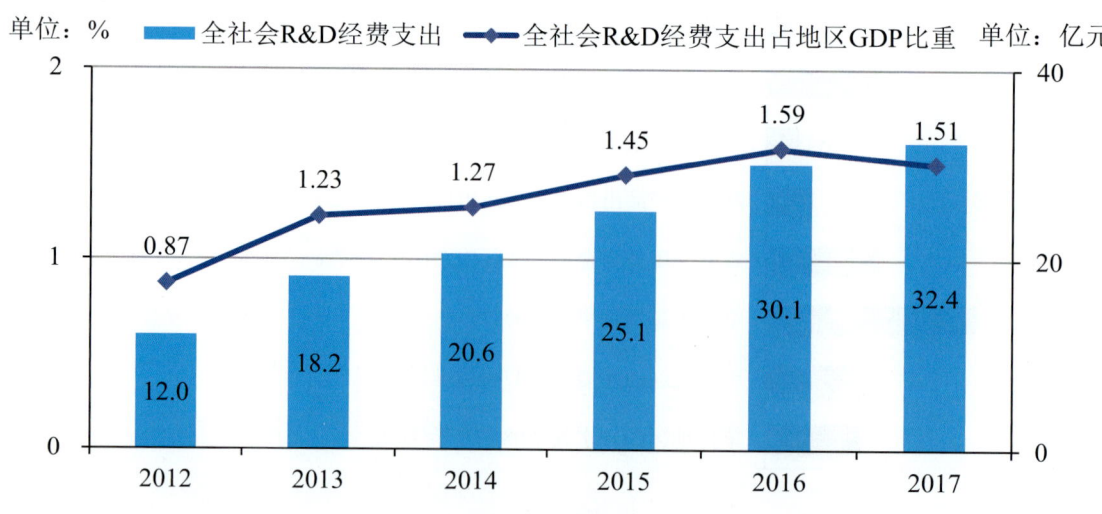

图 2-307　龙岩全社会 R&D 经费支出及占地区 GDP 比重

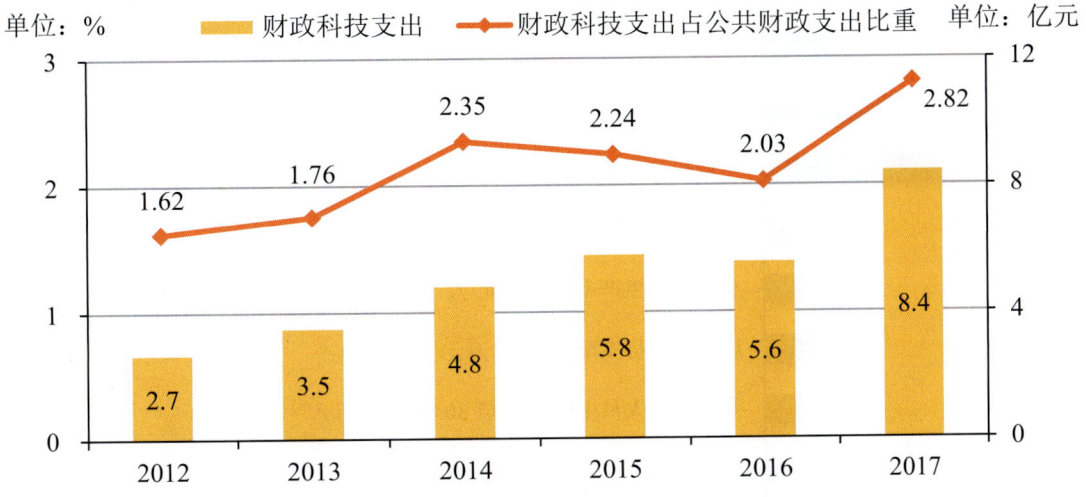

图 2-308 龙岩财政科技支出及占公共财政支出比重

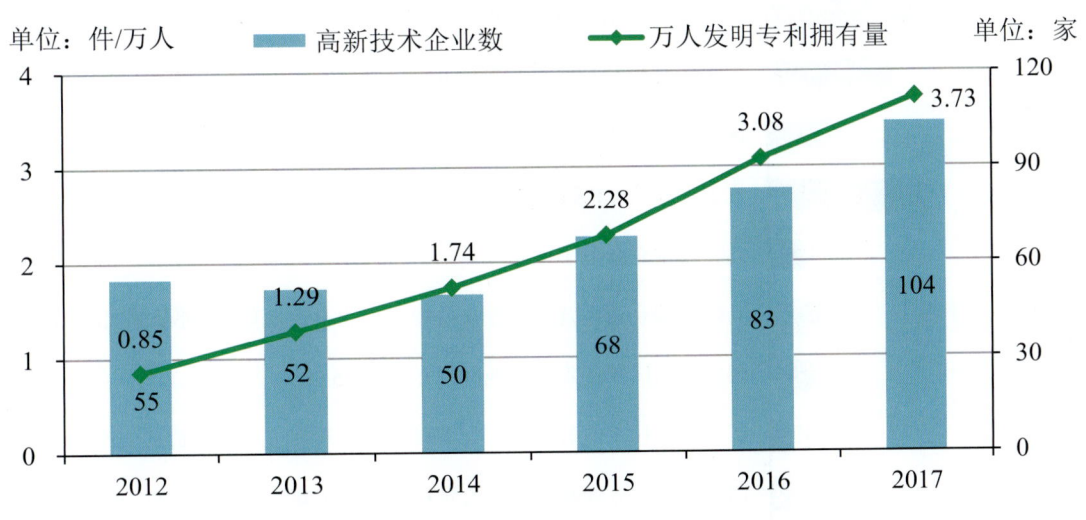

图 2-309 龙岩高新技术企业数及万人发明专利拥有量

从基础数据看,龙岩全社会 R&D 经费支出占地区 GDP 比重从 2012 年的 0.87% 上升到 2017 年的 1.51%,但仍低于全国平均水平（2.13%）,在创新型城市中居第 50 位;财政科技支出占公共财政支出比重从 2012 年的 1.62% 上升到 2017 年的 2.82%,高于全国平均水平（2.56%）,居第 33 位;万人发明专利拥有量从 2012 年的 0.85 件上升到 2017 年的 3.73 件,但仍大幅低于全国平均水平（9.75 件）,居第 61 位;高新技术企业数从 2012 年的 55 家增加到 2017 年的 104 家,在创新型城市中居第 64 位。

总体上看,龙岩作为潜力型创新型城市（创新能力全国排名第 63 位）,创新基础有待增强,创新对绿色发展支撑作用突出（全国排名第 5 位）,但在创新创业、开放协同创新等诸多方面存在明显的短板。

图 2-310　龙岩创新能力部分指标数据及排名

（九）济宁

2017 年济宁常住人口 838 万人；地区生产总值（GDP）4637 亿元，居创新型城市第 37 位；人均 GDP 5.54 万元，居第 64 位。

济宁创新能力指数为 43.06，居创新型城市第 55 位。其中创新基础得分 45.89，居第 58 位；科教资源富集程度得分 25.62，居第 52 位；产业技术创新能力得分 36.14，居第 56 位；创新创业活跃程度得分 45.92，居第 42 位；开放协同创新水平得分 44.61，居第 51 位；支撑绿色发展能力得分 56.92，居第 56 位。

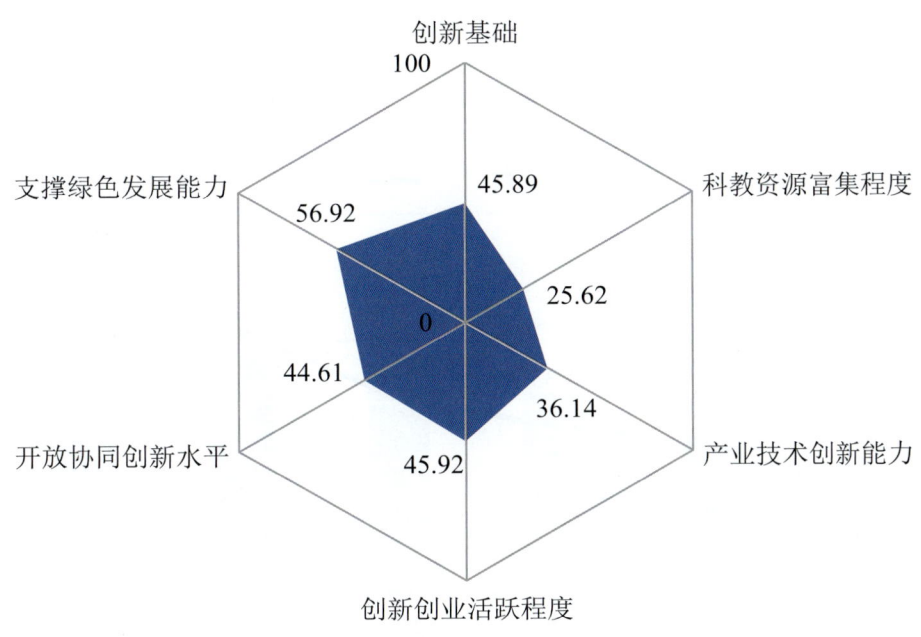

图 2-311　济宁创新能力雷达图

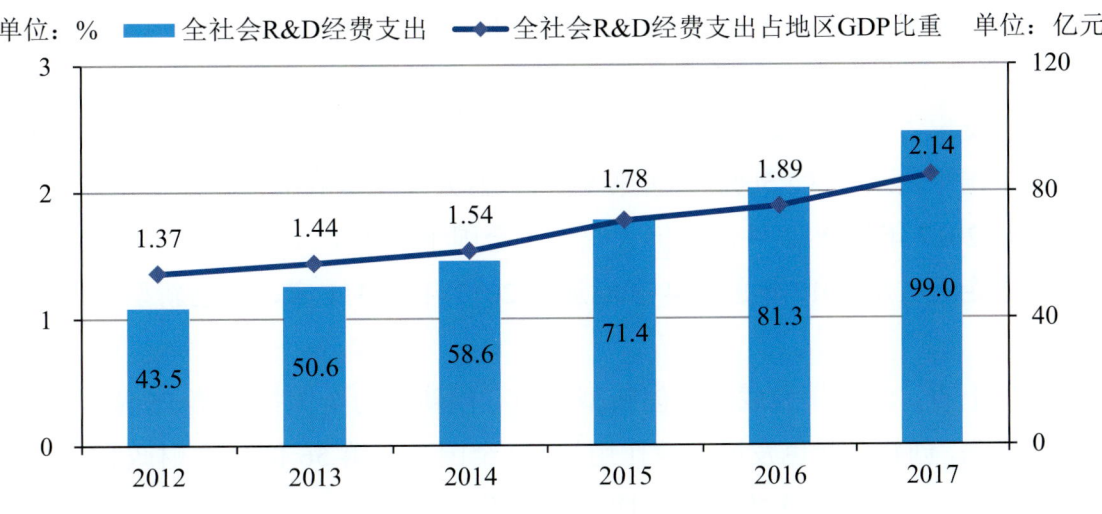

图 2-312　济宁全社会 R&D 经费支出及占地区 GDP 比重

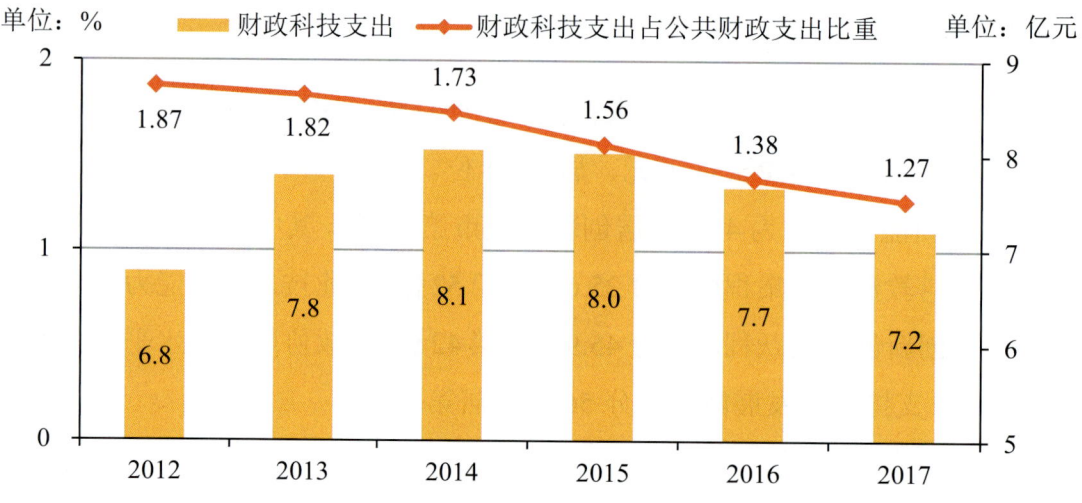

图 2-313　济宁财政科技支出及占公共财政支出比重

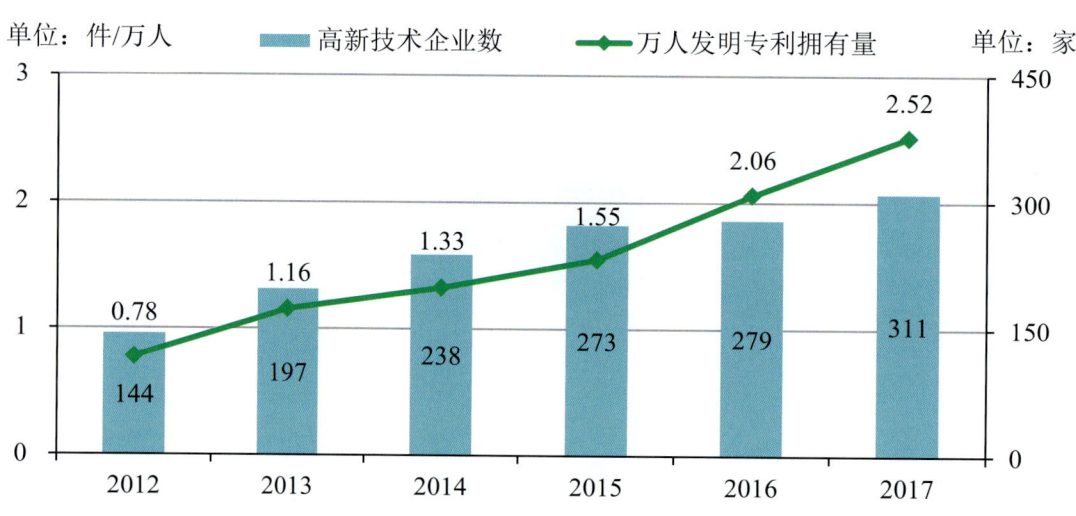

图 2-314　济宁高新技术企业数及万人发明专利拥有量

从基础数据看，济宁全社会 R&D 经费支出占地区 GDP 比重从 2012 年的 1.37% 上升到 2017 年的 2.14%，高于全国平均水平（2.13%），在创新型城市中居第 34 位；财政科技支出占公共财政支出比重从 2012 年的 1.87% 下降到 2017 年的 1.27%，大幅低于全国平均水平（2.56%），居第 59 位；万人发明专利拥有量从 2012 年的 0.78 件上升到 2017 年的 2.52 件，但仍大幅低于全国平均水平（9.75 件），居第 66 位；高新技术企业数从 2012 年的 144 家增加到 2017 年的 311 家，在创新型城市中居第 49 位。

总体上看，济宁作为成长型创新型城市（创新能力全国排名第 55 位），创新基础有待增强，创新对绿色发展支撑作用较弱（全国排名第 56 位），在财政科技投入、高新技术企业培育等诸多方面存在明显的短板。

图 2-315　济宁创新能力部分指标数据及排名

（十）宝鸡

2017年宝鸡常住人口378万人；地区生产总值（GDP）2192亿元，居创新型城市第61位；人均GDP 5.80万元，居第59位。

宝鸡创新能力指数为39.78，居创新型城市第60位。其中创新基础得分44.83，居第60位；科教资源富集程度得分12.11，居第68位；产业技术创新能力得分48.95，居第39位；创新创业活跃程度得分29.75，居第52位；开放协同创新水平得分32.81，居第66位；支撑绿色发展能力得分64.46，居第40位。

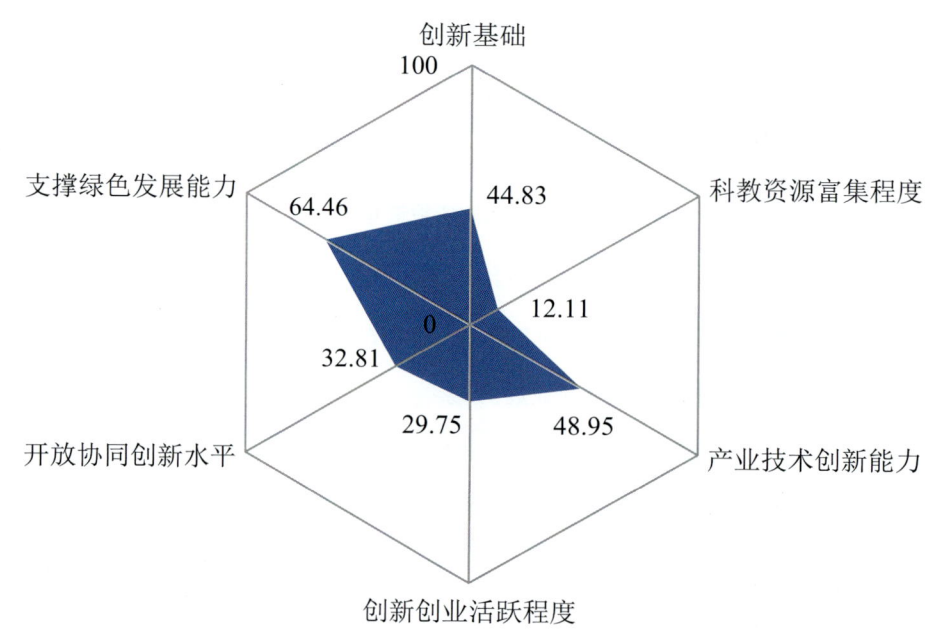

图2-316　宝鸡创新能力雷达图

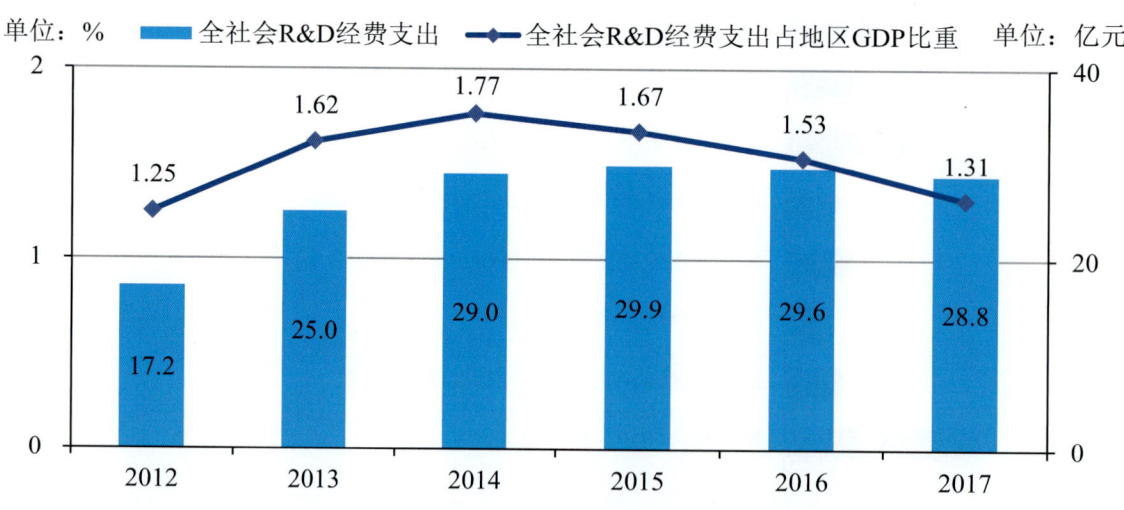

图2-317　宝鸡全社会R&D经费支出及占地区GDP比重

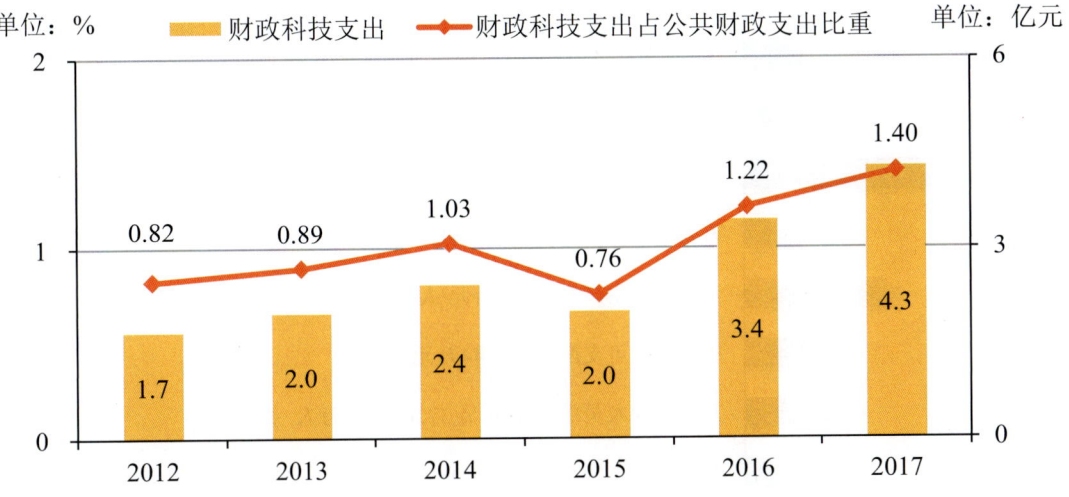

图 2-318　宝鸡财政科技支出及占公共财政支出比重

图 2-319　宝鸡高新技术企业数及万人发明专利拥有量

从基础数据看，宝鸡全社会 R&D 经费支出占地区 GDP 比重从 2012 年的 1.25% 上升到 2014 年的 1.77%，随后逐年下降，2017 年为 1.31%，低于全国平均水平（2.13%），在创新型城市中居第 55 位；财政科技支出占公共财政支出比重从 2012 年的 0.82% 上升到 2017 年的 1.40%，但仍大幅低于全国平均水平（2.56%），居第 56 位；万人发明专利拥有量从 2012 年的 0.85 件上升到 2017 年的 2.62 件，大幅低于全国平均水平（9.75 件），居第 65 位；高新技术企业数从 2012 年的 108 家增加到 2017 年的 122 家，在创新型城市中居第 60 位。

总体上看，宝鸡作为潜力型创新型城市（创新能力全国排名第 60 位），创新基础有待增强，创新对支撑绿色发展支撑作用有待增强（全国排名第 40 位），在创新投入、创新创业等诸多方面存在明显的短板。

图 2-320 宝鸡创新能力部分指标数据及排名

（十一）包头

2017年包头常住人口288万人；地区生产总值（GDP）4080亿元，居创新型城市第42位；人均GDP 14.18万元，居第6位。

包头创新能力指数为40.28，居创新型城市第59位。其中创新基础得分50.46，居第52位；科教资源富集程度得分40.32，居第38位；产业技术创新能力得分37.88，居第53位；创新创业活跃程度得分16.44，居第64位；开放协同创新水平得分26.51，居第71位；支撑绿色发展能力得分58.44，居第51位。

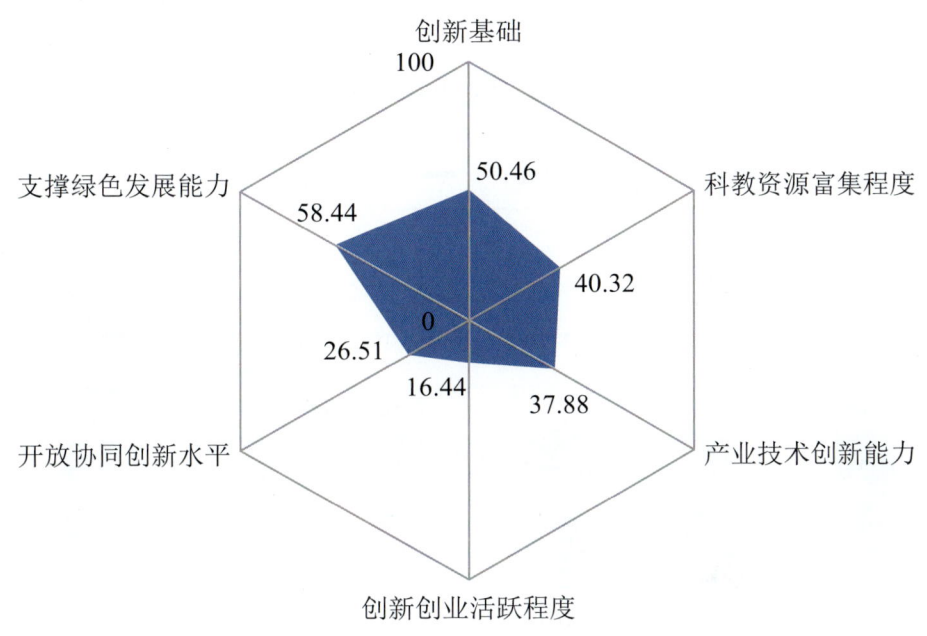

图2-321　包头创新能力雷达图

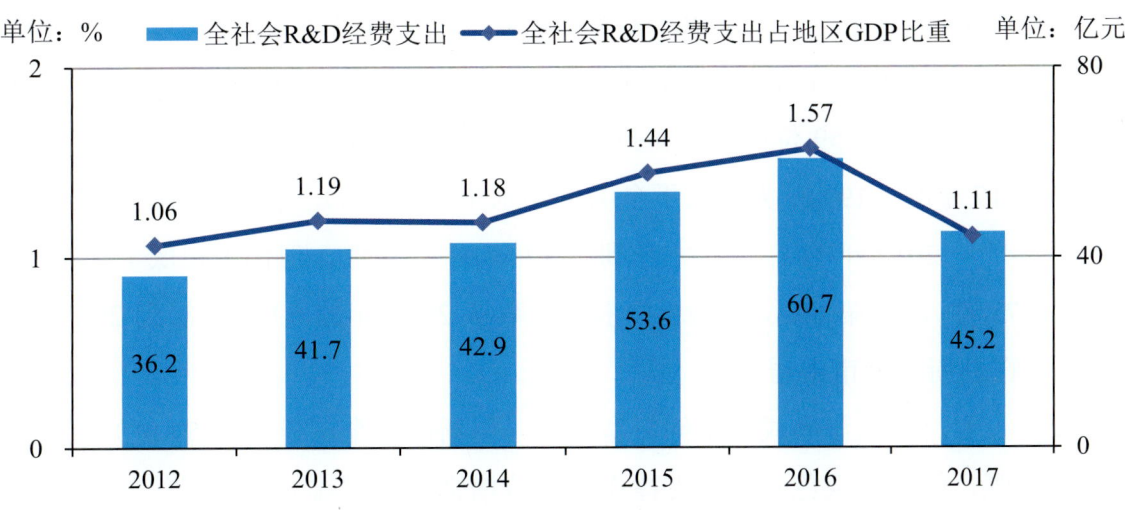

图2-322　包头全社会R&D经费支出及占地区GDP比重

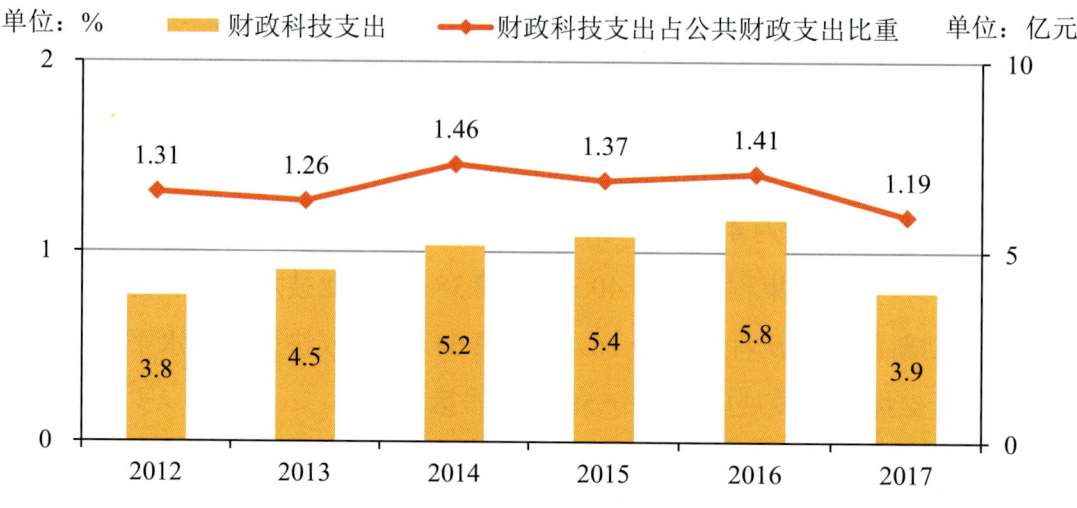

图 2-323　包头财政科技支出及占公共财政支出比重

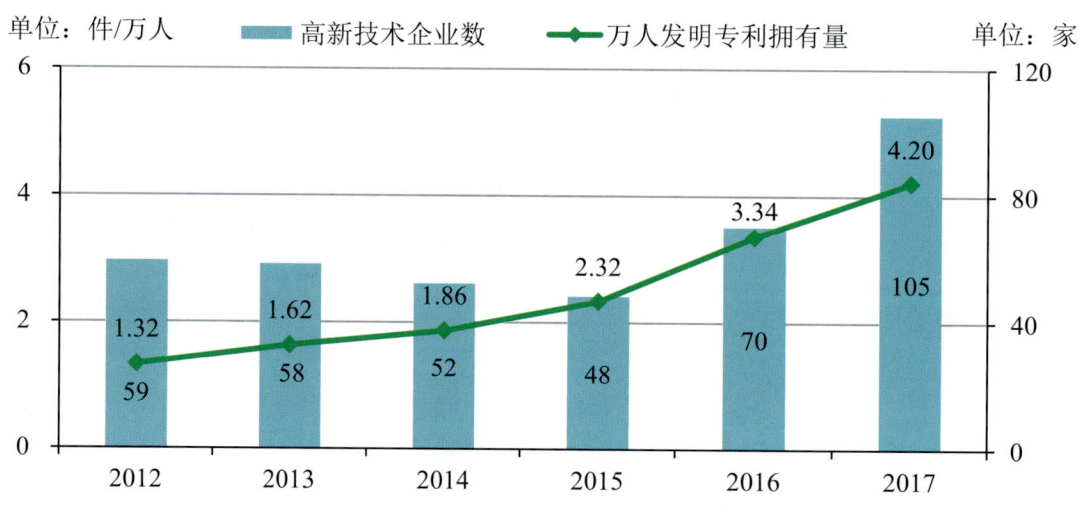

图 2-324　包头高新技术企业数及万人发明专利拥有量

从基础数据看，包头全社会 R&D 经费支出占地区 GDP 比重从 2012 年的 1.06% 上升到 2016 年的 1.57%，2017 年下降为 1.11%，大幅低于全国平均水平（2.13%），在创新型城市中居第 59 位；财政科技支出占公共财政支出比重从 2012 年的 1.31% 下降到 2017 年的 1.19%，大幅低于全国平均水平（2.56%），居第 62 位；万人发明专利拥有量从 2012 年的 1.32 件上升到 2017 年的 4.20 件，但仍大幅低于全国平均水平（9.75 件），居第 60 位；高新技术企业数从 2012 年的 59 家增加到 2017 年的 105 家，在创新型城市中居第 63 位。

总体上看，包头作为成长型创新型城市（创新能力全国排名第 59 位），创新基础有待增强，创新对绿色发展的支撑作用有待增强（全国排名第 51 位），在创新投入、高新技术产业发展等诸多方面存在明显的短板。

图 2-325　包头创新能力部分指标数据及排名

（十二）拉萨

2017年拉萨常住人口69万人；地区生产总值（GDP）479亿元，居创新型城市第72位；人均GDP 6.96万元，居第50位。

拉萨创新能力指数为33.99，居创新型城市第66位。其中创新基础得分40.94，居第66位；科教资源富集程度得分33.75，居第42位；产业技术创新能力得分16.49，居第68位；创新创业活跃程度得分2.96，居第72位；开放协同创新水平得分26.97，居第70位；支撑绿色发展能力得分74.90，居第8位。

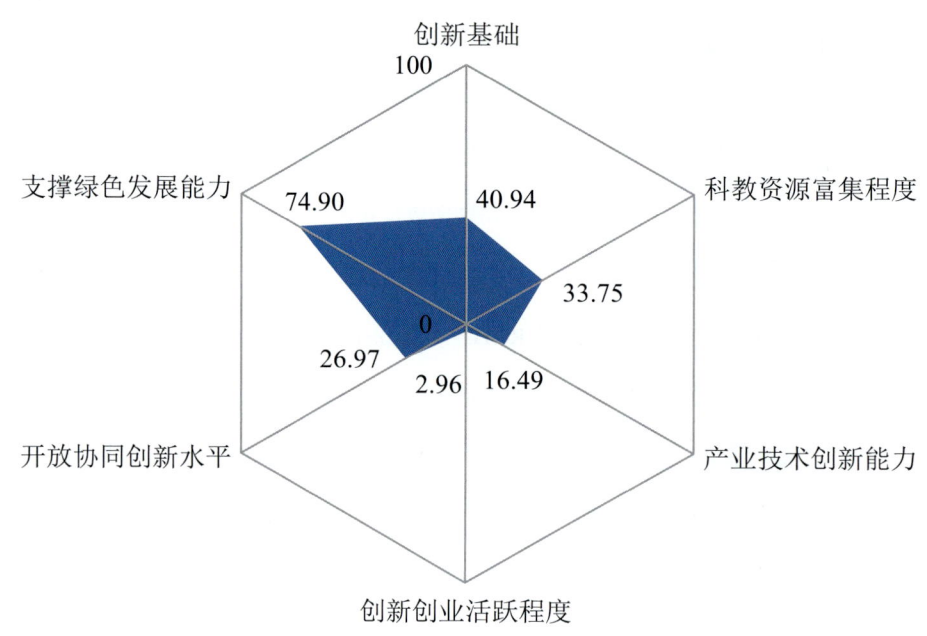

图2-326　拉萨创新能力雷达图

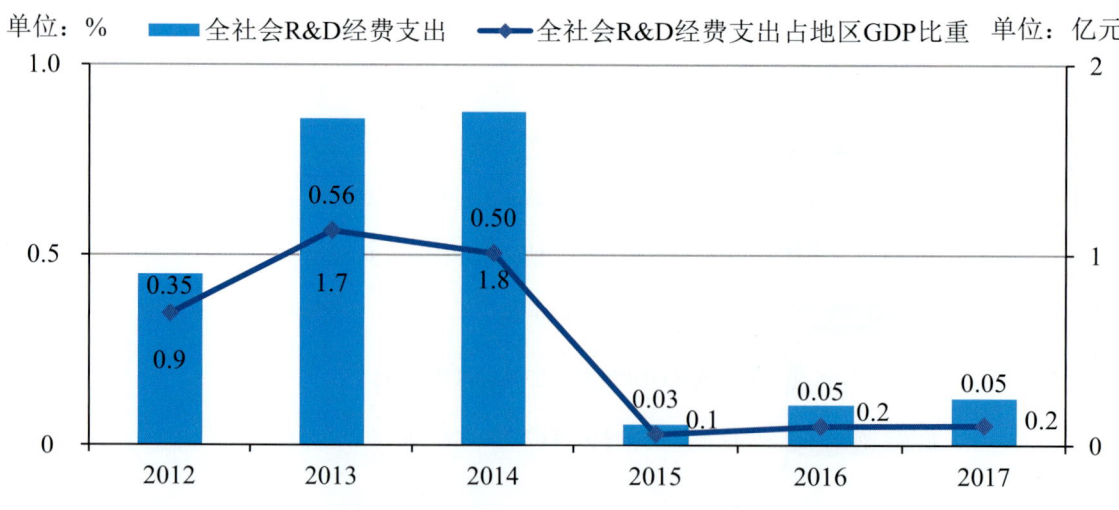

图2-327　拉萨全社会R&D经费支出及占地区GDP比重

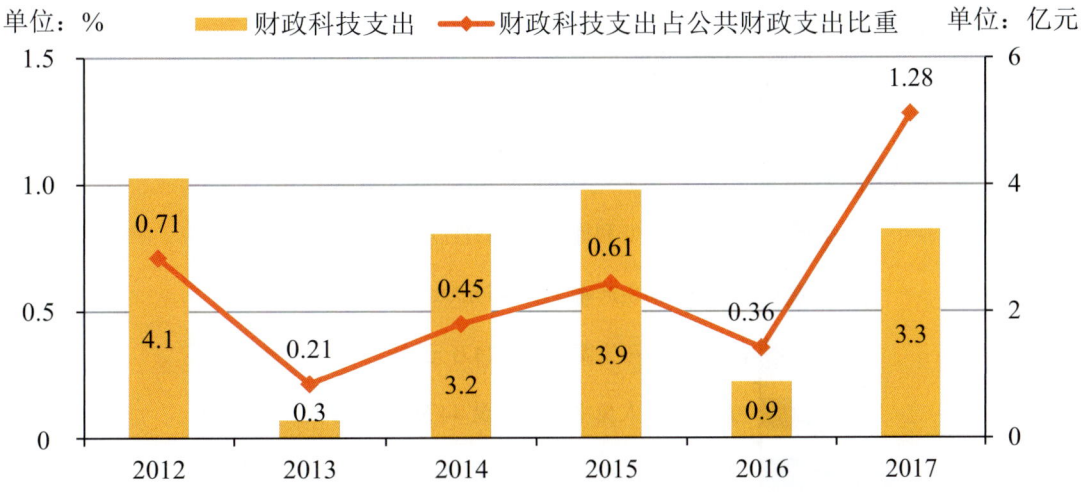

图 2-328 拉萨财政科技支出及占公共财政支出比重

图 2-329 拉萨高新技术企业数及万人发明专利拥有量

从基础数据看，拉萨全社会 R&D 经费支出占地区 GDP 比重波动较大，2017 年仅为 0.05%，大幅低于全国平均水平（2.13%），在创新型城市中居第 72 位；财政科技支出占公共财政支出比重波动较大，2017 年为 1.28%，大幅低于全国平均水平（2.56%），居第 58 位；万人发明专利拥有量从 2012 年的 1.86 件上升到 2017 年的 6.35 件，但仍低于全国平均水平（9.75 件），居第 51 位；高新技术企业数从 2012 年的 15 家增加到 2017 年的 27 家，在创新型城市中居第 72 位。

总体上看，拉萨作为潜力型创新型城市（创新能力全国排名第 66 位），创新基础有待增强，创新对绿色发展支撑作用突出（全国排名第 8 位），但在创新投入、高新技术产业发展、创新创业等诸多方面存在明显的短板。

图 2-330 拉萨创新能力部分指标数据及排名

(十三)衡阳

2017年衡阳常住人口721万人；地区生产总值（GDP）2922亿元，居创新型城市第53位；人均GDP 4.05万元，居第70位。

衡阳创新能力指数为34.20，居创新型城市第65位。其中创新基础得分34.07，居第70位；科教资源富集程度得分18.36，居第61位；产业技术创新能力得分33.72，居第58位；创新创业活跃程度得分7.01，居第69位；开放协同创新水平得分38.66，居第58位；支撑绿色发展能力得分73.49，居第12位。

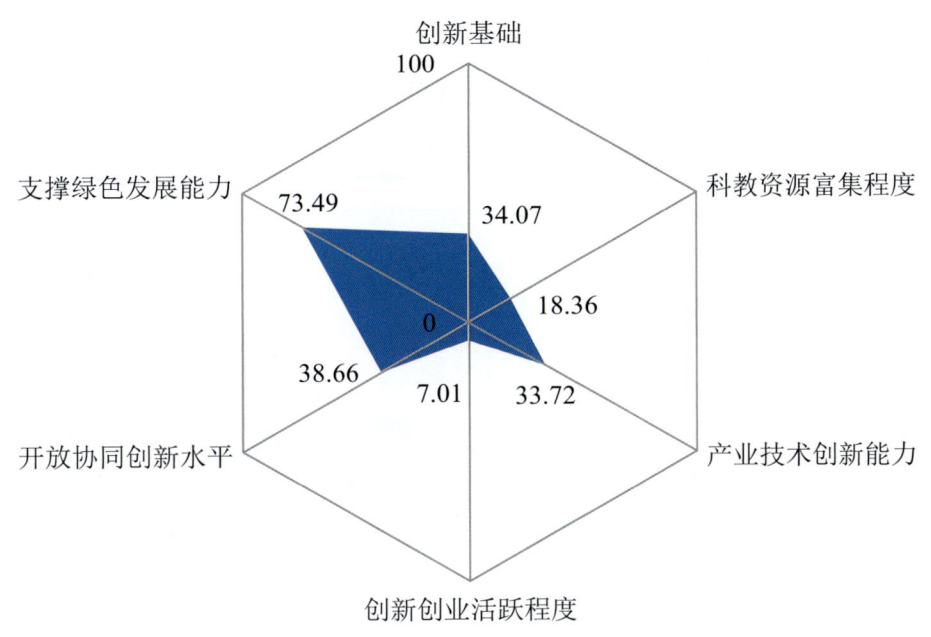

图2-331 衡阳创新能力雷达图

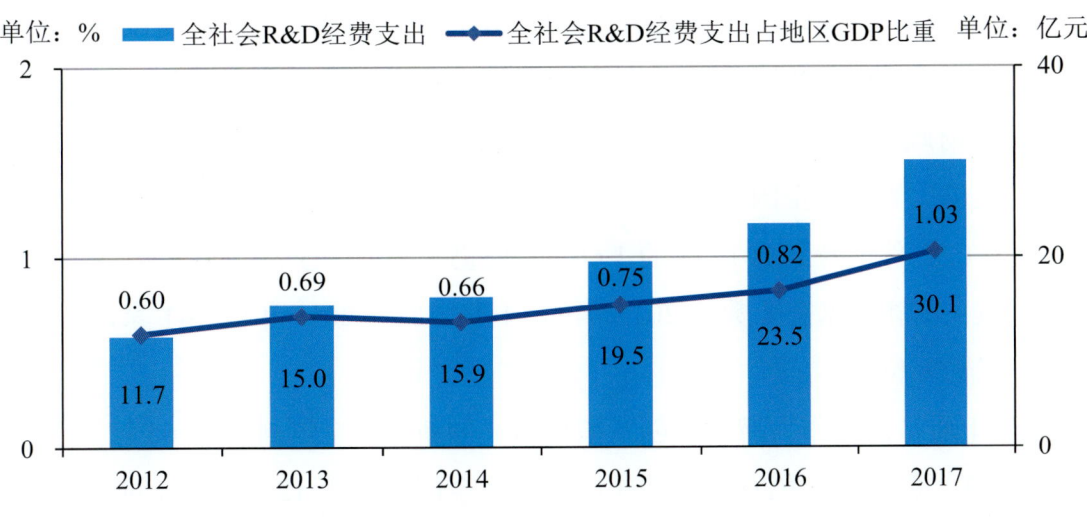

图2-332 衡阳全社会R&D经费支出及占地区GDP比重

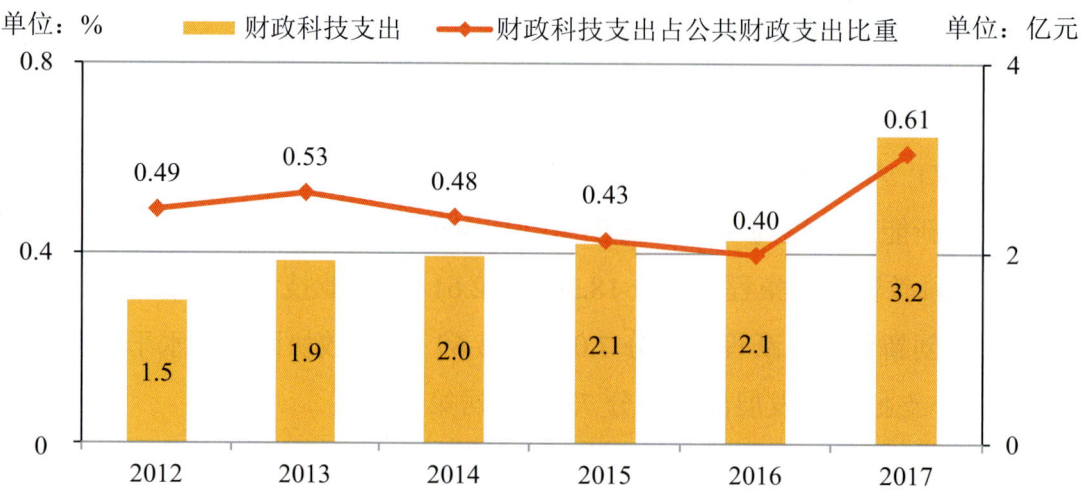

图 2-333 衡阳财政科技支出及占公共财政支出比重

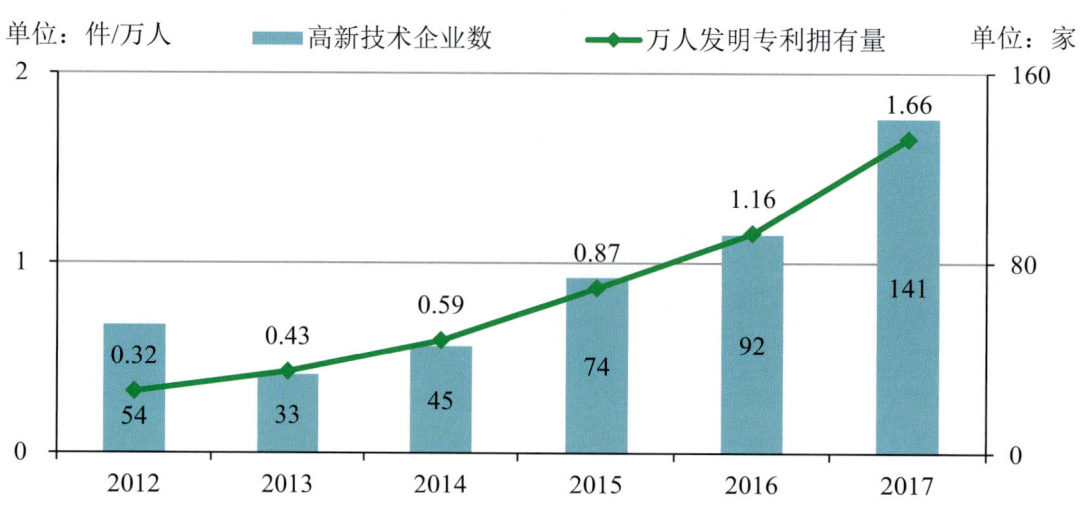

图 2-334 衡阳高新技术企业数及万人发明专利拥有量

从基础数据看，衡阳全社会 R&D 经费支出占地区 GDP 比重从 2012 年的 0.60%上升到 2017 年的 1.03%，仍大幅低于全国平均水平（2.13%），在创新型城市中居第 62 位；财政科技支出占公共财政支出比重从 2012 年的 0.49%上升到 2017 年的 0.61%，但仍大幅低于全国平均水平（2.56%），居第 69 位；万人发明专利拥有量从 2012 年的 0.32 件上升到 2017 年的 1.66 件，但仍大幅低于全国平均水平（9.75 件），居第 69 位；高新技术企业数从 2012 年的 54 家增加到 2017 年的 141 家，在创新型城市中居第 58 位。

总体上看，衡阳作为潜力型创新型城市（创新能力全国排名第 65 位），创新基础有待增强，创新对绿色发展支撑作用较强（全国排名第 12 位），在创新投入、科技成果产出、创新创业等诸多方面存在明显的短板。

图 2-335 衡阳创新能力部分指标数据及排名

（十四）西宁

2017年西宁常住人口236万人；地区生产总值（GDP）1285亿元，居创新型城市第69位；人均GDP 5.46万元，居第65位。

西宁创新能力指数为38.63，居创新型城市第62位。其中创新基础得分37.51，居第67位；科教资源富集程度得分53.01，居第31位；产业技术创新能力得分21.81，居第67位；创新创业活跃程度得分34.91，居第48位；开放协同创新水平得分41.62，居第56位；支撑绿色发展能力得分44.22，居第70位。

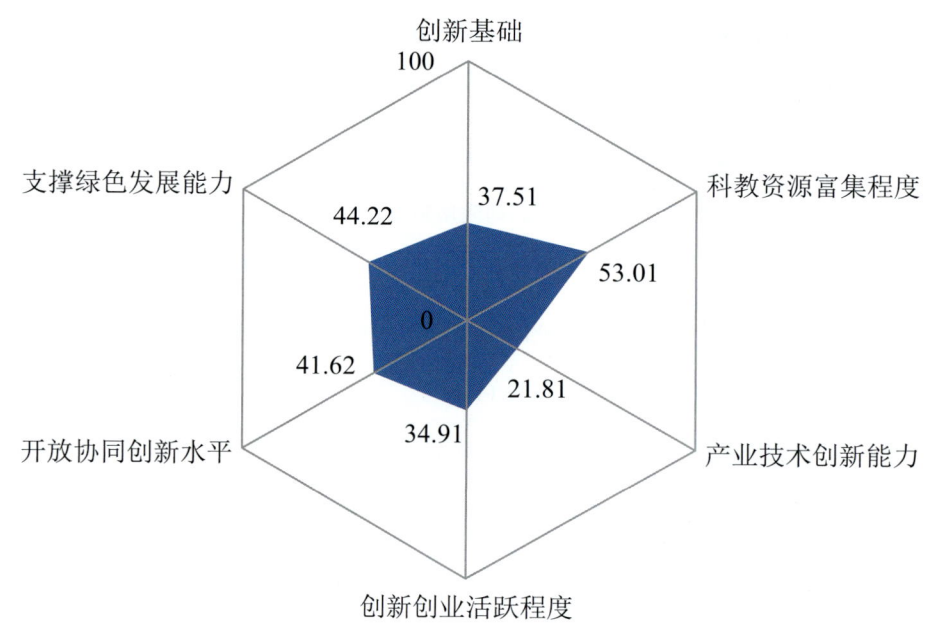

图 2-336　西宁创新能力雷达图

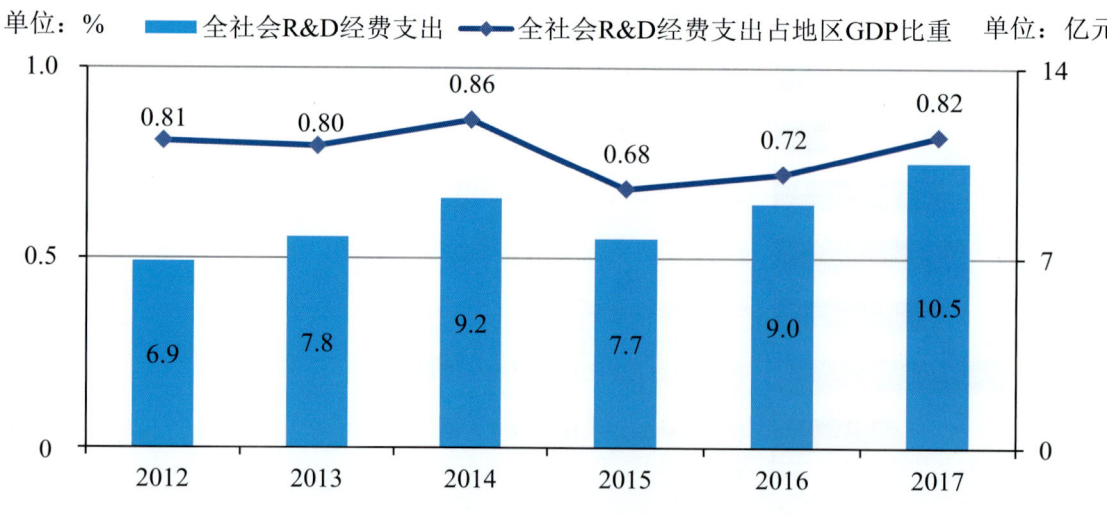

图 2-337　西宁全社会 R&D 经费支出及占地区 GDP 比重

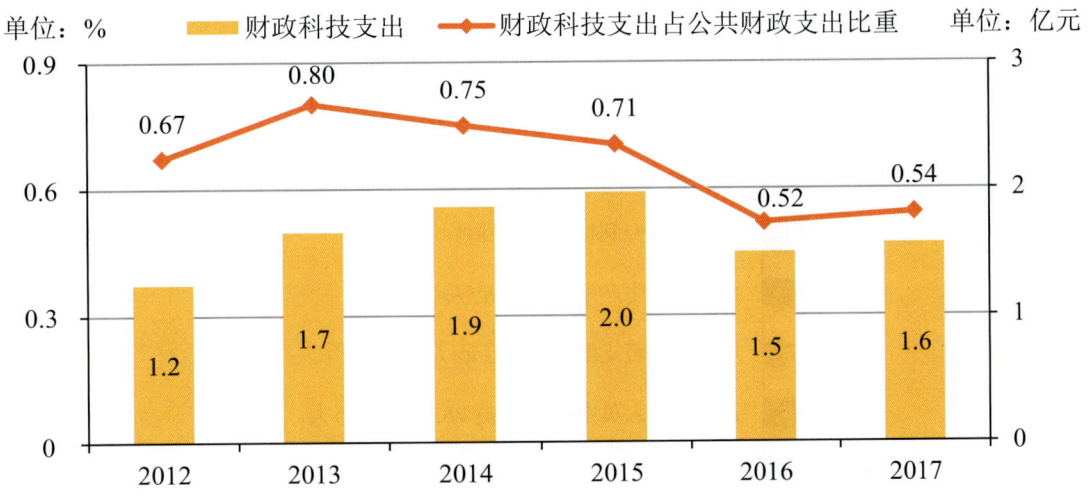

图 2-338　西宁财政科技支出及占公共财政支出比重

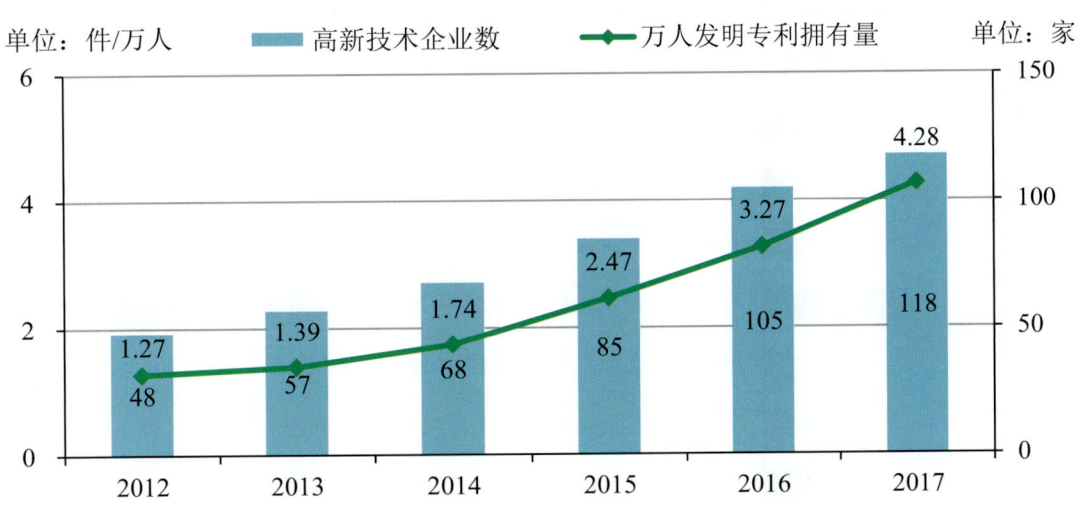

图 2-339　西宁高新技术企业数及万人发明专利拥有量

从基础数据看，西宁全社会 R&D 经费支出占地区 GDP 比重自 2012 年以来一直稳定在 0.8% 左右，大幅低于全国平均水平（2.13%），在创新型城市中居第 67 位；财政科技支出占公共财政支出比重从 2012 年的 0.67% 下降到 2017 年的 0.54%，大幅低于全国平均水平（2.56%），居第 71 位；万人发明专利拥有量从 2012 年的 1.27 件上升到 2017 年的 4.28 件，低于全国平均水平（9.75 件），居第 59 位；高新技术企业数从 2012 年的 48 家增加到 2017 年的 118 家，在创新型城市中居第 61 位。

总体上看，西宁作为潜力型创新型城市（创新能力全国排名第 62 位），创新基础有待增强，创新对绿色发展支撑作用有待增强（全国排名第 70 位），在创新投入、高新技术产业发展、创新创业等诸多方面存在明显的短板。

图 2-340　西宁创新能力部分指标数据及排名

（十五）萍乡

2017年萍乡常住人口193万人；地区生产总值（GDP）1071亿元，居创新型城市第70位；人均GDP 5.56万元，居第63位。

萍乡创新能力指数为31.69，居创新型城市第68位。其中创新基础得分42.20，居第64位；科教资源富集程度得分10.30，居第71位；产业技术创新能力得分7.65，居第72位；创新创业活跃程度得分17.09，居第62位；开放协同创新水平得分36.77，居第61位；支撑绿色发展能力得分64.13，居第41位。

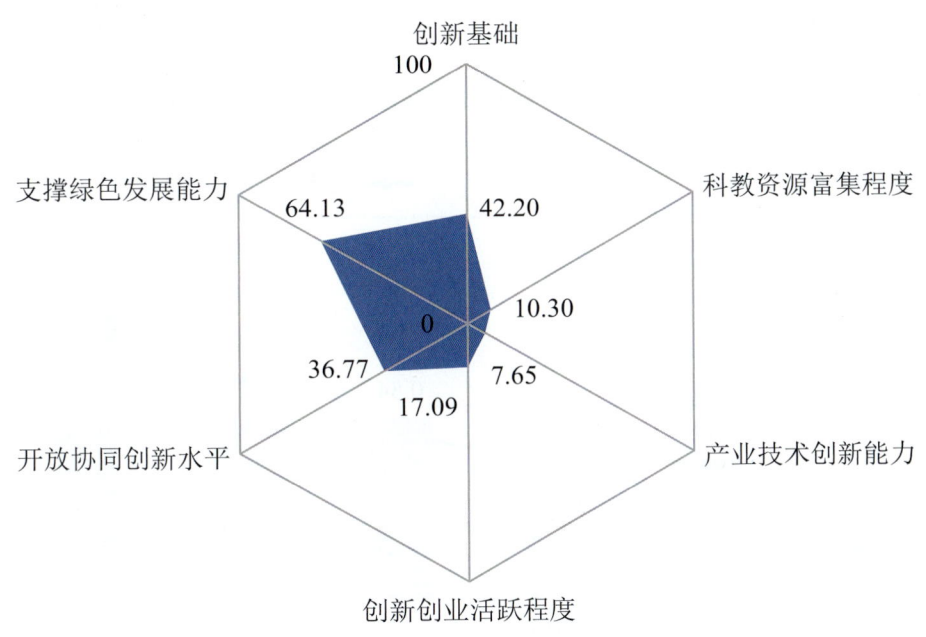

图2-341 萍乡创新能力雷达图

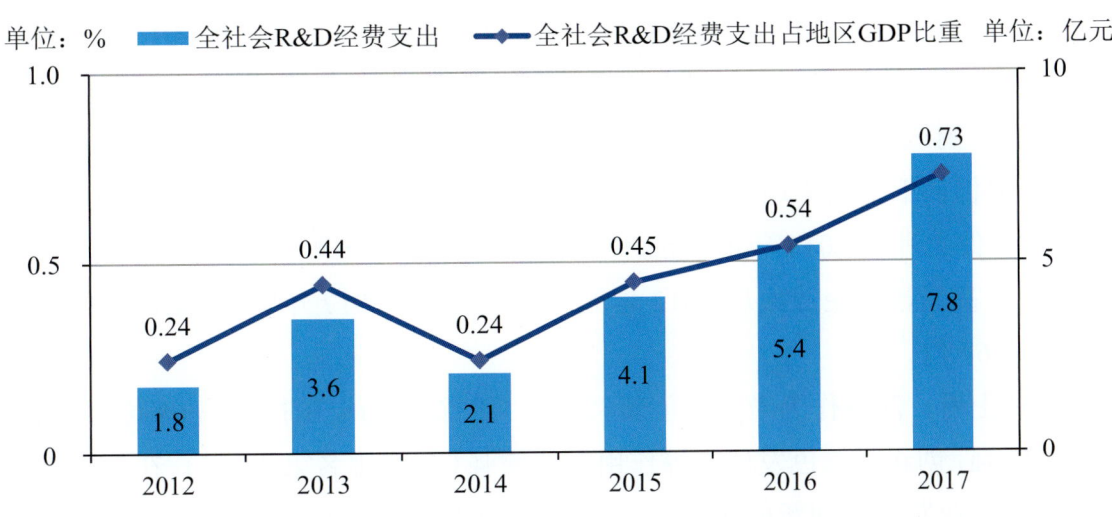

图2-342 萍乡全社会R&D经费支出及占地区GDP比重

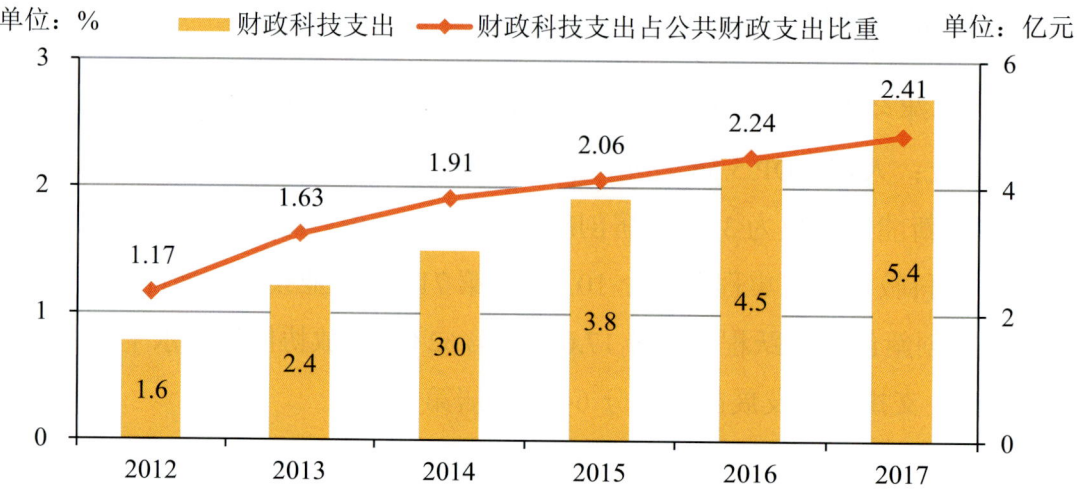

图2-343　萍乡财政科技支出及占公共财政支出比重

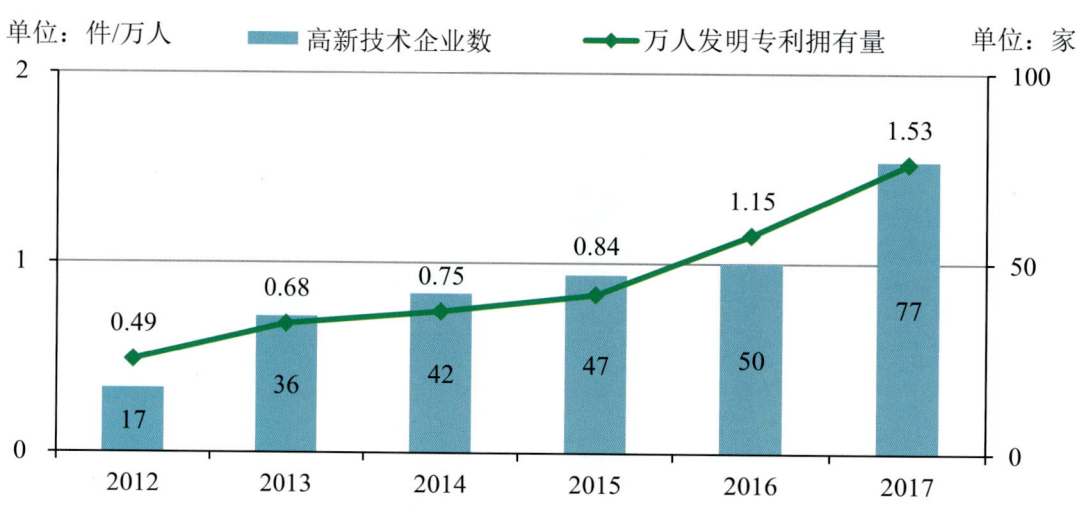

图2-344　萍乡高新技术企业数及万人发明专利拥有量

从基础数据看，萍乡全社会R&D经费支出占地区GDP比重从2012年的0.24%上升到2017年的0.73%，但仍大幅低于全国平均水平（2.13%），在创新型城市中居第69位；财政科技支出占公共财政支出比重从2012年的1.17%上升到2017年的2.41%，但仍低于全国平均水平（2.56%），居第40位；万人发明专利拥有量从2012年的0.49件上升到2017年的1.53件，但仍大幅低于全国平均水平（9.75件），居第71位；高新技术企业数从2012年的17家增加到2017年的77家，在创新型城市中居第67位。

总体上看，萍乡作为潜力型创新型城市（创新能力全国排名第68位），创新基础有待增强，创新对绿色发展支撑作用有待增强（全国排名第41位），在创新投入、高新技术产业发展、创新创业等诸多方面存在明显的短板。

图 2-345　萍乡创新能力部分指标数据及排名

（十六）汉中

2017年汉中常住人口345万人；地区生产总值（GDP）1333亿元，居创新型城市第68位；人均GDP 3.87万元，居第71位。

汉中创新能力指数为29.62，居创新型城市第71位。其中创新基础得分34.67，居第69位；科教资源富集程度得分14.41，居第66位；产业技术创新能力得分12.65，居第70位；创新创业活跃程度得分5.87，居第70位；开放协同创新水平得分30.50，居第68位；支撑绿色发展能力得分73.81，居第11位。

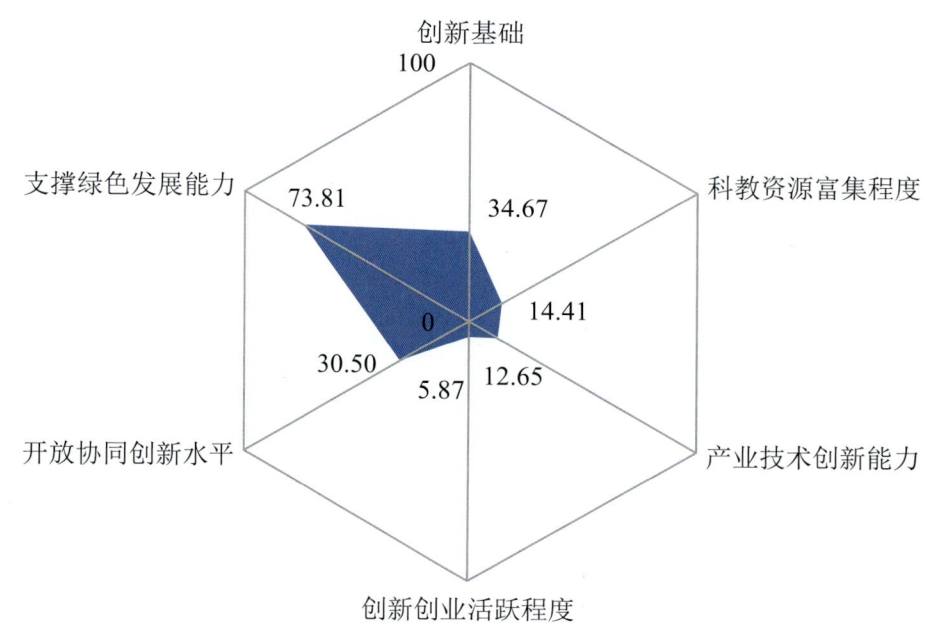

图 2-346　汉中创新能力雷达图

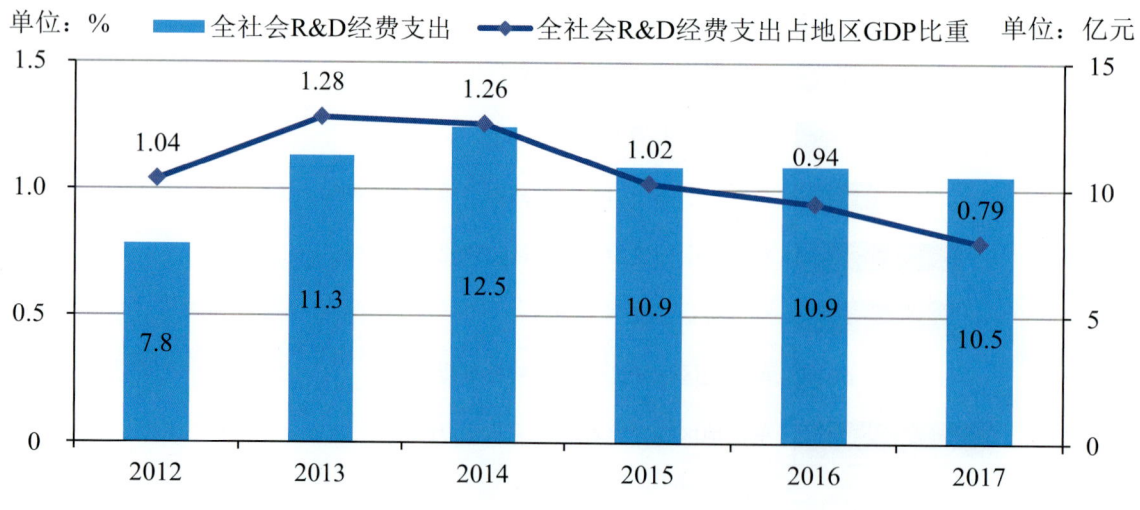

图 2-347　汉中全社会 R&D 经费支出及占地区 GDP 比重

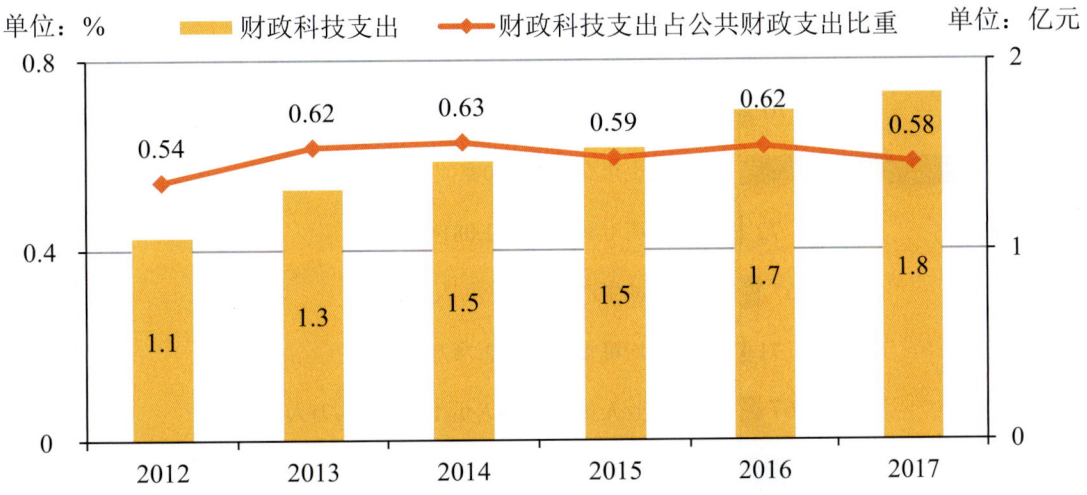

图 2-348 汉中财政科技支出及占公共财政支出比重

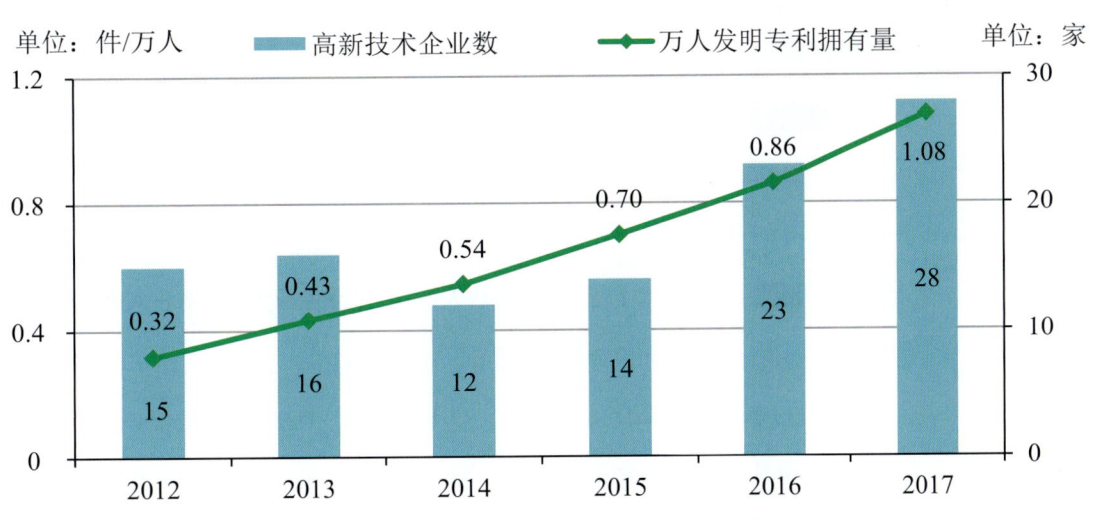

图 2-349 汉中高新技术企业数及万人发明专利拥有量

从基础数据看，汉中全社会 R&D 经费支出占地区 GDP 比重从 2012 年的 1.04%下降到 2017 年的 0.79%，大幅低于全国平均水平（2.13%），在创新型城市中居第 68 位；财政科技支出占公共财政支出比重从 2012 年的 0.54%上升到 2017 年的 0.58%，大幅低于全国平均水平（2.56%），居第 70 位；万人发明专利拥有量从 2012 年的 0.32 件上升到 2017 年的 1.08 件，大幅低于全国平均水平（9.75 件），居第 72 位；高新技术企业数从 2012 年的 15 家增加到 2017 年的 28 家，在创新型城市中居第 71 位。

总体上看，汉中作为潜力型创新型城市（创新能力全国排名第 71 位），创新基础有待增强，创新对绿色发展的支撑作用突出（全国排名第 11 位），但在创新投入、高新技术产业发展等诸多方面存在明显的短板。

图 2-350　汉中创新能力部分指标数据及排名

（十七）唐山

2017 年唐山常住人口 790 万人；地区生产总值（GDP）6530 亿元，居创新型城市第 25 位；人均 GDP 8.27 万元，居第 35 位。

唐山创新能力指数为 35.43，居创新型城市第 64 位。其中创新基础得分 45.77，居第 59 位；科教资源富集程度得分 16.28，居第 64 位；产业技术创新能力得分 22.43，居第 66 位；创新创业活跃程度得分 21.11，居第 57 位；开放协同创新水平得分 49.79，居第 45 位；支撑绿色发展能力得分 45.38，居第 69 位。

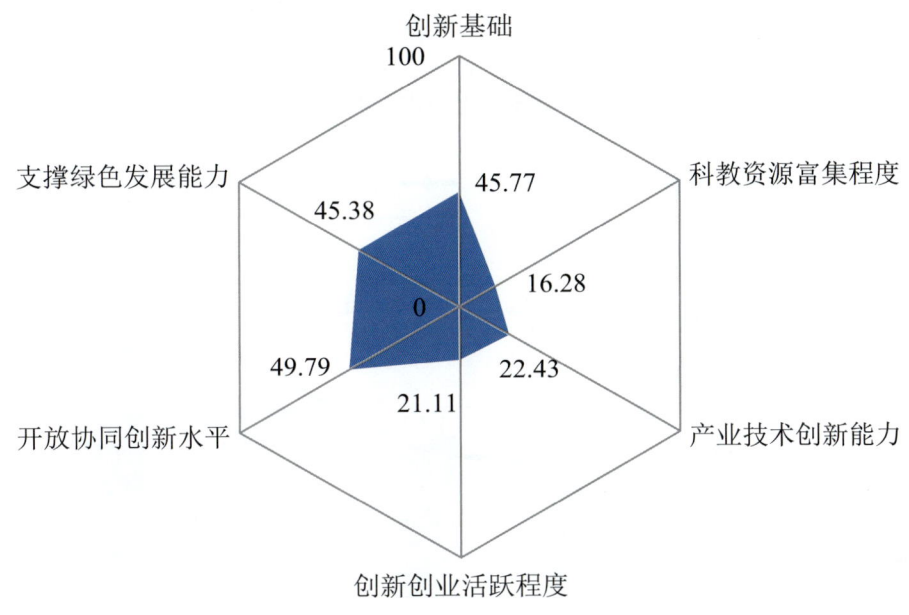

图 2-351　唐山创新能力雷达图

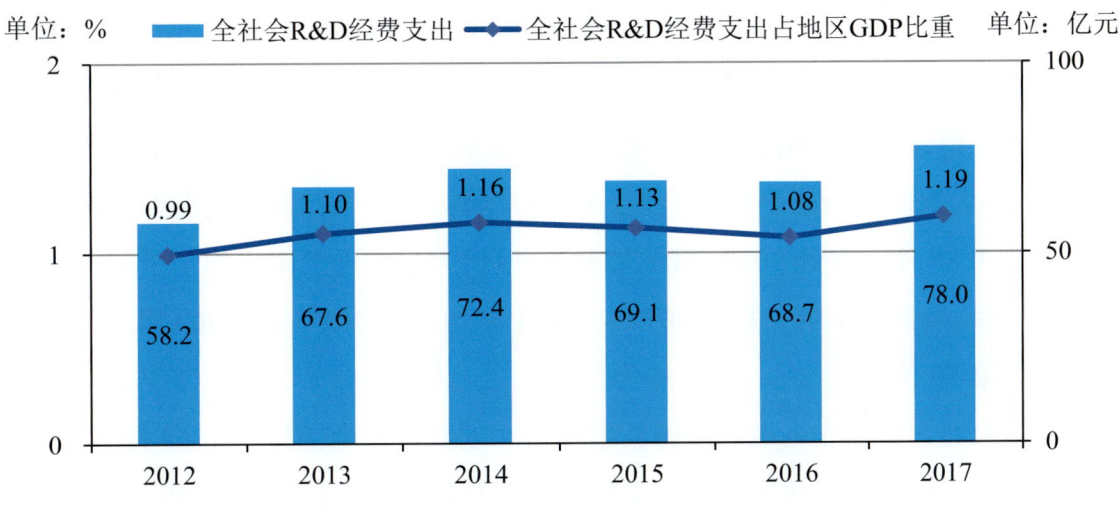

图 2-352　唐山全社会 R&D 经费支出及占地区 GDP 比重

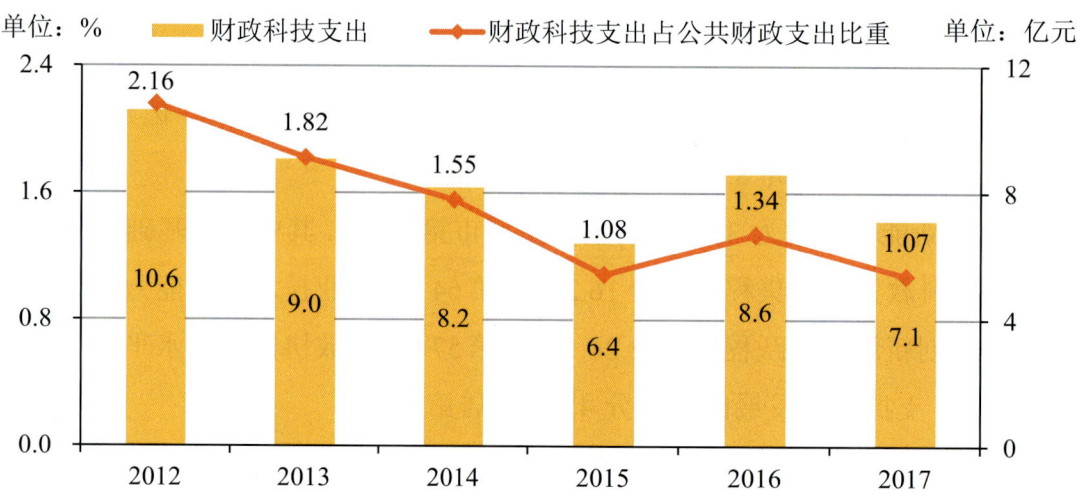

图 2-353　唐山财政科技支出及占公共财政支出比重

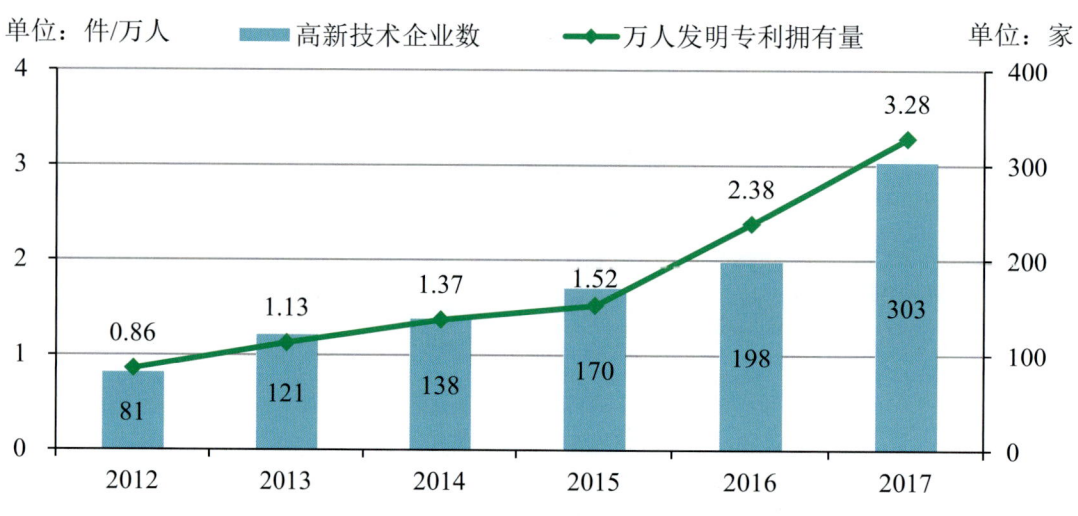

图 2-354　唐山高新技术企业数及万人发明专利拥有量

从基础数据看，唐山全社会 R&D 经费支出占地区 GDP 比重从 2012 年的 0.99% 上升到 2017 年的 1.19%，但仍大幅低于全国平均水平（2.13%），在创新型城市中居第 56 位；财政科技支出占公共财政支出比重从 2012 年的 2.16% 降低到 2017 年的 1.07%，仍大幅低于全国平均水平（2.56%），居第 64 位；万人发明专利拥有量从 2012 年的 0.86 件上升到 2017 年的 3.28 件，但仍大幅低于全国平均水平（9.75 件），居第 63 位；高新技术企业数从 2012 年的 81 家增加到 2017 年的 303 家，在创新型城市中居第 50 位。

总体上看，唐山作为潜力型创新型城市（创新能力全国排名第 64 位），创新基础有待加强，创新对支撑绿色发展支撑作用有待增强（全国排名第 69 位），在创新投入、高新技术产业发展等诸多方面存在明显的短板。

图 2-355 唐山创新能力部分指标数据及排名

（十八）南阳

2017 年南阳常住人口 1005 万人；地区生产总值（GDP）3345 亿元，居创新型城市第 50 位；人均 GDP 3.33 万元，居第 72 位。

南阳创新能力指数为 29.58，居创新型城市第 72 位。其中创新基础得分 33.71，居第 71 位；科教资源富集程度得分 12.02，居第 69 位；产业技术创新能力得分 15.95，居第 69 位；创新创业活跃程度得分 10.70，居第 68 位；开放协同创新水平得分 36.59，居第 62 位；支撑绿色发展能力得分 63.81，居第 43 位。

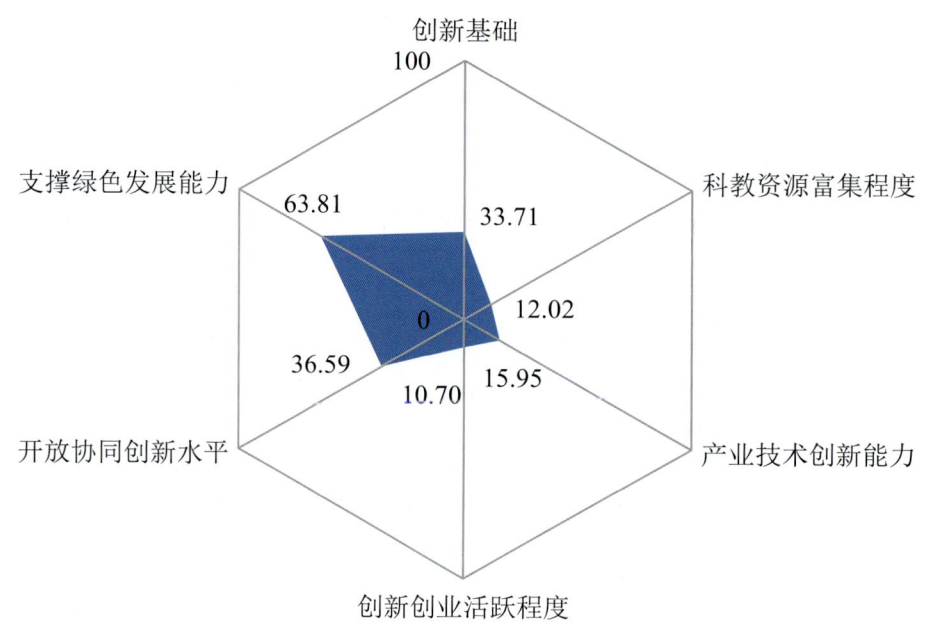

图 2-356　南阳创新能力雷达图

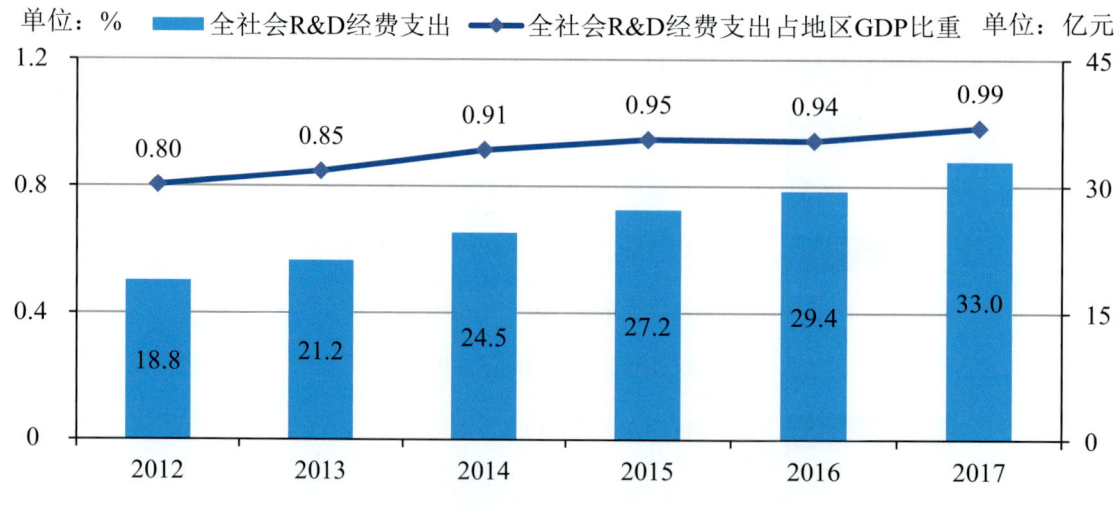

图 2-357　南阳全社会 R&D 经费支出及占地区 GDP 比重

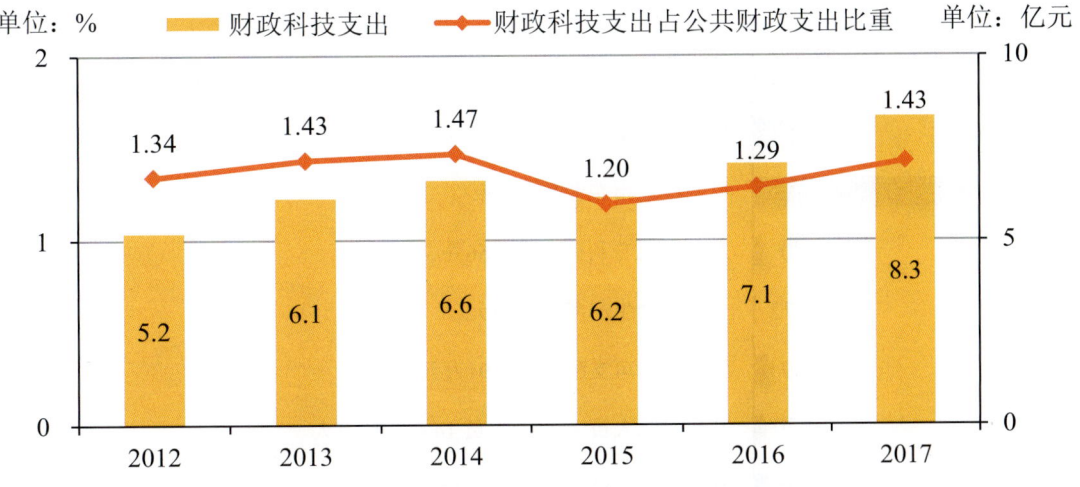

图 2-358　南阳财政科技支出及占公共财政支出比重

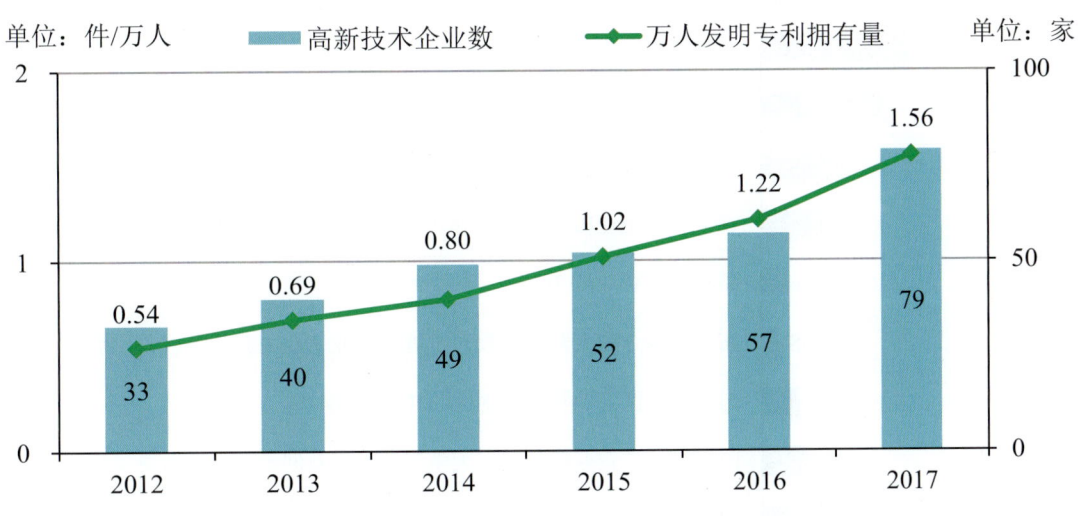

图 2-359　南阳高新技术企业数及万人发明专利拥有量

从基础数据看，南阳全社会 R&D 经费支出占地区 GDP 比重从 2012 年的 0.80% 上升到 2017 年的 0.99%，仍大幅低于全国平均水平（2.13%），在创新型城市中居第 64 位；财政科技支出占公共财政支出比重从 2012 年的 1.34% 上升到 2017 年的 1.43%，但仍大幅低于全国平均水平（2.56%），居第 55 位；万人发明专利拥有量从 2012 年的 0.54 件上升到 2017 年的 1.56 件，仍大幅低于全国平均水平（9.75 件），居第 70 位；高新技术企业数从 2012 年的 33 家增加到 2017 年的 79 家，在创新型城市中居第 66 位。

总体上看，南阳作为潜力型创新型城市（创新能力全国排名第 72 位），创新基础有待增强，创新对绿色发展支撑作用有待增强（全国排名第 43 位），在创新投入、科技成果产出、高新技术产业发展等诸多方面存在明显的短板。

图 2-360　南阳创新能力部分指标数据及排名

（十九）吉林

2017年吉林常住人口415万人；地区生产总值（GDP）2209亿元，居创新型城市第60位；人均GDP 5.32万元，居第66位。

吉林创新能力指数为31.80，居创新型城市第67位。其中创新基础得分36.40，居第68位；科教资源富集程度得分21.59，居第55位；产业技术创新能力得分28.06，居第60位；创新创业活跃程度得分13.45，居第66位；开放协同创新水平得分33.94，居第64位；支撑绿色发展能力得分52.10，居第61位。

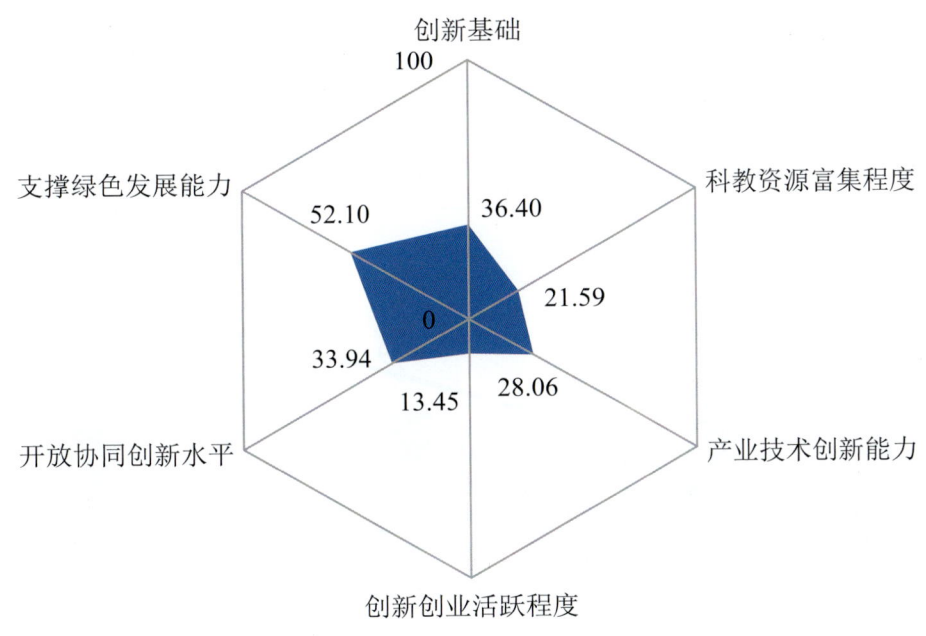

图2-361　吉林创新能力雷达图

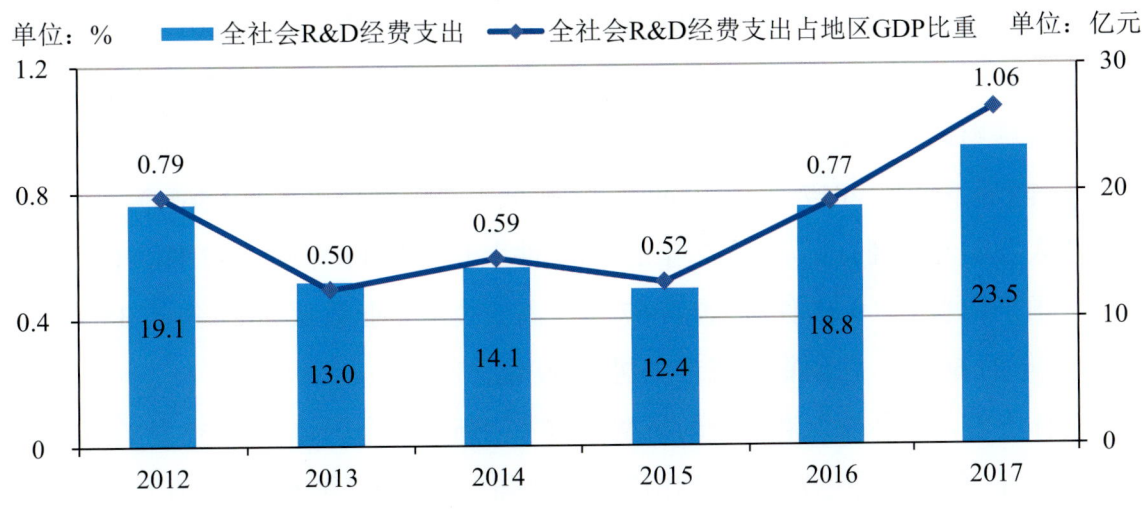

图2-362　吉林全社会R&D经费支出及占地区GDP比重

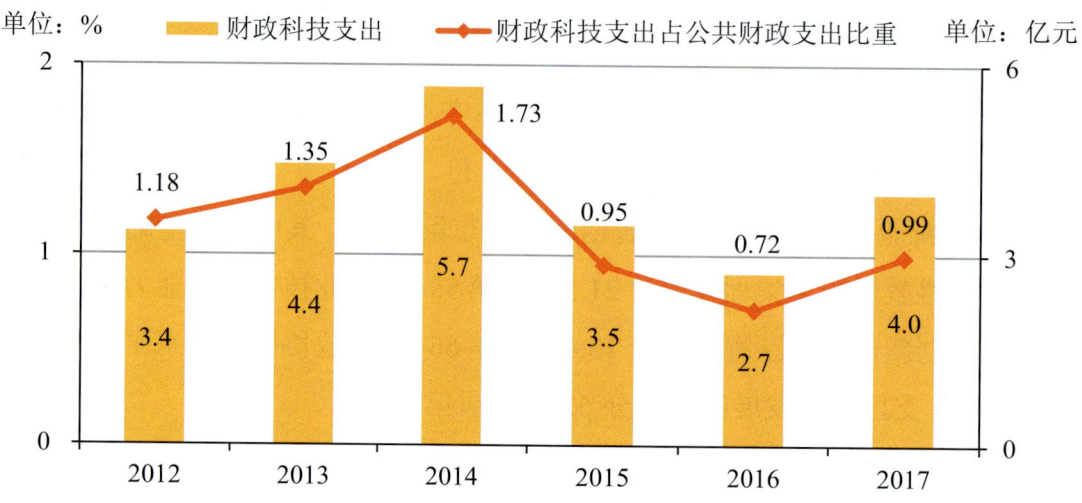

图 2-363　吉林财政科技支出及占公共财政支出比重

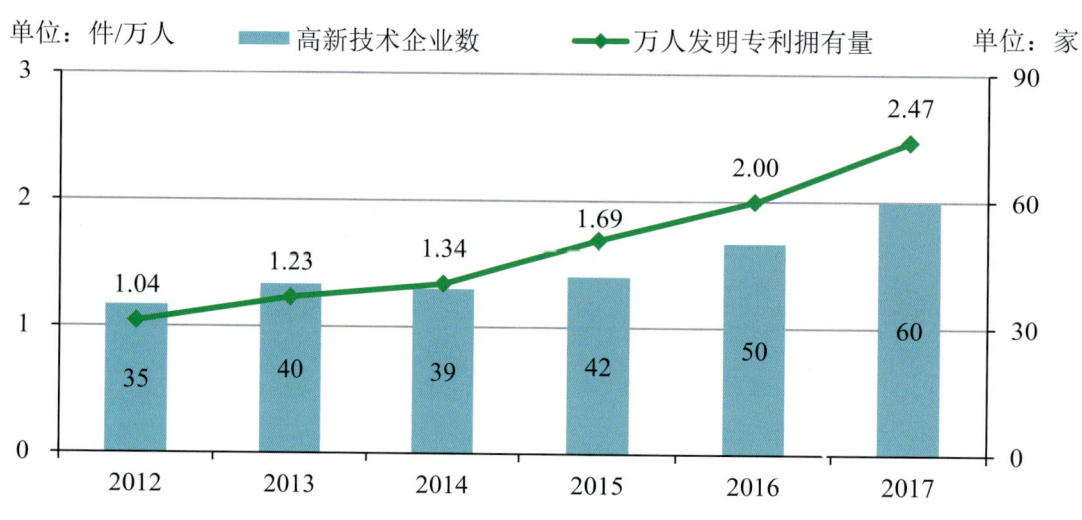

图 2-364　吉林高新技术企业数及万人发明专利拥有量

从基础数据看，吉林全社会 R&D 经费支出占地区 GDP 比重从 2012 年的 0.79% 上升到 2017 年的 1.06%，但仍大幅低于全国平均水平（2.13%），在创新型城市中居第 61 位；财政科技支出占公共财政支出比重从 2012 年的 1.18% 上升到 2014 年的 1.73%，随后下降到 2017 年的 0.99%，大幅低于全国平均水平（2.56%），居第 66 位；万人发明专利拥有量从 2012 年的 1.04 件上升到 2017 年的 2.47 件，但仍大幅低于全国平均水平（9.75 件），居第 67 位；高新技术企业数从 2012 年的 35 家增加到 2017 年的 60 家，在创新型城市中居第 69 位。

总体上看，吉林作为潜力型创新型城市（创新能力全国排名第 67 位），创新基础有待加强，创新对绿色发展支撑作用有待增强（全国排名第 61 位），在创新投入、高新技术企业培育等诸多方面存在比较明显的短板。

图 2-365　吉林创新能力部分指标数据及排名

第三章 创新能力部分指标排名

一、创新投入有关指标

（一）全社会 R&D 经费支出占地区 GDP 比重

图 3-1　全社会 R&D 经费支出占地区 GDP 比重排序

（二）财政科技支出占公共财政支出比重

图 3-2 财政科技支出占公共财政支出比重排序

（三）万名就业人员中 R&D 人员

图 3-3　万名就业人员中 R&D 人员排序

（四）外国人才来华工作数

图 3-4　外国人才来华工作数排序

二、创新产出有关指标

（一）万人发明专利拥有量

图 3-5　万人发明专利拥有量排序

（二）技术合同成交额占地区GDP比重

图 3-6　技术合同成交额占地区 GDP 比重排序

三、创新支撑经济发展有关指标

（一）高新技术企业数

图 3-7 高新技术企业数排序

（二）高新技术企业主营业务收入占规上工业企业比重

图 3-8　高新技术企业主营业务收入占规上工业企业比重排序

（三）全员劳动生产率

图 3-9　全员劳动生产率排序

四、创新支撑民生和社会发展有关指标

（一）居民人均可支配收入

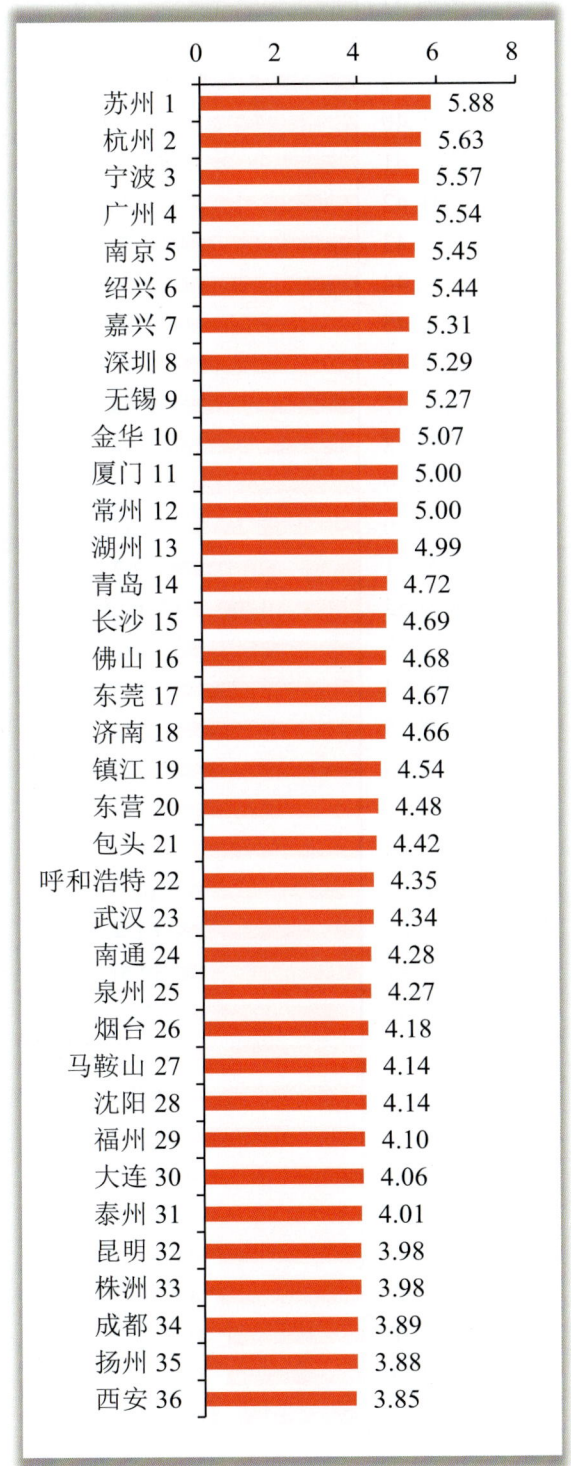

图 3-10　居民人均可支配收入排序

（二）空气质量优良率

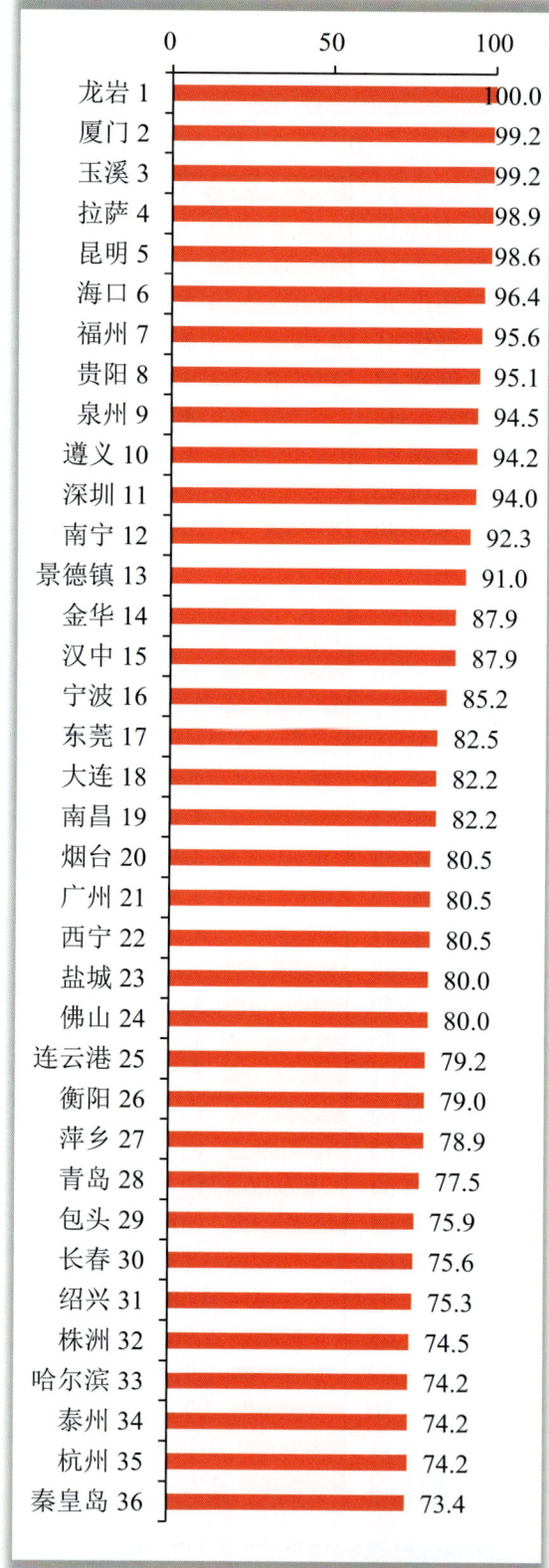
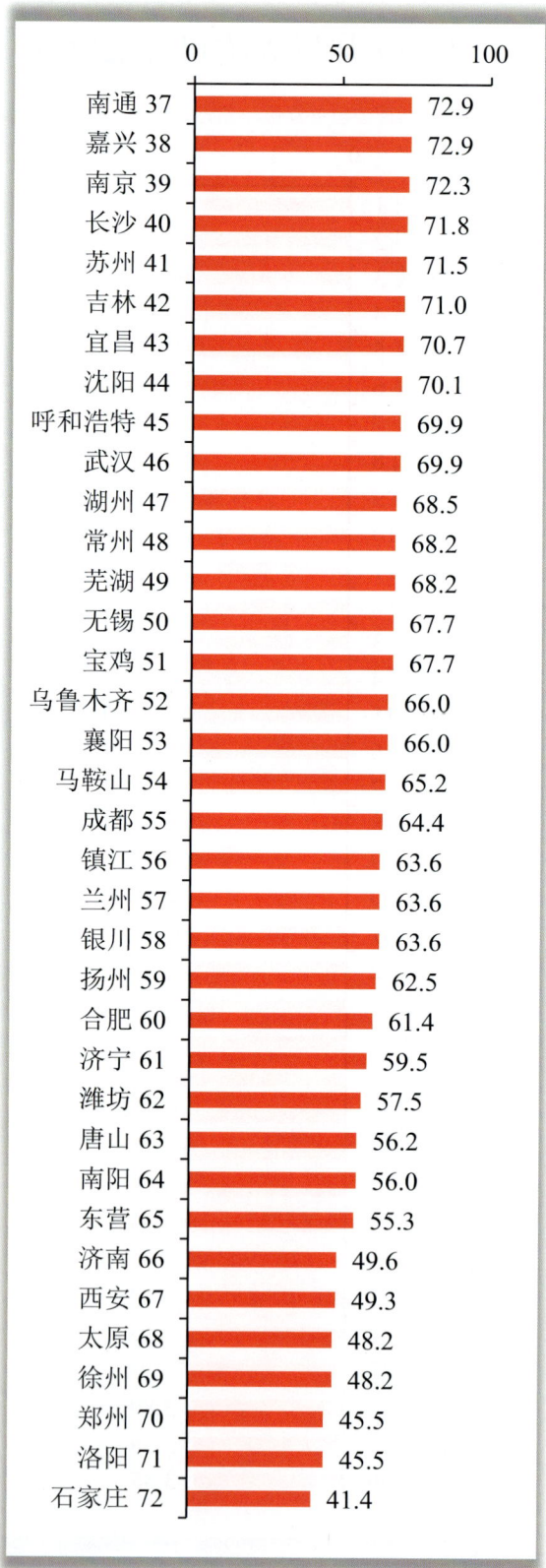

图 3-11 空气质量优良率排序

附　录

一、国家创新型城市名单

国家创新型城市（区）名单

序号	地区	城市（区）
1	北京	海淀区
2	天津	滨海新区
3	河北	石家庄市、唐山市、秦皇岛市
4	山西	太原市
5	内蒙古	呼和浩特市、包头市
6	辽宁	沈阳市、大连市
7	吉林	长春市、吉林市
8	黑龙江	哈尔滨市
9	上海	杨浦区
10	江苏	南京市、无锡市、徐州市、常州市、苏州市、南通市、连云港市、盐城市、扬州市、镇江市、泰州市
11	浙江	杭州市、宁波市、嘉兴市、湖州市、绍兴市、金华市
12	安徽	合肥市、芜湖市、马鞍山市
13	福建	福州市、厦门市、泉州市、龙岩市
14	江西	南昌市、景德镇市、萍乡市
15	山东	济南市、青岛市、东营市、烟台市、潍坊市、济宁市
16	河南	郑州市、洛阳市、南阳市
17	湖北	武汉市、襄阳市、宜昌市
18	湖南	长沙市、株洲市、衡阳市
19	广东	广州市、深圳市、佛山市、东莞市
20	广西	南宁市
21	海南	海口市
22	重庆	沙坪坝区

续表

序号	地区	城市（区）
23	四川	成都市
24	贵州	贵阳市、遵义市
25	云南	昆明市、玉溪市
26	西藏	拉萨市
27	陕西	西安市、宝鸡市、汉中市
28	甘肃	兰州市
29	宁夏	银川市
30	青海	西宁市
31	新疆	乌鲁木齐市、昌吉市、石河子市

二、指标解释及数据来源

（一）创新基础

1．党委政府落实"抓战略、抓规划、抓政策、抓服务"要求，加快推进科技领域"放管服"改革，形成多元参与、协同高效的创新治理新格局

反映党委、政府顺应创新主体多元、活动多样、路径多变的新趋势，创新治理的能力和水平，抓战略、抓规划、抓政策、抓服务的意识和能力，简政放权、放管结合、优化服务改革的力度和成效等。

2．党委政府加强创新体系的顶层设计和系统布局，出台实施创新驱动发展战略的决定或意见及配套政策

反映党委、政府是否出台关于创新驱动发展的顶层设计文件及配套政策，体现党委、政府对创新驱动发展的统筹部署，把创新作为城市发展的第一动力。

3．加强知识产权保护，营造公平有序的市场竞争环境

反映党委、政府深化商事制度改革，加强知识产权保护，营造稳定公平透明、可预期营商环境的举措和成效。

4．全社会R&D经费支出占地区GDP比重

全社会R&D经费支出是指调查单位在报告年度内用于内部开展R&D活动的实

际支出。包括用于 R&D 项目（课题）活动的直接支出，以及间接用于 R&D 活动的管理费、服务费、与 R&D 有关的基本建设支出以及外协加工费等。GDP 是指按市场价格计算的一个国家（或地区）所有常住单位在一定时期内生产活动的最终成果。对于一个地区来说，称为地区生产总值。计算公式：全社会 R&D 经费支出/地区 GDP。数据来源：国家统计局。

5．财政科技支出占公共财政支出比重

财政科技支出是指用于科学技术方面的公共财政支出，包括科学技术管理事务、基础研究、应用研究、技术研究与开发、科技条件与服务、社会科学、科学技术普及、科技交流与合作等。公共财政支出是指地方财政将筹集起来的资金进行分配使用，以满足经济建设和各项事业的需要。计算公式：财政科技支出/公共财政支出。数据来源：财政部。

6．科创板上市企业数量

科创板上市企业数量是指在上海证券交易所科创板上市的企业数量。数据来源：上海证券交易所。

7．万人发明专利拥有量

发明专利拥有量是指调查单位作为专利权人在报告年度拥有的、经国内外知识产权行政部门授权且在有效期内的发明专利件数。常住人口包括：居住在本乡镇街道且户口在本乡镇街道或户口待定的人，居住在本乡镇街道且离开户口登记地所在的乡镇街道半年以上的人，户口在本乡镇街道且外出不满半年或在境外工作学习的人。计算公式：发明专利拥有量/常住人口数×10000。数据来源：国家统计局。

8．全员劳动生产率

全员劳动生产率是指根据产品的价值量指标计算的平均每一个从业人员在单位时间内的产品生产量。计算公式：地区 GDP/就业人员数。数据来源：国家统计局。

9．居民人均可支配收入

居民可支配收入指居民可用于最终消费支出和储蓄的总和，即居民可用于自由支配的收入，本报告中的居民仅指城镇居民。计算公式：被调查居民可支配收入总额/被调查居民数。数据来源：国家统计局。

（二）创新特色

1. 万名就业人员中 R&D 人员

R&D 人员指调查单位内部从事基础研究、应用研究和试验发展三类活动的全时人员加非全时人员按工作量折算为全时人员数的总和。就业人员指在 16 周岁及以上，从事一定社会劳动并取得劳动报酬或经营收入的人员。计算公式：R&D 人员/就业人员数×10000。数据来源：国家统计局。

2. 万人普通高等学校在校学生数

普通高等学校是指通过国家普通高等教育招生考试、招收高级中等学校毕业生为主要培养对象，实施高等学历教育的全日制大学、独立设置的学院和高等专科学校、高等职业学校和其他机构。普通高等学校在校学生数是指在普通高等学校接受教育的学生数。计算公式：普通高等学校在校学生数/常住人口。数据来源：国家统计局。

3. 基础研究经费占 R&D 经费比重

基础研究是指为了获得关于现象和可观察事实的基本原理的新知识（揭示客观事物的本质、运动规律，获得新发展、新学说）而进行的实验性或理论性研究，它不以任何专门或特定的应用或使用为目的。基础研究经费是指用于基础研究的实际支出。计算公式：基础研究经费/全社会 R&D 经费支出。数据来源：国家统计局。

4. 国家重点实验室数量

国家重点实验室是指根据《国家重点实验室建设与运行管理办法》建设与运营的，国家组织高水平基础研究和应用基础研究、聚集和培养优秀科技人才、开展高水平学术交流、科研装备先进的重要基地。数据来源：科技部。

5. 中央级普通高等学校和科研院所数量

中央级普通高等学校是指中国科学院、教育部或其他国家部委所属普通高等学校。中央级科研院所是指中国科学院、农业农村部等国家部委所属科研院所。数据来源：国家统计局。

6. 国家技术创新中心和工程技术研究中心数量（个）

国家技术创新中心是指根据《国家技术创新中心建设工作指引》建设与运营的，以产业前沿引领技术和关键共性技术研发与应用为核心，加强应用基础研究，协同推进现代工程技术和颠覆性技术创新，打造创新资源集聚、组织运行开放、治理结构多元的综合性产业技术创新平台。数据来源：科技部。

国家工程技术研究中心是指根据《国家工程技术研究中心暂行管理办法》组建和运营的，依托于行业、领域科技实力雄厚的重点科研机构、科技型企业或高等院校，拥有国内一流的工程技术研究开发、设计和试验的专业人才队伍，具有较完备的工程技术综合配套试验条件，能够提供多种综合性服务，与相关企业紧密联系，同时具有自我良性循环发展机制的科研开发实体。数据来源：科技部。

7．规上工业企业 R&D 经费支出占主营业务收入比重

主营业务收入是指企业确认的销售商品、提供劳务等主营业务的收入。计算公式：规上工业企业 R&D 经费支出/规上工业企业主营业务收入。数据来源：国家统计局。

8．高新技术企业数

高新技术企业是指按照《高新技术企业认定管理办法》获得认定的，持续进行研究开发与技术成果转化，形成企业核心自主知识产权，并以此为基础开展经营活动，在中国境内（不包括港、澳、台地区）注册的居民企业。数据来源：科技部。

9．高新技术企业主营业务收入占规上工业企业主营业务收入比重

高新技术企业主营业务收入是指高新技术企业确认的销售商品、提供劳务等主营业务的收入。计算公式：高新技术企业主营业务收入/规上工业企业主营业务收入。数据来源：科技部。

10．国家高新技术产业开发区营业收入占地区 GDP 比重

国家高新技术产业开发区是指国务院批准成立的国家级科技工业园区。计算公式：国家高新技术产业开发区营业收入/地区 GDP。数据来源：科技部。

11．国家级科技企业孵化器（含众创空间）、大学科技园、双创示范基地数量

国家级科技企业孵化器是指依据《科技企业孵化器管理办法》认定的，是以服务大众创新创业，促进科技成果转化，优化创新创业生态环境，培育企业家精神为宗旨，面向科技型创业企业和创业团队，提供物理空间、共享设施和专业化服务的科技创业服务载体。国家大学科技园是指依据《国家大学科技园认定和管理办法》认定的，以具有较强科研实力的大学为依托，将大学的综合智力资源优势与其他社

会优势资源相结合，为推动高等学校产学研结合、技术转移和科技成果转化、高新技术企业孵化、战略性新兴产业培育、创新创业人才培养、服务区域经济提供支撑的平台和服务的机构。双创示范基地是指根据《国务院办公厅关于建设大众创业万众创新示范基地的实施意见》确定的，集聚资本、人才、技术、政策等优势资源，探索形成区域性的创业创新扶持制度体系和经验的示范基地。数据来源：科技部、国家发展改革委。

12．国家级科技企业孵化器、大学科技园当年新增在孵企业数

国家级科技企业孵化器、大学科技园当年新增在孵企业数是指当年入驻国家级科技企业孵化器、大学科技园且尚未毕业的企业。数据来源：科技部。

13．技术交易额占地区GDP比重

技术交易额是指技术市场管理办公室认定登记的、技术转让方为当地企业或机构的技术合同的合同标的金额的总和。计算公式：技术交易额/地区GDP。数据来源：科技部。

14．科技型中小企业数

科技型中小企业是指依据《科技型中小企业评价办法》认定的，依托一定数量的科技人员从事科学技术研究开发活动，取得自主知识产权并将其转化为高新技术产品或服务，从而实现可持续发展的中小企业。数据来源：科技部。

15．国家国际科技合作基地数

国家国际科技合作基地是指由科学技术部及其职能机构认定，在承担国家国际科技合作任务中取得显著成绩、具有进一步发展潜力和引导示范作用的国内科技园区、科研院所、高等学校、创新型企业和科技中介组织等机构载体。数据来源：科技部。

16．外国人才来华工作数

外国人才来华工作数是指依据《国家外国专家局　人力资源社会保障部　外交部　公安部关于全面实施外国人来华工作许可制度的通知》发放的外国高端人才（A类）和外国专业人才（B类）的合计许可证件数。数据来源：科技部。

17．高技术产品出口额占商品出口额的比重

高技术产品出口额是指根据海关总署《高技术产品目录》从商品出口额中分离

出的数据,按原产地进行统计。计算公式:高技术产品出口额/商品出口额。数据来源:国家统计局。

18．实际使用外资金额占地区 GDP 比重

实际使用外资金额是指批准的合同外资的实际执行数,外国投资者根据批准外商投资企业的合同(章程)的规定实际缴付的出资额和企业投资总额内外国投资者以自己的境外自有资金实际直接向企业提供的贷款。计算公式:实际使用外资金额/地区 GDP。

19．开展东西部科技合作及区域协同创新情况

反映欠发达地区通过东西部联动和对口支援等机制来增加科技创新力量,实施创新驱动发展战略的努力和成效。

20．空气质量优良率

空气质量优良率是指空气质量达到及好于二级的天数(空气污染指数)占全年实际天数的比重。计算公式:空气质量达到及好于二级的天数/全年实际天数。数据来源:国家统计局。

21．单位地区 GDP 能耗

能源消费总量是指一定地域内,国民经济各行业和居民家庭在一定时间消费的各种能源总和。计算公式:能源消费总量/地区 GDP。数据来源:国家统计局。

22．单位地区 GDP 水耗

用水量是指城市范围内所有居民生产、生活用水量。计算公式:用水量/地区 GDP。数据来源:国家统计局。

23．是否承担国家可持续发展议程创新示范区等改革示范任务

反映城市以科技创新支撑可持续发展的努力和成效。国家可持续发展议程创新示范区是指根据《中国落实 2030 年可持续发展议程创新示范区建设方案》批准建设的、以推动科技创新与社会发展深度融合为着力点,探索以科技为核心的可持续发展问题系统解决方案,为我国破解新时代社会主要矛盾、落实新时代发展任务做出示范并发挥带动作用,为全球可持续发展提供中国经验的示范区。